KARL ALMAN

Großadmiral Karl Dönitz

Vom U-Boot-Kommandanten zum
Staatsoberhaupt

BERG AM SEE
KURT VOWINCKEL-VERLAG

Schutzumschlag: H. O. Pollähne, Braunschweig
Bilder: Aus dem Archiv des Autors, Bundesarchiv Koblenz

ISBN 3 921 655 30 6

1983

Gesamtherstellung: H. Mühlberger, Augsburg

Inhalt

Die Jugendzeit

Kinderzeit in Berlin – Schulzeit in Jena

Karl Dönitz wurde am 16. September 1891 in Grünau bei Berlin geboren. Sein Vater war Ingenieur; sowohl er als auch die Mutter des Jungen waren bäuerlicher Herkunft. Das Wappen der Familie waren drei Becher. Dönitz selbst betonte, nichts spreche dabei für ein Zeichen, ,,daß wir immer gern einen gehoben hätten".

Aus dem Raume Grünau zog die Familie Dönitz ein Jahr nach dem Tode der Mutter im März 1894 nach Halensee. In diesem Raum hatte Karl Dönitz, der jüngere Bruder der beiden Söhne, deren Entwicklung allein in den Händen des Vaters lag, die erste Begegnung mit dem Militär. Hier lag der Übungsplatz der Berliner Garde-Regimenter, deren ,,Sturmangriffe" in diesem Gelände Dönitz in guter Erinnerung blieben.

Auf der Paulsborner Allee zwischen Halensee und Schmargendorf hatte er eine erste zufällige Begegnung mit den höchsten Repräsentanten des Reiches, als er hier eines Sonntagmorgens den Kaiser und die Kaiserin spazierengehen sah.

Die Privatschule in der Kolonie Grunewald nahm ihn und seinen älteren Bruder im April 1898 auf. Dies sollte jedoch nur ein kurzes Intermezzo sein, denn wenige Monate später zog die Familie nach Jena, wo Ingenieur Dönitz eine Anstellung in der wissenschaftlichen Abteilung der Zeisswerke gefunden hatte.

In Jena gingen die Gebrüder Dönitz in die Erziehungsanstalt des Professors Stoy, die einen augezeichneten Ruf hatte. Hier wurden neben den üblichen Schulfächern auch Fächer wie Gartenbau und ähnliche gelehrt und Bewegungsspiele durchgeführt. Während der Heimatkundetage ging es zweimal in der Woche zu den historischen Sehenswürdigkeiten der Stadt, wobei Sonnenwinkel-Messungen und andere technische und physikalische Experimente betrieben wurden.

Die obligatorische Jahresreise führte die jüngeren Schüler für eine Woche in den Thüringer Wald oder zu anderen Zielen der weiteren Umgebung. Die Rudelsburg bei Bad Kösen an der Saale sollte dem jungen Dönitz von einem der Ausflüge in steter Erinnerung bleiben.

Der 14. Oktober sah für die gesamte Schule den allgemeinen Wandertag vor, der auf den Landgrafenberg führte, eine Höhe, auf die Napoleon anno 1806 in der Schlacht bei Jena seine Kanonen hatte hinaufschleppen lassen. Der „Napoleonstein“ und das Dorf Vierzehnheiligen, in dem die Entscheidung dieser Schlacht fiel, waren stets besuchte Ziele.

Hier erfuhr Dönitz, daß eine kleine Truppe – wie jenes preußische Regiment dies hier vorexerziert hatte – einer Übermacht an Feinden trotzen und sogar in geschlossener Ordnung entkommen konnte, wenn sie von einem hervorragenden Offizier geführt wurde und sich aus vollwertigen Kämpfern zusammensetzte.

Der erste Wunsch, Soldat zu werden, regte sich in Karl Dönitz bei den alljährlichen Paraden des in Jena stationierten Bataillons des Infanterie-Regimentes 94, denen er zusah. Der Kommandeur des Bataillons, ein Major, war Nachbar der Familie Dönitz. Er wußte packend zu erzählen, denn er hatte den Boxeraufstand mitgemacht.

Ein weiterer Umzug brachte die kleine Familie nach Weimar. Hier besuchte Dönitz das Realgymnasium und gründete als Obersekundaner einen literarischen Verein, in dem klassische Literatur gelesen und diskutiert wurde.

Ein Jahr vor dem Abitur war es für den jungen Mann beschlossene Sache, in die kaiserliche Marine einzutreten. Diese schien ihm alles zu bieten, was er sich wünschte: einmal Soldat zu werden und zum anderen auf einem Schiff in die unendlichen Weiten des Weltozeans zu fahren.

Im Frühjahr 1910 bestand Dönitz auf dem Weimarer Realgymnasium das Abitur. Schon am 1. April 1910 trat er seinen Dienst in der kaiserlichen Marine an. Ziel seiner Reise zum Dienstantritt war die Kaserne der Seekadetten in Kiel-Wik.

Vom Seekadetten zum Seeoffizier

Nach der Einkleidung und den ersten Instruktionen erfolgte in der Kieler Garnisonskirche am Niemannsweg die feierliche Vereidigung der jungen Seekadetten. Es folgte die sechswöchige Grundausbildung. Offiziere und Unteroffiziere des Kieler See-Bataillons brachten den ersten Schliff bei. Der wichtigste Vorgesetzte für Karl Dönitz war der Seekadettenoffizier, Kptlt. Schaarschmidt, der die Kadetten des Schulschiffs ,,Herta" unter seiner Fuchtel hielt.

Mit der ,,Herta" ging es auch auf die erste Fahrt, die im Herbst 1910 zunächst nach Spanien führte. Als König Alfons XII. von Spanien für den Kommandanten und die Offiziere der ,,Herta" in San Sebastian einen Abendempfang gab, gehörte Dönitz zu den sieben Seekadetten, die daran teilnehmen durften. Es war für ihn ein großes Erlebnis.

Auf dem Kreuzer ,,Herta" befanden sich übrigens 55 Kadetten, die in eine Steuerbord- und eine Backbordwache eingeteilt waren. Diese beiden Wachen waren wiederum in Halbwachen zu jeweils 14 Kadetten unterteilt. Diese 14 bildeten gewissermaßen eine kleine Familie in der großen Sippe der Kadetten. An Bord der ,,Herta" wuchsen ihnen die Seebeine. Rudern und Pullen, die Bedienung der Boote, die Ankermanöver und das beliebte und berüchtigte Manöver ,,Mann über Bord" wurde bis zur Vergasung geübt, damit jeder Handgriff saß.

Vor Tanger legten die Kadetten, die das erste Jahr ihrer Ausbildung hinter sich gebracht hatten, ihre erste praktische Prüfung ab. Dönitz rangierte auf Platz zwei. Zugleich mit ihm landete auch der Seekadett Erich Förste auf diesem Rang. Mit ihm sollte sich Dönitz in zwei Weltkriegen verbunden fühlen; Förste brachte es ebenfalls zum Admiral.

Im April 1921 kamen die 55 Kadetten der „Herta" nach Beendigung ihrer Reise auf die Marineschule Flensburg-Mürwik. Als Fähnriche hatten sie hier Schiffskunde, Maschinenkunde und alle möglichen Dienstvorschriften zu pauken, was Dönitz nicht sehr lag. Erst die darauf folgenden Waffenkurse ließen ihn wieder auf der Wertungsliste nach oben kommen.

Die Zeit auf der Torpedoschule war ebenso wie jene auf der Artillerieschule von besonderem Interesse für den angehenden Seeoffizier.

Im August 1911 wurde er auf Vorschlag des Navigationsoffiziers der „Herta", Kptlt. von Loewenfeld, der auf den jungen Offiziersanwärter aufmerksam geworden war, auf den neuen Leichten Kreuzer „Breslau" kommandiert. Mit seinem Kameraden Wodrig setzte der Säbelfähnrich Dönitz auf dieses schnelle Schiff über.

Der Kommandant der „Breslau" überraschte Dönitz gleich nach dessen Meldung mit der Eröffnung, daß er als zukünftiger Signaloffizier vorgesehen sei. Da die „Breslau" erst Mitte November im Kreuzerverband des Befehlshabers der Aufklärungsschiffe, VAdm. Bachmann, in See gehen sollte, blieben Dönitz noch einige Wochen Zeit, sich mit seinen Helfern auf diese neue Dienststellung vorzubereiten.

Doch kam alles, was die geplante Verwendung der „Breslau" angeht, anders. Am Sonntag, dem 4. Nov. 1912, ließ der 1. Offizier des Leichten Kreuzers die Besatzung auf der achteren Schanze antreten und verkündete: „Seine Majestät der Kaiser haben befohlen, daß SMS „Breslau" noch heute beschleunigt ausrüstet, um morgen früh mit höchster Fahrt zum Schutz deutscher Interessen ins Mittelmeer zu laufen." Die Besatzung brach spontan in ein donnerndes „Hurra" aus.

Bei Tagesanbruch lief die „Breslau" am 5. Nov. in die Holtenauer Schleuse, um die Fahrt durch den Kaiser-Wilhelm-

Kanal in die Nordsee anzutreten. Die Fahrt ging mit etwa 22 kn/h weiter durch den englischen Kanal und die Biskaya nach Süden. Nach Passieren der Straße von Gibraltar wurde La Valetta, der englische Kriegshafen, angelaufen, wo Kohlen gebunkert wurden.

Inzwischen hatte es sich herumgesprochen, daß der Hintergrund dieser Balkanfahrt der „Breslau“ im ersten Balkankrieg zu suchen war. Im Oktober dieses Jahres hatten Serbien, Bulgarien, Griechenland und Montenegro der Türkei den Krieg erklärt. Diese christlichen Staaten des Balkanbundes wollten die Schwäche der Türkei, die sich im Augenblick in Nordafrika mit Italien im Kriege sah, nutzen, das türkische Mazedonien erobern und unter sich teilen.

Die Großmächte waren auf den Gedanken verfallen, zum Schutze ihrer Balkan-Interessen Kriegsschiffe in die türkischen Gewässer zu entsenden. Sie wollten zur Stelle sein, falls es in der Türkei selber zu Unruhen kommen würde.

Für Deutschland liefen die „Goeben“ und die „Breslau“ in diese Gewässer. Erstere war für Konstantinopel, letztere für Alexandrette bestimmt.

Als die „Breslau“ Mitte November nach einer unerhört raschen Fahrt in Alexandrette eintraf, lag hier bereits der englische Kreuzer „Barham“ vor Anker. Mit der Gefahr war es nichts, und so wurde die „Breslau“ Anfang 1913 in die Adria geschickt; sie legte sich als Blockadeschiff vor die dalmatinische Küste. An Land hatten montenegrinische Freiheitskämpfer die türkischen Truppen in erbitterten Kämpfen nach Süden zurückgeworfen und das nördliche Albanien besetzt. Damit war Italien nicht einverstanden. Auf der Konferenz von London im Frühjahr 1913 wurde die Gründung eines neuen Staates Albanien beschlossen. Die Montenegriner wurden aufgefordert, den eroberten Teil dieses Landes wieder zu räumen.

Um dieser Londoner Entscheidung Gewicht zu verschaffen, waren die Schiffe der Großmächte hierhin beordert worden. Die „Breslau“ lag während der Blockadezeit meistenteils vor der Küste. Das Nachbarschiff der Blockadeflotte war das englische Linienschiff „King Edward VII.".

Für kurze Zeit gehörte Dönitz dann einem Landungskorps an, das unter Führung von VAdm. Sir Cecil Burney nach Skutari geschickt worden war. Kommandeur des deutschen Kontingents war Kptlt. von Loewenfeld. Doch sehr bald wurden die deutschen Seeleute von einem aus der Heimat herbeigerufenen See-Bataillon abgelöst und gingen an Bord der „Breslau" zurück, die die Adria verließ und nach Brindisi lief. Dort sollte Prinz Heinrich von Preußen abgeholt werden, um an der Beisetzung von König Georg I. von Griechenland teilzunehmen, der am 18. März 1913 in Saloniki ermordet worden war.

Als Leutnant zur See, zu dem Dönitz inzwischen befördert worden war, fuhr der junge Seeoffizier in der Folgezeit auf dem Mittelmeer und lernte alle größeren Häfen kennen. Im Herbst 1913 machte die „Breslau" in Konstantinopel fest, um die „Goeben" dort abzulösen. Der Balkankrieg war zu Ende gegangen, und nun gab es reihum für die Besatzungen der beiden deutschen Kriegsschiffe Urlaub an Land.

Auf der italienischen Privatwerft Stabilimento tecnico in Triest wurde die „Breslau" Anfang 1914 überholt. Den mehrere Wochen dauernden Aufenthalt nutzte Dönitz zu einer Reihe von Ausflügen.

Als Begleitkreuzer der kaiserlichen Yacht „Hohenzollern" begleitete die „Breslau" Kaiser Wilhelm II. von Venedig nach Korfu. Danach mußte sie die Königin Sophie von Griechenland mit ihrer Tochter Helene aus Piräus, dem Hafen von Athen, abholen und ebenfalls nach Korfu begleiten.

Vor Korfu war inzwischen auch die „Goeben" eingetroffen. An Bord befand sich der Chef der Mittelmeer-Division, KAdm. Souchon. Beide Schiffe absolvierten hier ihre Schießübungen. Daneben gab es eine Reihe schöner Feste und Einladungen der Besatzungen beider Schiffe zu Bällen, Volkstänzen und anderen Vergnügungen.

Im Mai 1914 begleiteten beide Schiffe die „Hohenzollern"

nach Triest, wo sich Kaiser Wilhelm II. mit Erzherzog Franz Ferdinand traf. Es sollte das letzte Zusammensein der beiden werden, denn am 28. Juni traf den österreichischen Thronfolger die tödliche Kugel.

Einen Monat nach der Ermordung des Erzherzogs erklärte Österreich-Ungarn Serbien den Krieg. Am Morgen des 29. Juli verlegte die ,,King Edward VII.“ in die unmittelbare Nähe der ,,Breslau“, die inzwischen vor Durazzo eingetroffen und dort vor Anker gegangen war. Als Anlaß wurde eine Grundberührung angegeben, die völlig unmöglich war. Richtig war – das stellte sich allerdings erst viel später heraus –, daß Admiral Milne, der OB Mittelmeer der britischen Seestreitkräfte, am 29. Juli von der britischen Admiralität die Meldung ,,drohende Kriegsgefahr“ erhalten hatte.

Der Erste Weltkrieg

Leutnant z. S. Dönitz auf ,,Breslau"

Am späten Abend des 31. Juli 1914 ging die ,,Breslau" überraschend ankerauf und lief mit großer Fahrt in Richtung Brindisi ab. Lt. z. S. Dönitz wurde zum Kommandanten gerufen. Dieser befahl ihm, in Brindisi zum dortigen deutschen Konsul zu gehen und diesem unter Verweisung auf die Geheimhaltungsvorschriften zu melden, daß ein deutscher Kohlendampfer sofort einen Treffpunkt südlich von Kap Matapan ansteuern solle, um dort zu gegebener Zeit ,,Goeben" und ,,Breslau" zu versorgen.

Am 1. Aug. 1914 morgens um 4 Uhr stand Lt. z. S. Dönitz auf der Pier von Brindisi. ,,Breslau" hatte nach Rückkehr des Bootes, das Dönitz an Land gebracht hatte, sofort kehrtgemacht und war verschwunden.

Dönitz fand nach einigem Suchen das Haus des Konsuls, entledigte sich seines Auftrages, wurde zum Mittagessen eingeladen und eilte dann zum Hafen zurück. Eines der beiden deutschen Schiffe würde ihn hier bei Sonnenuntergang abholen. Es war die ,,Goeben", die nach geraumer Wartezeit erschien, ein Boot zu Wasser ließ und den einsamen Leutnant abholte. Dönitz meldete KAdm. Souchon die Ausführung des Befehls und wurde am nächsten Morgen in Messina, wo die ,,Breslau" wartete, wieder an Bord seines Schiffes entlassen.

Der Mobilmachungsbefehl war eingetroffen. Die Feindseligkeiten gegen Rußland waren bereits eröffnet, der Kriegsbeginn mit Frankreich stand unmittelbar bevor, und auch England würde sich – soviel stand fest – auf der Gegenseite in den Krieg einschalten.

Im Mittelmeer waren ,,Goeben" und ,,Breslau" so gut wie in der Falle, denn die drei Gegnerstaaten hatten eine überwältigende Übermacht an Seestreitkräften im gleichen Seeraum eingesetzt, darunter allein 15 Linienschiffe.

Die beiden deutschen Schiffe sollten sich in Messina mit der österreichischen und italienischen Flotte treffen, so war es vertraglich vereinbart worden. Doch weder ein österreichisches noch ein italienisches Kriegsschiff war zu sehen. Die Haltung der italienischen Behörden beim Kohlenbunkern war äußerst unhöflich, um einen zahmen Ausdruck zu gebrauchen.

In der Nacht zum 3. Aug. gingen beide deutschen Schiffe in Messina ankerauf und liefen in Richtung afrikanische Küste. Am Morgen des 4. Aug. erfolgte die vorgesehene Beschießung der beiden Häfen Bône und Philippeville. Danach vereinigten sich die ,,Goeben" und ,,Breslau" wieder und liefen in Richtung Türkei, denn inzwischen war ein Funkspruch eingetroffen, daß die Türkei mit Deutschland ein Bündnis eingegangen hatte und die Schiffe dort sicher sein würden. Zunächst ging es mit voller Kraft, wobei die ,,Goeben" infolge eines Kesselschadens nur 22 kn laufen konnte, nach Messina zurück. Dort erreichte sie ein Funkspruch: ,,England hat Deutschland am 4. August den Krieg erklärt."

Am Nachmittag des 6. Aug. liefen die deutschen Schiffe aus Messina aus. Es war Klarschiff-Zustand befohlen worden. Die Besatzung stand einsatzbereit auf ihren Stationen. Der Gegner hängte sich mit einem Kreuzer als Fühlunghalter an. Dieser sollte offenbar den feindlichen Schiffsverband heranführen.

Am nächsten Tage kam es zu einem ersten Seegefecht, bei dem die ,,Breslau" einen Treffer gegen die verstärkte Außenhaut erhielt. Zwei Granaten der ,,Breslau" trafen den feindlichen Kreuzer.

Nach einigen raffinierten Schachzügen waren ,,Goeben" und ,,Breslau" den Gegnern entkommen und erreichten unangefochten den Eingang zu den Dardanellen, wo sie von einem türkischen Torpedoboot erwartet wurden, das sie am 10.

Aug. durch die türkischen Minensperren in die Dardanellen führte.

Wenige Stunden später traf die britische Flotte hier ein. Ihr wurde das Einlaufen in die Dardanellen verwehrt. Als man sagte, daß doch auch deutsche Schiffe eingelaufen seien, wurde ihnen erklärt: ,,Es gibt keine deutschen Schiffe in den Dardanellen, sondern nur den türkischen Schlachtkreuzer ,,Sultan Yavus Selim" und den türkischen Kleinen Kreuzer ,,Midilli". Die zwei deutschen Schiffe waren nämlich an die Türkei abgetreten worden. Das hatte übrigens eine entscheidende Wirkung auf die Haltung der türkischen Regierung, die angesichts dieser Leistung auf deutscher Seite in den Krieg eintrat. Wegen dieser beiden Kriegsschiffe kam es außerdem zum Kriegseintritt Bulgariens auf deutscher Seite.

Einsätze der ,,Breslau" unter türkischer Flagge

Die erste Kriegsaufgabe, die sich der ,,Breslau" stellte, war eine Minenlegeaufgabe in der Straße von Kertsch. Auf dem Rückmarsch sollte dann noch der russische Hafen Noworossijsk beschossen werden, auf dessen Gelände eine Reihe riesiger Öltanks stand.

Diese Aufgabe wurde voll erfüllt. Noch lange sahen die Männer auf der Brücke des Leichten Kreuzers die Flammen, die über dem Hafen emporloderten. Danach galt es, Geleitsicherungsfahrten zu unternehmen, bei denen türkische Truppentransporte für die Gallipolifront nach Trapezunt begleitet wurden.

Am Heiligen Abend 1914 traf die ,,Breslau" während einer solchen Fahrt überraschend auf Einheiten der russischen Flotte. Das Linienschiff ,,Rostilaw" nahm den Signalverkehr mit der ,,Breslau" auf, und der Artillerieoffizier des deutschen Kreuzers, Kptlt. Carls, eröffnete den Feuerkampf. Die ,,Rostilaw" wurde mit einem Granatenhagel förmlich überschüttet, doch die Granaten waren zu schwachkalibrig, als daß sie den Schiffsriesen ernsthaft hätten erschüttern können. Dennoch gab es viele Tote auf dem russischen Linienschiff.

„Abdrehen!" befahl der Kommandant der „Breslau", FKpt. Kettner, als die russischen Salven dicht beim eigenen Schiff in die See schlugen. Mit großer Fahrt lief die „Breslau" davon. Sie bekam am frühen Morgen noch einmal die russische Flotte zu Gesicht und beschoß einige Zerstörer, die Treffer hinnehmen mußten. Die russische Flotte drehte ab und lief nach Sewastopol zurück.

Einen Tag später traf die „Breslau" auf die „Goeben"; diese hatte nicht rechtzeitig herankommen können, weil sie die Funksprüche der „Breslau" nicht früh genug gehört hatte.

Bei dem nächsten Treffen der beiden deutschen Schiffe kam es zu einem Erfahrungsaustausch. Dann lief „Goeben" in den Bosporus hinein und – auf zwei Minen. Das Schiff war damit für Monate außer Gefecht gesetzt.

Geleitaufgaben für die „Breslau" häuften sich. Zerstörerangriffe wurden abgewehrt. Bei einem dieser Feindangriffe erhielt „Breslau" einige Treffer und hatte auch Personalverluste. Im selben Gefecht wurde ein russischer Zerstörer zusammengeschossen, ohne daß er sank.

Im Juni 1915 lief dann auch die „Breslau" vor dem Bosporus auf eine Mine und fiel ebenfalls für längere Zeit aus. Während dieser Zeit wurde aus der Besatzung ein Landungskorps gebildet, das auf Gallipoli eingesetzt werden sollte. Dönitz war nicht dabei, denn er wurde zur Fliegertruppe versetzt, um dort als Beobachter und Bordschütze zu dienen. Danach wurde er für kurze Zeit Flugplatzleiter, ehe er am 27. Febr. 1916 zur wiederhergestellten „Breslau" zurückkehrte. Der neue Kommandant des Schiffes, KKpt. von Knorr, machte ihn zu seinem Adjutanten.

Kurze Zeit später stieß die „Breslau" während einer Rückfahrt von Trapezunt auf das moderne russische Schlachtschiff „Imperatrize Maria". Man schrieb den 4. April 1916, und der

Schauplatz der Handlung war das östliche Schwarze Meer. Zunächst wurde die ,,Breslau" von dem russischen Schiffsriesen angemorst und um Erkennungssignal gebeten. KKpt. von Knorr ließ auf AK gehen, und während die ,,Breslau" mit ,,alle alleee!" losbrauste, gab Oblt. z. S. Dönitz, seit März dieses Jahres befördert, die Abkürzung eines bekannten Götz-Zitats an das russische Schlachtschiff hinüber: ,,L. M. A!"

Die ,,Imperatrize Maria" drehte und feuerte volle Breitseiten auf den Leichten deutschen Kreuzer. Die Granaten schlugen zu allen Seiten des Kreuzers in die See. Mehrere Stunden lang hielt das Schlachtschiff die Geschwindigkeit des Leichten Kreuzers mit, ehe es zurückfiel.

Ein zweites Zusammentreffen mit diesem Großkampfschiff fand am 22. Juli 1916 statt, als die ,,Breslau" mit 60 Minen an Deck in Richtung Noworossijsk lief. Es war heller Mittag, als der Gegner gesichtet wurde. Mit 25 Knoten Fahrt suchte die ,,Breslau" zu entkommen. Dennoch holte das Schlachtschiff auf und eröffnete mit seinen 30,5-cm-Geschützen das Feuer. Es gab eine Reihe Verwundeter durch Sprengstücke nahebei in die See einschlagender Granaten. KKpt. von Knorr ließ nebeln und einige Minen als Treibminen werfen. Erst nach dreistündiger Verfolgung sackte der Verfolger achteraus. Die Gefahr war vorüber.

Am 1. Okt. 1916 wurde Karl Dönitz nach vierjährigem Dienst auf der ,,Breslau" zur U-Boot-Waffe kommandiert. ,,Der Abschied von meinem Schiff, meinen Kameraden und der Besatzung fiel mir schwer. Aber zum anderen Teil war mein Herz leicht: ich kam zur U-Boot-Waffe, deren entscheidende Rolle in der deutschen Seekriegführung immer mehr erkannt wurde." (Siehe: Dönitz, Karl: Mein wechselvolles Leben.)

Einsatz bei der U-Boot-Waffe

Oberleutnant z. S. Dönitz fuhr zuerst als Kommandantenschüler, dann als Wachoffizier auf dem legendenumwobenen U 39 unter dem hervorragenden Kommandanten Kptlt. Walter Forstmann. Fünf Feindfahrten machte er auf diesem Boot mit und lernte das kleine und das große Einmaleins der U-Boot-Fahrt wie kein zweiter. So erlebte er, was es hieß, mit einem U-Boot immer wieder zum Angriff gegen einen weit überlegenen Gegner anzugehen; er konnte einen Teil jener 151 Schiffsversenkungen, mit insgesamt 398564 BRT, durch diesen hervorragenden Kommandanten miterleben.

Im Februar 1918 erhielt Dönitz mit UC 25 das erste eigene Boot, das sehr gut durchkonstruiert war und 15 Minen und 5 Torpedos aufnehmen konnte. Es hatte zwei Torpedorohre vorn und eines achtern.

Der erste Auftrag für Dönitz lautete: „Minenlegen vor Palermo und anschließend Angriff auf das englische Werkstattschiff „Cyclops", das im Hafen von Augusta liegt."

Ende Februar lief UC 25 aus Pola aus, marschierte durch die Adria in Richtung Sizilien, freilich mit einem unfreiwilligen Aufenthalt beim Durchbruch durch die stark bewachte Otrantostraße. Die Minen wurden genau plaziert geworfen. Ein paar Monate später wurde bekannt, daß an dieser Sperre zwei Schiffe aufgelaufen und gesunken waren.

Von hier aus setzte das Boot den Marsch in Richtung Kriegshafen Augusta fort. Am frühen Morgen des 17. März 1918 erreichte es den Hafen. Im Unterwasseranlauf suchte Dönitz hineinzukommen. Durch das Sehrohr erkannte er ein großes Schiff mit sieben Masten. Das mußte die „Cyclops" sein. Doch bei diesem Anlauf kam das Boot nicht heran und mußte die Hafeneinfahrt wieder verlassen.

Am nächsten Morgen stand UC 25 rechtzeitig vor der Hafeneinfahrt. Es lief ein, ging bis auf die günstigste Schußentfernung heran und schoß einen Zweierfächer. Beide Torpedos trafen das Schiff in der Mitte; im Abdrehen wurde auch der Heckaal losgemacht, der ebenfalls sein Ziel erreichte.

Durch das sparsam ausgefahrene Sehrohr erkannte Dönitz, daß das Schiff bereits sehr starke Schlagseite hatte und sinken mußte. Über Funk meldete er die Versenkung und ging dann auf freie Jagd. Die beiden letzten Torpedos schoß er aus größerer Distanz auf ein Schiff. Er glaubte vorbeigeschossen zu haben, weil er nichts bemerkte, doch später wurde festgestellt, daß auch dieses Schiff den Torpedos von UC 25 zum Opfer gefallen war.

Als Dönitz in die Basis zurückkehrte, wurde sein Erfolg im Wehrmachtsbericht gemeldet. Er trug bereits die Eisernen Kreuze und erhielt nunmehr das Ritterkreuz des Hausordens von Hohenzollern.

Die zweite Feindfahrt von UC 25 war ein Minenunternehmen vor Korfu. Nach Durchführung dieser Aufgabe lief das Boot vor die Ostküste Siziliens. Hier kam Dönitz nacheinander in rasanten Anläufen auf drei Schiffe zum Schuß, die alle versenkt wurden. UC 25 lief mit drei Versenkungswimpeln am ausgefahrenen Sehrohr nach Pola ein. Hier erhielt Dönitz ein neues Boot. Es war das größere und zwei Knoten schnellere UB 68, das über fünf Torpedorohre verfügte und 12 Torpedos mitführte. Es war als direktes Kampfboot konstruiert worden und hatte anstelle der 23 Soldaten deren 31 an Bord. Die Zahl der Offiziere war mit drei gleichgeblieben.

Die Probefahrten zeigten Dönitz, daß die Neigung des Bootes, sich infolge seiner besonderen Konstruktion beim Tieftauchen auf den Kopf zu stellen, anscheinend durch aufgeschweißte leere Auftriebstanks beseitigt war.

Mit Kptlt. Steinbauer, der kurz nach Dönitz mit seinem Boot UB 47 auslief, verabredete Dönitz einen gemeinsamen Angriff auf die in der Neumondperiode südlich Sizilien laufenden und für Malta bestimmten Geleitzüge. Sie verabredeten einen Treffpunkt vor Kap Passero an der Südostspitze Siziliens; von hier aus wollten sie von zwei Seiten an den

Geleitzug herangehen und die Verteidigerkräfte auseinanderziehen.

UB 68 stand rechtzeitig auf dem Treffpunkt, aber Steinbauer war nicht zur Stelle. Sein Boot war in der Werft nicht rechtzeitig fertig geworden. UB 68 lief allein weiter und stieß kurz nach Mitternacht des 4. Okt. 1918 auf einen nach Malta laufenden Geleitzug der Engländer. „Überwasserangriff!" befahl Dönitz.

Das Boot stieß durch die äußere Zerstörersicherung hindurch und griff an. Es kam um ein Haar zu einer Kollision, als der Geleitzug einen besonderen Zack einlegte; UB 68 befand sich plötzlich mitten im Konvoi. Hier der Bericht von Karl Dönitz darüber:

„Aus dieser Position griff ich erneut an und kam auf ein großes Schiff der zweiten Kolonne zum Schuß. Eine riesige helle Wassersäule schoß an dem Dampfer hoch, eine gewaltige Detonation erfolgte. Schon kam ein Zerstörer mit großer Fahrt und weißer Bugsee auf mich zu; ich gab Alarm, tauchte und erwartete Wasserbomben, doch nichts erfolgte.

Unter Wasser lief ich nach außen vom Geleitzug ab, tauchte dann vorsichtig auf und sah, allein auf dem eben nur über Wasser ragenden Turm meines nur angeblasenen Bootes hockend, im Westen den Geleitzug weiterlaufen. In meiner Nähe stand ein Zerstörer, der sich anscheinend an der Sinkstelle des torpedierten Schiffes befand.

Nun tauchte ich ganz auf und lief dem ablaufenden Geleitzug nach, um noch einmal über Wasser anzugreifen. Die Morgendämmerung kam zu schnell. Gerade als ich wieder vor dem Geleitzug stand, wurde es so hell, daß ich tauchen mußte. Ich wollte im Unterwasserangriff auf Sehrohrtiefe angreifen, aber es kam anders.

Durch einen Fehler in der Längsstabilität meines Bootes (das ja wegen dieses Fehlers in der Werft umgebaut worden war) stellte sich dieses beim Tauchen plötzlich auf den Kopf; die Batterie lief über, das Licht erlosch, und wir stießen im Finstern in die Tiefe hinunter.

Ich ließ alle Tanks anblasen, die Maschinen stoppen und dann damit zurückgehen und Hartruder legen, um hierdurch die Fahrt des Bootes nach unten zu stoppen.

Mein tüchtiger Wachoffizier, Lt. z. S. Müssen, beleuchtete im dunklen Turm stehend das Tiefenmanometer, dessen Zeiger sich rasch nach rechts drehte. Der Zeiger zeigte bereits zwischen 90 und 100 Meter an, als er endlich zitternd stehenblieb und dann zurückschlug. Das Anblasen des Bootes und die damit verbundenen folgenden Manöver hatten sich gerade noch vor der Zerstörung des Bootes durch den ständig größer werdenden Wasserdruck ausgewirkt. Das Boot schoß steil nach oben, es stieß aus dem Wasser heraus und schlug auf die Oberfläche der See zurück.

Ich riß das Turmluk auf und hielt Umschau. Es war hell geworden. Wir lagen mitten im Geleitzug. Die Zerstörer und Schiffe hatten ein Flaggensignal gesetzt. Sirenen heulten. Die Dampfer drehten ab und schossen aus ihren Heckgeschützen auf uns.

Zwar wollte ich so schnell wie möglich wieder tauchen, doch dies war jetzt unmöglich, weil wir beim Anblasen alle Preßluft verbraucht hatten. UB 68 erhielt außerdem eine Reihe von Treffern, die das Boot leckschlugen. Es war mir klar, daß dies das Ende war, und ich befahl: ‚Alle Mann aus dem Boot!‘

Schmerzlicherweise hatten wir trotzdem sechs Mann Verluste, darunter auch meinen Leitenden Ingenieur, Lt. (Ing.) Jeschen.

Das U-Boot sank, der Geleitzug lief weiter, und wir schwammen im Wasser und wurden wenig später von dem britischen Zerstörer ‚Snapdragon‘ gefischt.“ (Siehe Dönitz, Karl: Zehn Jahre und zwanzig Tage.)

Auf dem Zerstörer brachte die angetretene Besatzung noch ein dreifaches Hurra auf den Kaiser aus. Dann ging es in rascher Fahrt nach Malta. Damit war für lange Zeit die U-Boot-Fahrt für Karl Dönitz zu Ende.

Auf einem britischen Kreuzer wurden Dönitz und Lt. z. S. Müssen am 4. Nov. 1918 nach Gibraltar geschafft, wo der Kreuzer am 7. Nov. eintraf und auf Reede vor Anker ging. Am 8. Nov. setzten plötzlich alle Kriegsschiffe im Hafen und auf der Reede die Flaggen und Wimpel auf Halbstock. Das britische Linienschiff ,,Britannia" war in der Gibraltarstraße von UC 78 unter Oblt. z. S. Kukat versenkt worden.

Zwei Tage später heulten im Hafen alle Sirenen. Der Krieg war zu Ende. Deutschland war besiegt, der Kaiser hatte abgedankt. Von Gibraltar aus traten Dönitz und Lt. z. S. Müssen mit den übrigen deutschen Kriegsgefangenen im Mittelmeer die Schiffsreise nach England an. Die Offiziere gelangten in das Offizierslager Redmires bei Sheffield, in dem sich 600 deutsche Offiziere befanden. Von hier aus wurde Dönitz im Juli 1919 entlassen.

Zwischen den Kriegen

Torpedoboots-Kommandant bei der Reichsmarine

Oberleutnant zur See Dönitz war auch nach dem verlorenen Kriege aktiver Seeoffizier und hatte sich als solcher bei der Personalabteilung der kaiserlichen Marine zu melden, entweder um seinen Abschied einzukommen oder weiter in Dienst zu bleiben.

In Gesprächen mit Freunden und vor allem mit seinem Schwiegervater, General Weber, kam Dönitz zu dem Entschluß, weiter Marineoffizier zu bleiben. Den letzten Anstoß dazu gab KKpt. Otto Schultze, U-Bootkamerad von Dönitz, Ritter des Ordens Pour le mérite und zugleich Leiter der Offiziers-Personalabteilung des Marine-Stationskommandos Ostsee in Kiel. Als Dönitz ihn fragte, ob Deutschland jemals wieder U-Boote haben werde, entgegnete Schultze:

„Ich bin mir dessen sicher! Das bleibt doch nicht alles so, wie es jetzt ist. In zwei Jahren haben wir hoffentlich wieder U-Boote."

Dönitz wurde zunächst Referent des Korvettenkapitäns und hatte die Aufgabe, mit Schultze gemeinsam das Offizierskorps der ehemals kaiserlichen Marine zu sichten und die für die Reichsmarine vorgesehenen Soldaten auszusondern.

Im Frühjahr 1920 wurde Dönitz dann Kommandant eines Torpedobootes. Nach den Wirren des Kapp-Putsches, an dem Admiral von Trotha zunächst die Marine beteiligen zu müssen glaubte, begann der Dienst in der 1. Torpedoboots-Flottille unter KKpt. Albrecht. Oblt. z. S. Dönitz übernahm nach der Anfangszeit T 157, das in Swinemünde lag. Er versuchte zunächst, seine Besatzung in den Griff zu bekommen, was sehr rasch gelang. Der Dienst auf den Torpedobooten ging weiter. Es wurde nunmehr nach dem Verlust fast aller Großkampfschiffe eine völlig neue Taktik gelehrt. Zunächst kam es darauf an, den Torpedo-Nachtangriff zu üben, eine äußerst schwierige Art des Torpedoangriffs. So konnte es nicht ausbleiben, daß bei einer dieser Nachtübungen bei Saßnitz T 156 von dem alten Linienschiff „Schleswig-Holstein", das Deutschland belassen worden war, gerammt wurde und den Bug verlor. Dönitz ging sofort mit T 157 längsseits, und sein Kamerad, Kptlt. Harsdorff, kam mit seinem Boot zur anderen Seite des Havaristen, der mit untergezogenen Stahlseilen gehalten und dann nach Swinemünde eingeschleppt wurde.

Im Jahre 1921 erfolgte die Beförderung von Dönitz zum Kptlt. Nach einer längeren Werftliegezeit in Stettin lief T 157 nach Swinemünde zurück, wo der allgemeine Dienst weiterging. Im Frühjahr wurde Kptlt. Dönitz nach dreijähriger Fahrzeit als Kommandant von T 157 abkommandiert und gelangte in den Stab des Chefs der Marinestation Ostsee, wo er in der Inspektion des Torpedowesens unter dem tüchtigen KAdm. Eschenburg diente.

Während dieser Zeit, in der sich Dönitz im wesentlichen mit technischen Dingen befaßte, kam es zu einigen willkommenen Unterbrechungen dieses Alltags, der voller harter Routinearbeit stand. Die erste Unterbrechung war eine Kommandierung zur Führergehilfenausbildung nach Berlin. Leiter dieses Lehrgangs war der seinerzeitige Inspekteur des Bildungswesens, KAdm. Raeder, der später Oberbefehlshaber der Marine werden sollte.

Die zweite Unterbrechung war eine Reise nach Finnland und England. Die dritte bestand darin, daß Dönitz auf dem Flaggschiff des OB der Seestreitkräfte, Admiral Zenker, die Übungen der gesamten Flotte mitmachen durfte. Alles in allem blieb Dönitz jedoch nur eineinhalb Jahre in dieser Dienststellung.

Im Jahre 1924, es war bereits Herbst geworden, wurde Dönitz in Berlin Referent für organisatorische Dienstvorschriften. Diese Dienststellung hatte er bis zum 1. Okt.

1927 inne, wobei er während dieser Zeit zu mehreren Generalstabsreisen kommandiert wurde.

Am 1. Okt. 1927 erhielt er wieder ein Frontkommando, wie die Dienste auf den Schiffen genannt wurden. Und zwar wurde er Navigationsoffizier auf dem Flaggschiff des Befehlshabers der Seestreitkräfte in der Ostsee, der „Nymphe“. Befehlshaber war VAdm. von Loewenfeld, der auf der „Herta“ und auf der „Breslau“ Dönitz' Dienstvorgesetzter gewesen war; er hatte den Werdegang des jungen Seeoffiziers wohlwollend beobachtet und begleitet.

Im Juli 1928 kehrte die „Nymphe“ von einer Übungsfahrt in der nördlichen Nordsee zurück nach Kiel. Als das Flaggschiff festmachte, kam auch schon eine Ordonnanz des Marine-Stationskommandos an Bord und brachte in einem verschlossenen Brief die fällig werdenden Stellungswechsel für den 1. Oktober an Bord. VAdm. von Loewenfeld ließ wenig später den Kptlt. Dönitz zu sich rufen. Als Dönitz eintrat, rief er ihm entgegen:

„Bei deinem nächsten Kommando mußt du dich aber mächtig anstrengen. Hoffentlich kannst du das!“ (Siehe: Dönitz, Karl: a. a. O.)

Sekunden später wußte Dönitz über seine neue Kommandierung Bescheid. Vom 1. Okt. 1928 an sollte er Chef der 4. Torpedoboots-Halbflottille werden. Diese bestand aus den neuen kampfstarken Booten „Albatros“, „Greif“, „Kondor“ und „Möwe“.

„Dies war ein großartiges Kommando, und es erfüllte alle meine Wünsche. Mir unterstanden nun etwa 20 Offiziere und 600 Mann. Das war ein großer Verband für einen jungen Offizier mit Kapitänleutnantsrang und nur 16 Dienstjahren.“ (Siehe: Dönitz, Karl: a. a. O.)

Als Kapitänleutnant Dönitz am 1. Okt. seinen neuen Dienst antrat, brachte er bereits den fertigen Dienstplan für die 4. Halbflottille mit und wußte genau, was zu tun war. Seine vier Kommandanten, lauter gestandene Torpedobootsfahrer des

Ersten Weltkrieges, versuchten zwar zu Anfang, mit ihm leger umzuspringen und auch mal aus der Reihe zu tanzen, doch das legte sich sehr rasch. Sie waren nach den ersten Fahrten von ihrem neuen Chef begeistert.

Als im April 1929 durch Admiral Oldekop die erste Besichtigung der Halbflottille erfolgte, sagte dieser nach Schluß der Verbandsübungen vor allen Besatzungen, daß das Fahren der 4. Halbflottille besonderes Lob verdient habe.

Das große Flottenmanöver im Herbst 1929 sah Dönitz mit seiner Halbflottille dabei. Es gelang ihm, einen feindlichen Geleitzug aufzuspüren und diesen im Nachtangriff zu vernichten. Am anderen Morgen ging auf dem Flaggschiff ein Flaggensignal hoch: „An Chef 4. Torpedoboot-Halbflottille: gut gemacht! Flottenchef."

Das nächste Ausbildungsjahr verlief ebenfalls erfolgreich, wenn auch einiges vorkam, was auf See nie auszuschließen war, woran aber weder der Flottillenchef noch die Bootskommandanten eine Schuld traf.

Am 1. Oktober 1930 wurde KKpt. Dönitz Erster Admiralstabsoffizier und Leiter der Admiralstabsabteilung Nordsee beim OKM in Wilhelmshaven. In dieser Eigenschaft hatte er auch alle operativen und strategischen Fragen zu bearbeiten. 1933 wurde er Fregattenkapitän.

Als Dönitz im Februar 1933 vom Chef der Marineleitung im Auftrage des Reichspräsidenten von Hindenburg die „Hindenburgspende" erhielt, die in jedem Jahr einem Offizier der gesamten Wehrmacht gegeben wurde, durfte er als Zivilist im Frühjahr 1933 eine Reise nach Niederländisch-Indien, Ceylon und Vorderindien unternehmen. Ende Juni kehrte Dönitz von seiner Reise zurück und tat noch ein Jahr lang seinen Admiralstabsdienst in Wilhelmshaven weiter.

Im Juni 1934 wurde FKpt. Dönitz von seinem Befehlshaber, Admiral Förster, zu einem Gespräch gebeten. Hier erfuhr Dönitz, daß er vom Chef der Marineleitung als Kommandant für den Auslandskreuzer „Emden" bestimmt war.

Dönitz übergab seine Dienstgeschäfte an seinen Nachfolger, KKpt. Löwisch, und verlebte anschließend einen vierwöchigen Urlaub in England, der dazu diente, seine Englischkenntnisse, die er während der Auslandsreise nötig haben würde, aufzufrischen und die Aussprache zu vervollkommnen.

Nach seiner Rückkehr übernahm er die „Emden". Der Leichte Kreuzer „Emden" war umgebaut worden. Er sollte nunmehr mit einer völlig neuen Besatzung neu in Dienst gestellt werden und als Schulschiff fahren. Dönitz zur Seite standen die ebenfalls neu an Bord kommandierten Offiziere KKpt. Lange als Erster Offizier und KKpt. Weber als Leitender Ingenieur.

Am 30. Sept. 1934 stellte FKpt. Dönitz die „Emden" feierlich in Dienst. Die gesamte Besatzung von 650 Mann war auf der Schanze angetreten.

Die Aufgaben dieses Schiffes waren vielfältig. Die neue seit dem 30. Jan. 1933 im Amt befindliche Reichsregierung wollte dieses Schiff als Repräsentationsschiff verstanden wissen. Zugleich aber war die „Emden" auch für die Ausbildung von 160 Seekadetten vorgesehen.

Anfang November 1934 ging die „Emden" ankerauf. Über Santa Cruz di Plama wurde Ende November Luanda im damaligen Portugiesisch-Angola erreicht. Der vierzehntägige Aufenthalt der „Emden" wurde nach anfänglicher Ablehnung zu einem triumphalen Erfolg.

Nach einer Zwischenlandung in St. Helena wurde Kapstadt erreicht. Von hier aus ging es über East London nach Lourenço Marques in portugiesisch Moçambique weiter.

Auf den Seychellen gab es eine Erholungszeit, während derer sich 19 Besatzungsmitglieder und der Kommandant von einer Malaria kurieren konnten. Für vier Tage durften jeweils 100 Soldaten der „Emden" an Land gehen, um dort in Hängematten zu kampieren und frische Luft zu atmen.

Der nächste Hafen war Trincomali auf Ceylon. Die englischen Kriegsschiffe in diesem Hafen erwiesen der „Emden", die von hier aus mehrfach zu Torpedoschießübungen auslief, Ehrenbezeigungen, die weit über das vorgeschriebene Zeremoniell hinausgingen. Hier wurde übrigens auch das „Bergfest" gefeiert, denn die Hälfte der großen Reise war vorüber. Die 160 Kadetten hatten sich hundertprozentig in den Bordbetrieb eingefügt, und die altbefahrenen Hasen der „Emden"-Besatzung sahen, daß ihre jungen Kameraden in keiner Weise bevorzugt wurden, im Gegenteil: sie hatten mehr zu leisten.

Die Rückreise ging durch das Rote Meer und den Suezkanal nach Alexandria. Von hier aus wurde die Heimreise durch das Mittelmeer und die Straße von Gibraltar nach Cartagena und von dort über die Azoren und die Kanarischen Inseln nach Lissabon und Vigo fortgesetzt.

In Vigo erhielt FKpt. Dönitz übrigens ein Schreiben von Kpt. z. S. Densch, in dem dieser in seiner Eigenschaft als Chef des Stabes beim OB der Kriegsmarine in Berlin dem FKpt. mitteilte, daß die „Emden" unter seiner Führung auch im Herbst 1935 zu einer großen Reise aufbrechen werde. Diesmal gehe es nach Borneo, Japan, China und Australien.

In Vigo trafen sich „Emden" und „Karlsruhe", das zweite Schulschiff der Kriegsmarine, das unter dem Befehl von Kpt. z. S. Lütjens stand. (Er fiel als Flottenchef auf der „Bismarck".)

Die beiden Kommandanten feierten ein fröhliches Wiedersehen, und anschließend liefen ihre Schiffe in Verbandsfahrt nach Deutschland zurück.

Es war inzwischen Juli geworden, als beide vor Wilhelmshaven auf der Schillig-Reede ankerten und auf Generaladmiral Raeder warteten, der als Oberbefehlshaber der Kriegsmarine an Bord kommen wollte.

Als der OB der Kriegsmarine, Generaladmiral Dr. h.c. Raeder, an Bord der „Emden“ kam, um sich von FKpt. Dönitz Bericht erstatten zu lassen, wurde auch Kpt. z. S. Lütjens zur Berichterstattung auf die „Emden“ gebeten. Beide Schulkreuzer-Kommandanten trugen das Nötige über ihre Reisen vor und brachten abschließend ihre Vorschläge für die neu anstehenden Reisen des Herbstes zur Kenntnis ihres Oberbefehlshabers.

Während Kpt. z. S. Lütjens dafür plädierte, nun mit der „Karlsruhe“ die alten Kulturen des Ostens zu sehen, statt ein zweites Mal nach Amerika zu fahren, berief sich FKpt. Dönitz darauf, daß die „Emden“ als Nachfahre ihrer im Ersten Weltkrieg unter Kpt. z. S. von Müller im ostasiatischen Raum stationierten Namensvorgängerin nach Japan, China und Australien gehen müsse. Dieser lebhaften Diskussion machte der Oberbefehlshaber ein Ende, indem er sagte:

„Streiten Sie sich nicht, meine Herren! Sie steigen beide von Ihren Kreuzern aus. Sie, Lütjens, werden Offizierspersonalchef im Marineoberkommando, um die Aufstellung des Offizierskorps der neu aufzubauenden Marine durchzuführen. Sie aber, Dönitz, übernehmen die neu zu bildende U-Boot-Waffe.“

Beide Seeoffiziere waren überrascht, denn diese Kommandierungen erfolgten ohne jede „Vorwarnung“, und sie sollten das Leben dieser beiden Offiziere einschneidend verändern. Dazu bemerkte Großadmiral a. D. Dönitz in seinen Lebenserinnerungen:

„Diese im Juli 1935 durch den Oberbefehlshaber befohlene Kommandierung war für mein ferneres Leben von einschneidender Bedeutung und dies bis auf den heutigen Tag. Sie brachte mir alles, was ein Menschenleben nur ausfüllen kann: Verantwortung, Erfolge, Niederlagen, Treue und Verehrung, die Notwendigkeit der eigenen Bewährung und Leid.“

Dieser Kommandantenwechsel erfolgte nicht so wahllos, wie Dönitz und Lütjens dies anfänglich gedacht haben mochten; die Aufstellung der U-Boot-Waffe war eigentlich bereits seit geraumer Zeit in aller Stille vor sich gegangen. Nunmehr sollte sie lediglich der Öffentlichkeit vorgestellt werden. Daß dies ohne Schwierigkeit möglich war, verdankte sie einem besonderen Ereignis.

Es handelt sich um das deutsch-englische Flottenabkommen vom 18. Juni 1935. In diesem Abkommen hatte sich das Reich, das am 16. März dieses Jahres seine Wehrhoheit erklärt hatte, dazu verpflichtet, seine Flottenrüstung auf 35 Prozent der englischen Flottenrüstung zu begrenzen. Dadurch sollte versucht werden, die politische Gegnerschaft Englands auszuschalten. Durch die Zustimmung zu diesem Abkommen wollte Hitler deutlich machen, daß Deutschland keinen Angriff auf England beabsichtigte.

Die 35-Prozent-Klausel war für den U-Boot-Bau auf 45 Prozent angehoben worden. Ferner wurde die weitere Bestimmung in dieses Abkommen eingebaut, daß Deutschland seine U-Boot-Tonnage auf 100 Prozent der englischen aufstocken durfte.

Als Fregattenkapitän Dönitz die Führung der U-Boot-Waffe übernahm, fand er folgende Lage vor:

Bereits zu Beginn des Jahres 1930 waren die ersten Seeoffiziere der Reichsmarine in Spanien auf dem legendären U-Boot E 1 ausgebildet worden. Bei Cadiz schulte als erster der Lt. z. S. Hans-Rudolf Rösing, der es später zum Befehlshaber der U-Boote im Westraum bringen sollten. Rösing war übrigens schon vorher in Åbo, Finnland, auf einem anderen U-Boot ausgebildet worden.

Beide U-Boote, auf denen Rösing stand und andere Seeoffiziere stehen sollten, waren von einer niederländischen Firma konstruiert worden, in der mit den Konstrukteuren Techel und Schürer frühere deutsche U-Boot-Bauer saßen.

Mit diesen ersten provisorischen Schritten der Ausbildung

eines Offizierskerns auf U-Booten bereitete das OKM seit 1930 den Bau von U-Booten sowie die Schulung und Ausbildung einiger Offiziere vor, die als Kommandanten künftiger eigener U-Boote vorgesehen waren.

Am 1. Okt. 1933 wurde in Kiel-Wik die U-Boot-Abwehrschule ins Leben gerufen. Hier wurde jedoch keine U-Boot-Abwehr betrieben, sondern das Stammpersonal für die in Bau befindlichen eigenen U-Boote ausgebildet.

Im Frühjahr 1934 reisten die hier ausgebildeten Besatzungen nach Åbo und wurden dort auf dem ,,holländischen" Boot geschult. Es war ein kleines Schiff von 250 Tonnen Wasserverdrängung.

Zur gleichen Zeit liefen auf der Germaniawerft in Kiel die Vorarbeiten zum Bau der ersten eigenen U-Boote. Bis September 1934 befanden sich die Boote U 1 bis U 6 bereits im Dienst der U-Boot-Abwehrschule. Sie standen dort unter dem Kommando von FKpt. Slevogt, der die technische und tauchtechnische Schulung der ersten Besatzungen leitete.

Am 28. September 1935, unmittelbar nachdem FKpt. Dönitz die U-Boote als ihr Führer übernommen hatte, ließ er aus den Booten U 7, U 8 und U 9 die U-Flottille ,,Weddigen" bilden. Ihr Chef wurde er selber. Auf dem Flottillen-Mutterschiff ,,Saar" begleitete er die ersten Fahrten dieser Boote und stieg auch immer wieder bei dem einen oder anderen von ihnen ein. Kommandanten dieser drei Boote waren die Kapitänleutnante Große, Freiwald und Looff.

In den folgenden Monaten traten nacheinander die Zug um Zug fertiggestellten Boote von U 10 bis U 18 hinzu. Flottillen-Ingenieur für alle Boote wurde FKpt. (Ing.) Thedsen, der im Ersten Orlog Leitender Ingenieur eines U-Bootes gewesen war. Thedsen hatte auf dem ersten Torpedoboot von Dönitz als Leitender Ingenieur gedient, und dieser entsann sich des fachlich ausgezeichneten Kameraden früherer Fahrzeiten und holte ihn zur U-Boot-Waffe, wo Thedsen bis Kriegsende hervorragende Arbeit leisten sollte.

Dönitz war in seinem Element. Immer wieder stieg er bei den Fahrten zu, leitete die Übungen, korrigierte oder lobte. Für jedes Boot sah er bis zur Erlangung der Frontreife mindestens 66 Über- und Unterwasser-Schulangriffe vor. Wer eine solche Zahl von Angriffen gefahren hatte, der kannte Boot und Besatzung.

So schonte FKpt. Dönitz keinen Mann, am wenigsten sich selber. Jeder, der bei der U-Boot-Waffe mitmachen wollte, mußte alles über sein Boot und seine Funktion auf diesem Boot wissen. Nur dann konnte die U-Boot-Waffe zu einer kampfstarken Einheit werden.

Was hatte Dönitz dazu doch gesagt?: „Ich hatte meine eigenen Vorstellungen über die Ausbildung der Flottille und später aller übrigen Flottillen und hatte mir ganz bestimmte grundsätzliche Ziele gesetzt. Diese waren:

1. Ich wollte die Besatzungen mit Begeisterung für ihre Waffe und Zutrauen zu ihr erfüllen und sie zu selbstloser Einsatzbereitschaft erziehen. Nur ein solcher Geist konnte im Kriege bei der Schwere des U-Boot-Kampfes Erfolge herbeiführen. Das militärische Können allein würde nicht genügen. Dazu gehörte, daß ich den U-Boot-Besatzungen zunächst einmal den immer wieder auftauchenden Komplex nahm, daß das U-Boot infolge der Weiterentwicklung des englischen Abwehrmittels, des Asdic, eine überholte Waffe sei.

Ich glaubte an die Kampfkraft des U-Bootes. Ich hielt es nach wie vor für ein ausgezeichnetes Angriffsmittel des Seekrieges, für den bestmöglichen Torpedoträger.

2. Die U-Boot-Waffe war so kriegsmäßig wie möglich auszubilden. Ich wollte jede Lage, die der Krieg nach meiner Vorstellung bringen konnte, den U-Booten bereits im Frieden vorsetzen, und zwar möglichst so gründlich, daß die U-Boot-Besatzungen ihr im Kriege gewachsen waren.

3. Den Schuß aus Nahentfernung von 600 m setzte ich als Forderung für den U-Boot-Unterwasser- und Überwasserangriff fest. Dann konnten sich Fehler in der Verschätzung der

Schußunterlagen kaum noch auswirken. Der Nahschuß mußte treffen. Auch wenn man auf dem angegriffenen Schiff den Angriff des U-Bootes bei der Schußabgabe erkannte, kam jedes Ausweichmanöver des angegriffenen Schiffes zu spät. –

5. Das Schwergewicht der Überlegungen, Zielsetzungen der entsprechenden Ausbildung sollte aber auf taktischem Gebiet liegen. Hier waren neue Probleme zu lösen:

I. Es mußte möglich sein, im Angriff gegen ein bestimmtes Ziel sich möglichst stark zu machen, das heißt also, durch taktisches Zusammenarbeiten und taktische Führung mehrere U-Boote gleichzeitig zum Angriff an das gewünschte Ziel heranzubringen. Das kann sich auf jedes wertvolle Einzelziel beziehen, ist natürlich besonders erwünscht bei einer Häufung von Zielen, zum Beispiel bei einem Kriegsschiffsverband oder einem Geleitzug. Der Massierung von Zielen war also eine Massierung von U-Booten entgegenzusetzen.

II. Das U-Boot hat nur geringe Augenhöhe und ist selbst im Überwassermarsch langsam. Es übersieht daher in der Zeiteinheit nur einen verhältnismäßig kleinen Raum. deshalb ist für die Aufklärung ein besseres Kriegsmittel erforderlich. Das beste Kriegsmittel für die Seeaufklärung ist das Flugzeug.“

Nach diesen Vorstellungen des FdU Dönitz erfolgte die Ausbildung der U-Boot-Besatzungen. Dönitz ließ die Boote bei jedem Wetter und für längere Zeitabschnitte in möglichst weite Seeräume laufen, um die bestmögliche Eingewöhnung der Besatzungen in die Seegewohnheiten zu gewährleisten.

Die Versuche und Erprobungen der Jahre 1935 und 1936 brachten zusätzlich eine Menge technischer Probleme. Eine besondere Sorge des FdU, der im Herbst 1936 zum Kapitän zur See befördert wurde und nunmehr auch offiziell Führer der U-Boote war, galt den Sende- und Empfangsmitteln an Bord der Boote.

Die vorher im Groben umrissene Rudeltaktik wurde erstmals bei den großen Wehrmachtsmanövern im Herbst 1937 angewandt. Es gelang dem FdU, die eingesetzten Boote geschlossen an das Manövergeleit heranzuführen und zum Einsatz zu bringen.

Diese neue Gruppentaktik wurde nunmehr im Handbuch für U-Boot-Kommandanten zusammengefaßt.

Weitere U-Flottillen wurden aufgestellt, größere Bootstypen kamen zu den zuerst gebauten Einbäumen hinzu. Im Januar 1938 stieß Kptlt. Godt zum Stab des FdU und wurde bald die hervorragendste Persönlichkeit in der Operationsabteilung und später ihr Chef.

Im Winter 1938 setzte Kpt. z. S. Dönitz ein Kriegsspiel im weiten Seeraum des Atlantik an. Auch dieses Manöver wurde von den U-Booten gemeistert. Über dieses entscheidende Kriegsspiel erstattete Kpt. z. S. Dönitz dem OKM einen schriftlichen Bericht, in dem er zum erstenmal auch offiziell eine schon mehrfach erhobene Forderung stellte und diese bekräftigte und untermauerte. Sie lautete:

„Für einen erfolgreichen Handelskrieg sind – wenn der Gegner, wie ich glaube, seinen Handel in gesicherten Geleitzügen zusammenfassen würde – mindestens 300 deutsche Front-U-Boote notwendig. Bei dieser Zahl wird gerechnet, daß 100 Boote jeweils zur Überholung und Erholung der Besatzungen in der Werft liegen, 100 Boote sich auf dem Marsch zum oder vom Operationsgebiet in den Häfen befinden und 100 Boote in See am Feind stehen. Mit dieser Zahl glaube ich aber einen entscheidenden Erfolg im Handelskrieg zu erzielen.

Mit der augenblicklichen Zahl der Boote und den nach der derzeitigen Beurteilung und dem Bautempo in den nächsten Jahren zu erwartenden U-Booten sind jedoch im Handelskrieg nur Nadelstiche zu erzielen.“

Diese Forderung des FdU stieß auf Ablehnung. Die politische und die militärische Führung war der Überzeugung, daß es keinen Krieg mit England geben werde. Und nur im Falle eines Krieges gegen diesen Gegner wäre die von Dönitz geforderte hohe Zahl der U-Boote notwendig gewesen.

Im Mai 1939 wurde in einer weiteren Übung dieser Art westlich der iberischen Halbinsel und in der Biskaya ein Rudelangriff durchgeführt. Im Juli 1939 führte der FdU dem Oberbefehlshaber der Kriegsmarine in der Ostsee ebenfalls eine Rudelschlacht vor.

Inzwischen war eine Reihe weiterer Flottillen aufgestellt worden. Es standen im Sommer 1939 zur Verfügung:

1. U-Flottille „Weddingen" in Kiel,
2. U-Flottille „Saltzwedel" in Wilhelmshaven,
3. U-Flottille „Lohs" in Kiel,
5. U-Flottille „Emsmann" in Kiel,
6. U-Flottille „Hundius" in Wilhelmshaven,
7. U-Flottille in Kiel. (Die 4. U-Flottille war noch nicht aufgestellt, aber geplant.)

Zu den Booten des Typs II traten die ersten Boote des Typs VII A, VII B und VII C. Das letztere Boot war mit seiner Größe von 769 cbm der günstigste Typ. Er sollte in der Folgezeit zum entscheidenden Typ der gesamten U-Boot-Waffe entwickelt werden. Es wurden nicht weniger als 661 Boote des Typs VII C gebaut.

Leider waren selbst die *eingeplanten* Bauten nicht durchgeführt worden. Während noch 1935 insgesamt 14 Boote hergestellt wurden, waren es 1936 mit 21 Booten zwar sieben mehr, aber diese Bauzahlen gingen 1937 rapide auf nur ein Boot zurück, und 1938 traten ganze acht Boote zur Front. 1939 wurden bis Kriegsausbruch 19 U-Boote neu in Dienst gestellt.

Was ist mit England?

Als Kapitän z. S. Dönitz Anfang Mai 1938 eine offizielle englische Verlautbarung zu Gesicht bekam, aus der zu erkennen war, daß sich die englische Politik niemals mit der deutschen vertragen werde, verfaßte der FdU eine Denkschrift, die er an das Oberkommando der Kriegsmarine richtete. Er erklärte darin, es könne durchaus der Fall eintreten, daß England einmal Deutschlands Gegner im Kriege sein werde; dies trotz des deutsch-englischen Flottenabkommens.

Zum Schluß erklärte der FdU: ,,Die deutsche U-Boot-Waffe muß beschleunigt aufgebaut und vergrößert werden." Die Antwort, die der FdU von seinem Obersten Befehlshaber, Generaladmiral Raeder erhielt, lautete: ,,Am Anteil der U-Boot-Tonnage im Rahmen des Flottenabkommens wird nichts geändert."

Wenig später ließ Hitler Generaladmiral Raeder wissen, daß man auch mit England als Gegner in einem zukünftigen Krieg werde rechnen müssen. Daraufhin rief der Ob. d. M. einen Planungsausschuß ins Leben; er hatte alle Konsequenzen, die sich aus dieser neuen Konstellation ergeben könnten, zu untersuchen.

Dabei ergaben sich unterschiedliche Auffassungen. Von den Offizieren der Überwasserstreitkräfte wurden sowohl die Bedeutung der U-Boote als auch deren Einsatzmöglichkeiten unterschätzt.

Der Ob. d. M. schlug Hitler vor, eine wohlausgewogene Flotte von hoher Kampfstärke zu bauen. Im Z-Plan wurde dieser Flottenbau neu festgelegt. Neben dem Neubau von sechs Schlachtschiffen, acht (später zehn) weiterentwickelten Panzerschiffen, vier Flugzeugträgern, einer großen Anzahl Leichter Kreuzer war der Bau von insgesamt 233 U-Booten vorgesehen. Diesen Fertigungsplan genehmigte Hitler im Januar 1939. Die Fertigstellung der genannten Einheiten sollte auf das Jahr 1945 vorgezogen werden.

Damit war Dönitz' Vorschlag, den er auch bei den Untersuchungen des Planungsausschusses ins Spiel gebracht hatte, abgelehnt worden. Seine Forderungen hatten sich ja auf 300 U-Boote erstreckt, die so schnell wie möglich und nicht erst bis zum Jahre 1945 gebaut werden mußten.

Im Juli 1939 meldete Kpt. z. S. Dönitz dem Ob. d. M. die Sorgen aller U-Boot-Fahrer wegen der drohenden Kriegsgefahr mit England. Dönitz trug offen vor, er habe die Sorge, daß die schwerste Last eines kurz bevorstehenden Seekrieges auf der U-Boot-Waffe lasten werde.

Am 22. Juli 1939 rief der Oberbefehlshaber der Kriegsmarine das Offizierskorps auf dem Aviso „Grille“ zusammen und teilte ihm mit, der Führer werde dafür sorgen, daß es keinesfalls zum Krieg gegen England kommen werde. Ein Krieg gegen England würde das „finis Germaniae“ bedeuten.

Nach dieser Ansprache versammelte Dönitz das Offizierskorps der U-Boot-Waffe und sagte diesem: „Meine Herren, das eine steht für mich fest: Wenn es irgendwann zu einem Krieg kommt, dann steht England auf der Seite unserer Gegner. Darauf sollten Sie sich jetzt bereits innerlich einstellen.“

Aus seinem soeben erst angetretenen Urlaub wurde Kpt. z. S. Dönitz am 18. Aug. 1939 nach Berlin zurückgerufen. Dort erfuhr er, daß er den Aufmarsch der U-Boote für den Mobilmachungsfall zu leiten habe.

Die U-Boot-Waffe im Krieg

Der Aufmarsch

Am 28. August 1939, nur wenige Tage vor Kriegsbeginn, stellte Kpt. z. S. Dönitz in seinen „Gedanken für den Aufbau der U-Boot-Waffe“ noch einmal die Forderung auf, die erfüllt werden mußte, wenn die U-Boote die ihr im Kriege zufallenden Aufgaben lösen sollten. Doch änderte dies nichts daran, daß die U-Boot-Waffe für ihre Aufgaben zu schwach war.

Von den 57 U-Booten, die zu dieser Zeit in Dienst gestellt waren, konnten nur 46 als einsatzbereit bezeichnet werden. Von ihnen wiederum kamen nur 22 für den U-Boot-Krieg im Atlantik in Frage. Die übrigen 24 Boote waren jene kleinen „Einbäume“ der Typen II A–D, die nur für küstennahe Einsätze Verwendung finden konnten. Für den Einsatz an Geleitzügen kamen sie nicht in Frage. Kpt. z. S. Dönitz konnte anstelle der geforderten 100 Frontboote im Einsatz nur über ganze sieben verfügen.

Dennoch das, was vorhanden war, war bestmöglich für den Ernstfall vorbereitet. Im Nürnberger Prozeß wurde dem angeklagten Großadmiral Dönitz folgendes bescheinigt: „Die deutschen U-Boote waren, so gut es im Frieden überhaupt möglich ist, für den Krieg ausgebildet.“

Am 19. August entließ Kpt. z. S. Dönitz 17 der großen Boote zur vorsorglichen Aufstellung, die von der Südspitze Grönlands bis hinunter nach Gibraltar reichte. Die ersten sechs Einbäume bezogen bis zum 26. Aug. ihre Positionen in der nördlichen Nordsee, und am 28. Aug. liefen sechs weitere Einbäume durch die mittlere Nordsee und bezogen ihre Positionen. Vier weitere drangen in den Ärmelkanal ein, um sich vor die Kanalhäfen der beiden möglichen Gegner England und Frankreich zu begeben.

Alles war vorbereitet, und dennoch hoffte auch Kpt. z. S.

Dönitz, es werde auch diesmal zu keiner kriegerischen Auseinandersetzung kommen.

Das erste Kriegsjahr

„Beginn der Feindseligkeiten gegen England sofort!" Mit diesem Funkspruch der 1. Skl am 3. Sept. 1939 um 13.30 Uhr begann auch für die U-Boot-Waffe der Zweite Weltkrieg, der seit dem 1. Sept. 1939 in Polen begonnen hatte.

Der FdU ließ einen Funkspruch an die in See stehenden Boote hinausgehen:

„Vom Führer der U-Boote:
An alle in See befindlichen U-Boot-Kommandanten.
Die Gefechtsbefehle für die U-Boot-Waffe der Kriegsmarine sind in Kraft getreten. Truppentransporter und Handelsschiffe sind gemäß Prisenordnung der Haager Konvention anzugreifen. Feindliche Geleitzüge sind *ohne* Warnung anzugreifen. Passagierschiffe, die nur Passagiere befördern, dürfen nicht angehalten werden. Diese Schiffe sind auch dann nicht anzugreifen, wenn sie in militärisch gesicherten Geleitzügen fahren. gez. Dönitz."

Die ersten U-Boote, die Erfolge erzielten, waren U 47 unter Kptlt. Prien und U 48 unter Kptlt. Herbert Schultze.

Am 4. Sept. 1939 ging bereits eine alarmierende Meldung durch die Presse: „Passagierdampfer ‚Athenia' nach Minenexplosion gesunken." Dies erwies sich als Fehlmeldung, denn als U 30 unter Kptlt. Lemp Ende September von Feindfahrt zurückkehrte, erfuhr Dönitz, daß dieses Boot die „Athenia" versenkt hatte. Das Schiff war abgeblendet und in Zickzacklinien gefahren. Lemp hatte es für einen feindlichen Hilfskreuzer gehalten und versenkt.

Am 17. Sept. 1939 um genau 19.50 Uhr kam U 29 unter Kptlt. Schuhart auf den Flugzeugträger „Courageous" zum Schuß. Der Flugzeugträger von 22500 BRT sank nach dem

Zweierfächer, der ihn mittschiffs traf. 578 Besatzungsmitglieder des Trägers gingen mit ihrem Schiff unter.

Im ersten Monat des Krieges versenkten die deutschen U-Boote 175 000 BRT feindlichen Handelsschiffsraumes. England ließ vom ersten Kriegstage an die Handelsschiffe bewaffnen. Dazu Winston Churchill:

„Wir planten, im Laufe der ersten drei Kriegsmonate etwa 1000 Handelsschiffe mit wenigstens je einem Geschütz zur Abwehr der deutschen U-Boote zu bestücken. Dieser Plan wurde auch durchgeführt." (Siehe: Churchill, Sir Winston: Memoiren.)

Damit stellten sich alle jene Schiffe, die mit Waffen ausgerüstet waren, jenseits der Bestimmungen des Londoner U-Boot-Protokolls von 1936. Daraus ergibt sich, daß die warnungslose Versenkung aller Handelsschiffe erfolgen mußte, die sich in einem bestimmten Seeraum befanden.

Bereits sehr früh beschäftigte sich Kpt. z. S. Dönitz mit der Frage einer U-Boot-Operation gegen den englischen Kriegshafen Scapa Flow. Mit seinen Admiralstabsoffizieren sprach Dönitz diese Frage durch, und Kptlt. Oehrn sagte: „Ich glaube, es würde sich schon eine Möglichkeit des Eindringens in diesen Hafen finden."

Es fand sich eine! Und zwar meldete der von seiner Feindfahrt zurückgekehrte Kommandant von U 16, Kptlt. Wellner, daß es einen Weg zum Eindringen in den Hafen gebe.

Alles wurde durchgesprochen, und schließlich entschloß sich Kpt. z. S. Dönitz, den hohen Einsatz zu wagen. Er zog eine Reihe U-Boot-Kommandanten in Betracht. Seine endgültige Wahl fiel dann auf Kptlt. Günther Prien. Was ihn dazu bewog, unter den vielen guten Kommandanten Prien zu wählen, sagte er dem Autor in einem Gespräch:

„Günther Prien war einer der ganz Großen der U-Boot-Fahrt. Bereits nach seiner ersten Feindfahrt war mir klar, daß er, was Seemannschaft und Führungsqualitäten anlangte, zu den größten Hoffnungen berechtigte.

Als ich in die Lage versetzt wurde, ein Boot unter einem zuverlässigen und zugleich wagemutigen Kommandanten nach Scapa Flow zu schicken, wählte ich Prien aus. Er stimmte zu, übernahm die Feindfahrt in die Höhle des Löwen hinein und führte den Auftrag so durch, wie ich dies von ihm erhofft hatte.“ (Siehe: Alman, Karl: „Günther Prien – Der Wolf und sein Admiral“.)

Am 1. Oktober 1939 wurde Prien gefragt, ob er diese Feindfahrt wagen wolle. Am nächsten Tage sagte er zu, und am Morgen des 8. Okt. 1939 wurde U 47 und seine Besatzung von Kpt. z. S. von Friedeburg verabschiedet:

„Also, Prientje, wie es auch kommen mag, viele tausend Tonnen sind euch sicher! – Und nun Mast- und Schotbruch.“

Das Boot legte ab, lief durch den Kaiser-Wilhelm-Kanal in die Nordsee und erreichte am Abend des 12. Okt. 1939 den Raum der Orkney-Inseln. Hier erfuhr die Besatzung am frühen Morgen des 13. Okt., worum es ging. Scapa Flow, der gut bewachte englische Kriegshafen, war das Ziel.

Trotz großer Schwierigkeiten und hellen Nordlichts wurde das Eindringen gewagt und geschafft. Und nach den beiden Zweierfächer-Schüssen auf zwei große Schiffe liefen drei Torpedos auf die Ziele zu. Der vierte Aal war Abfeuerversager.

Dann ließ Prien auch noch den Hecktorpedo schießen. Der Erfolg war gleich Null. Zwar stieg bei dem Schiff, das sie als die „Repulse“ angesprochen hatten, eine Treffersäule empor, doch nichts regte sich dort, was darauf hingedeutet hätte, daß sie das Schiff auch wirklich getroffen hatten.

In dieser Situation hatte Prien die eisernen Nerven, mitten in der Höhle des Löwen die Torpedorohre nachladen zu lassen. Das heißt, es wurden nur die Rohre I und II nachgeladen, und nachdem das Abfeuergestänge des vorhin nicht ausgestoßenen Torpedos wieder klar war, konnte ein Dreierfächer geschossen werden.

Es war das britische Schlachtschiff „Royal Oak“, das sie

zum zweitenmal anliefen. Alle drei Torpedos wollte Prien auf diesen Riesenkasten abschießen.

Der Fächerschuß sollte aus kürzester Distanz erfolgen. Um 1.13 Uhr fielen die Schüsse, und mit Hartruderlegen drehte U 47 ab, während Prien, auf dem Turm stehend, keinen Blick von dem anvisierten Schlachtschiff ließ. Drei Torpedodetonationen brüllten durch die Nacht, drei feuerdurchmischte Wassersäulen stoben gen Himmel. Es war 1.16 Uhr als die „Royal Oak", nach dem Hochgehen einer Munitionskammer, sank und bis auf 375 Gerettete die gesamte Besatzung mit in die Tiefe nahm.

U 47 kam aus Scapa Flow heraus, und am Abend des 14. Okt. erfuhr die Besatzung durch BBC-London, daß sie die 29150 BRT große „Royal Oak" versenkt hatte. Prien schickte seinen Kurzbericht an den FdU: „Unternehmen planmäßig durchgeführt. ‚Royal Oak' versenkt, ‚Repulse' beschädigt. Erbitte Einlaufweg Eins 16.10. abends, U 47.".

Als U 47 an der Pier III in Wilhelmshaven anlegte, standen dort Großadmiral Raeder und Karl Dönitz, dieser inzwischen zum Konteradmiral befördert, auf der Pier. Die Ernennung zum Konteradmiral hatte Dönitz erhalten, als der Sieg von Prien bekanntgegeben worden war. Gleichzeitig wurde seine Dienststellung in „Befehlshaber der U-Boote" umbenannt.

Am 18. Okt. 1939 empfing Hitler die gesamte Besatzung von U 47 in der Reichskanzlei. Er überreichte Günther Prien als erstem U-Boot-Kommandanten das Ritterkreuz des Eisernen Kreuzes.

Im November 1939 verhängte England eine völlige Ausfuhrsperre gegen Deutschland und stellte mit dem Navycert-System praktisch die gesamte neutrale Handelsflotte unter britische Aufsicht. Dies war nach der Lossagung Englands von der Fakultativklausel des Ständigen Internationalen Gerichtshofes im Haag eine Entscheidung, die Deutschland zwang, ebenfalls die Handschuhe im Handelskrieg auszuziehen. Am 6. Januar 1940 wurden deshalb von deutscher Seite bestimmte

Seegebiete zu Operationsgebieten erklärt. Alle in diesen Gebieten angetroffenen Schiffe würden von nun an warnungslos von den deutschen U-Booten angegriffen werden. Dies galt also auch für neutrale Dampfer. Diese Neutralen wurden wenige Tage vorher von dieser Maßnahme in Kenntnis gesetzt und davor gewarnt, diese Operationsgebiete zu durchlaufen.

Damit war aus der englischen Blockade die deutsche Gegenblockade geworden.

Als erster deutscher U-Boot-Kommandant erreichte Kptlt. Herbert Schultze eine Versenkungszahl von über 100 000 BRT feindlichen Handelsschiffsraumes. Er erhielt am 1. März 1940 das Ritterkreuz.

Die Bilanz des ersten Halbjahrs des Zweiten Weltkrieges lautete: 14 deutsche U-Boote gingen verloren. Auf ihnen hatten 400 U-Boot-Männer den Tod gefunden. Diesen Booten mit einer Gesamt-Tonnage von 9500 BRT stand die Versenkung von 199 Schiffen mit 701 985 BRT gegenüber. Hinzu kamen 115 Schiffe, die auf den von deutschen U-Booten gelegten Minen sanken.

Hitler und die U-Boot-Waffe

Nach dem Überraschungsschlag von U 47 war auch Hitler mehr als sonst auf die deutschen U-Boote aufmerksam geworden. Er hatte erst am 28. September 1939 die U-Boote in Wilhelmshaven besucht und sich Dönitz' Vortrag angehört, in dem dieser die Möglichkeiten des U-Boot-Krieges ausführlich darlegte. Allerdings konnte er die Überzeugung des FdU, daß Deutschland in den U-Booten ein Mittel besitze, England entscheidend zu schwächen, selbst nicht teilen. Nach wie vor stand er der Forderung des FdU, für einen solchen erfolgreichen U-Boot-Krieg müßten 300 U-Boote vorhanden sein, skeptisch gegenüber.

Nun wußte die Staatsführung zwar ebenso wie der bei dieser Besuchsreise anwesende Chef des Oberkommandos der Wehrmacht, Generaloberst Keitel, daß die Forderung der U-Boot-Führung bei 300 Booten lag, ohne allerdings entschlossen zu sein, dem U-Boot-Bau Vorrang zu geben.

Hitler wurde am 10. Oktober 1939 durch einen Vortrag von Großadmiral Raeder um Vollmachten für das Kriegsschiffs-Bauprogramm, in dem auch die monatliche Fertigstellung von 29 U-Booten geplant war, und um die Zuerkennung der Vordringlichkeit gebeten, denn normalerweise würden die ersten U-Boote dieser Planung in frühestens 19, höchstens 30 Monaten fertig sein, und bis zur Frontverwendung vergingen dann noch einmal vier Monate mit dem Einfahren.

Hitler erklärte dem Ob. d. M., daß das Bauprogramm anlaufen werde, gab Raeder aber keine Vollmachten für die Dringlichkeit dieses Programms. In dem Entscheidungsschreiben, das Großadmiral Raeder vom OKW erhielt, stand auch die Begründung für diese Verweigerung:

„Nachdem Generalfeldmarschall Göring umfassende Vollmachten besitzt, hat der Führer und Oberste Befehlshaber der Wehrmacht davon abgesehen, darüber hinaus besondere Ermächtigungen für die Dauer des U-Boot-Programms zu vollziehen.“

Dies bedeutete: die U-Boot-Waffe erhielt *nicht* die benötigten Zuweisungen für einen schnellen Ausbau. Am 8. März sah sich Großadmiral Raeder sogar dazu gezwungen, das U-Boot-Bauprogramm auf 25 Boote zu reduzieren.

Die geforderte erhöhte Stahlzuteilung für den U-Boot-Bau wurde nicht erfüllt, obgleich die gesamte Marine nur etwa fünf Prozent der deutschen Stahlproduktion für ihre Rüstungsaufgaben erhielt.

Nach dem erfolgreichen Siegeszug der ersten Monate des U-Boot-Krieges war Hitler zwar empfänglicher für diese Waffe, aber das änderte nichts an seiner Haltung. Für die See hatte er durchaus keine Antenne.

Während es in englischen Augen klar war, daß Deutschland

auf allen Werften, die es gab, hätte U-Boote bauen müssen, dachte Hitler nicht daran, diese im Seekrieg allein entscheidende Waffe so rasch wie möglich so aufzubauen, daß sie den Sieg erringen konnte.

Captain Roskill, der offizielle englische Seehistoriker, untersuchte diesen unbegreiflichen Fall und erklärte: „Die Langsamkeit, mit der die Deutschen ihren U-Boot-Bau vorantrieben, hatte für Britannien höchst glückliche Folgen."

Am 4. März 1940 erhielt KAdm. Dönitz den Befehl der Skl: „Auslaufen weiterer U-Boote zunächst abstoppen. Kein Einsatz auch bereits ausgelaufener Boote an der norwegischen Küste. Verwendungsmöglichkeit aller Seestreitkräfte beschleunigt herstellen. Keine besondere Bereitschaft."

Einen Tag darauf wurde KAdm. Dönitz von der Skl über die Landungsabsichten deutscher Gruppen in Dänemark und Norwegen unterrichtet. Hauptaufgabe der U-Boote sollte es sein, die eigenen Seestreitkräfte zu sichern, nachdem diese in die vorgesehenen Anlandehäfen eingedrungen waren.

In zweiter Linie sollten die U-Boote feindliche Gegenlandungen, für die deutliche Anzeichen vorlagen, bekämpfen.

Die dritte Aufgabe aber lautete: „Angriff auf feindliche Seestreitkräfte, die versuchen werden, die Seeverbindungen von Norwegen nach Deutschland zu unterbinden."

Hölzerne Schwerter

In einem besonderen Verteilungsplan setzte KAdm. Dönitz die U-Boote ein. Im Operationsbefehl „Hartmut" ließ er alle erforderlichen Maßnahmen der U-Boote niederlegen. Dieser Befehl wurde den Kommandanten in verschlossenen Umschlägen mitgegeben. Diese Umschläge durften erst nach Ausgabe des Stichwortes „Hartmut" geöffnet werden.

Am 2. Apr. wurde der BdU verständigt, daß der 9. Apr. Stichtag für die Operation „Weserübung" sei. Am 6. Apr.

erhielten die Kommandanten der in See stehenden Boote den FT-Befehl, den Operationsbefehl „Hartmut“ zu öffnen.

Am 9. Apr. standen alle U-Boote auf ihren Positionen. Was in den folgenden Tagen einsetzte und als die „Torpedomisere“ in die Seekriegsgeschichte einging, war einmalig. Von allen Booten, die auf Transport- und Kriegsschiffe des ebenfalls nach Norwegen laufenden alliierten Angriffs zum Schuß kamen, wurden die gleichlautenden Meldungen abgesetzt:

„15. Apr.: nachmittags feindliche Zerstörer, die Gebiet sichern und absuchen. Wegen eigenartiger Kurse dieser Zerstörer Vermutung, daß an mehreren Stellen Minen geworfen sind.

Abends drei große Transporter (je 30000 BRT) und drei etwas weniger große, von zwei Kreuzern geleitet, im Südteil Bygden, z. T. vor zwei Anker, so daß sie eben frei voneinander liegen und etwas überlappen.

22.00 Uhr: Boot setzt zum ersten Angriff unter Wasser an. Absicht, mit je einem Torpedo Kreuzer, großen Transporter, großen Transporter und Kreuzer anzugreifen, dann nachzuladen und neuer Angriff.

22.42 Uhr: vier Schüsse gelöst. Geringste Entfernung 750 Meter, größte 1500 Meter. Tiefeneinstellung Torpedos vier und fünf Meter. Eine Wand von Schiffen vor dem Boot. Keine Wirkung, Gegner nicht aufgescheucht. Nachgeladen.

Neuer Angriff vor Mitternacht. Über Wasser. Sicherste Unterlagen, genaueste Überprüfung aller Einstellungen durch Kommandant und I. WO. Vier Torpedos, Tiefeneinstellung wie beim ersten Angriff. Kein Erfolg. Ein Geradlaufversager am Felsen detoniert. Beim Abdrehen auf Grund geraten. In schwierigster Lage in Nähe vorbeifahrenden Bewachers wieder freigekommen. Bemerkt: Wabo-Verfolgung. Wegen Maschinenschadens Rückmarsch angetreten.

19. Apr.: ‚Warspite‘ und zwei Zerstörer gesichtet und Schlachtschiff aus 900 Meter Entfernung mit zwei Torpedos angegriffen. Kein Erfolg. Ein Enddetonierer hat schwerste

Verfolgung des Bootes durch aus allen Richtungen anlaufende Zerstörer zur Folge. U 47, Kptlt. Prien."

Günther Prien, der ,,Stier von Scapa Flow", hatte die Chance, ein zweites Schlachtschiff zu versenken und damit seinen Paukenschlag von Scapa Flow zu wiederholen, aber er kämpfte nach seinen eigenen Worten mit ,,hölzernen Schwertern". Und ebenso wie Prien hatten alle anderen Kommandanten ihre Meldungen abgesetzt. U 25 hatte auf zwei Zerstörer geschossen, U 48 hatte auf den Kreuzer ,,Cumberland" geschossen, der Dreierfächer war unerklärlicherweise Fehlschuß geworden. Und auch U 48 hatte einen Angriff auf die ,,Warspite" gefahren und keinen Treffer erzielt. U 65 hatte den Kreuzer ,,Emerald" im Visier und meldete einen Frühzünder. Vier Boote waren allein auf die ,,Warspite" zum Schuß gekommen. Vierzehnmal waren englische Zerstörer das Ziel deutscher Torpedos geworden. Zehn große Transporter und ebenfalls zehn Zerstörer wurden beschossen und kein einziger Treffer erzielt.

Hier hatte die große Chance bestanden, Englands Kriegs- und Handelsschiffsflotte mit einem gewaltigen Schlage eine solche Niederlage beizubringen, die wahrscheinlich später, nach dem verlorenen Frankreichfeldzug, zu Englands Aufgeben geführt hätte. 36 Angriffe gegen feindliche Kriegsschiffe, immer in der drohenden Gefahr, selbst versenkt zu werden, hatten die U-Boote gefahren. Nichts war erreicht worden. Und dieses nichts wurde mit vier versenkten deutschen U-Booten bezahlt.

Die erste Folge dieses Versagens deutscher Torpedos aber war die Tatsache, daß der Gegner seine Truppen landen konnte, die die deutschen Gebirgsjäger an den Rand einer entscheidenden Niederlage brachten.

KAdm. Dönitz zog die Boote aus den Fjorden zurück, weil sie dort keine Angriffsmittel gegen Zerstörer hatten. Dann erteilte er auch den Booten im Südraum Norwegens den Rückmarschbefehl.

Nach diesem Unternehmen hatte Günther Prien nach der Rückkehr von dieser Feindfahrt, die ihn um ein Haar Boot und Besatzung gekostet hätte, gesagt, er werde nicht mehr mit ,,hölzernen Säbeln" fahren. KAdm. Dönitz stand vor der Entscheidung, ob die U-Boot-Waffe mit einem derart mangelhaften Torpedo weiterhin eingesetzt werden durfte.

KKpt. Godt, Chef der Operationsabteilung der U-Boote, war der Überzeugung, daß ein Einsatz der Boote vor einer grundlegenden Verbesserung der Torpedos nicht verantwortet werden könne. Dönitz war jedoch der Überzeugung, daß ,,zu diesem Zeitpunkt die U-Boote unter keinen Umständen brachliegen konnten, ohne dieser Waffe in unübersehbarem Maße zu schaden."

Er wußte, daß Großadmiral Raeder eine Untersuchung eingeleitet hatte und daß KAdm. Kummetz, der als neuer Torpedo-Inspekteur eingesetzte Seeoffizier, sehr bald eine verbesserte Aufschlagpistole schaffen und die Beherrschung des Tiefenlaufes erreichen würde.

Dönitz reiste zu den Frontboot-Flottillen ebenso wie zu den Ausbildungsstellen in der Ostsee, die kurz nach Kriegsausbruch von KAdm. von Friedeburg eingerichtet worden waren. Er sprach zu den Besatzungen, richtete sie wieder auf und versprach rasche grundlegende Änderung und einen Torpedo, auf den sich die U-Boot-Fahrer verlassen konnten.

Es gelang dem BdU, seine U-Boot-Fahrer wieder aufzurichten; sie vertrauten ihm, daß sie neue schlagkräftigere Torpedos erhielten.

Der am 20. April von Großadmiral Raeder eingesetzte Sonderausschuß untersuchte die Ursachen der Torpedoversager. Als die ersten Ergebnisse durchsickerten, nannte KAdm. Dönitz das Verhalten der Torpedofachleute ,,verbrecherisch".

Der OB der Kriegsmarine gab in dem folgenden Ausschußbericht unter anderem bekannt:

,,Tiefenhaltung und Tiefenlauf entsprachen weder beim

G7a noch beim G7e den Anforderungen, die an eine frontbrauchbare Waffe gestellt werden müssen.

Die Pistole war in ihrem M.-Z.-Teil (Magnetzündungsteil) technisch nicht voll brauchbar. Der A.-Z.-Teil (Aufschlagszündungsteil) erfüllte nicht die an ihn gestellten Forderungen.

Bei dem Torpedoressort der Kriegsmarinewerft Kiel und im Einschießbetrieb der TVA (Torpedo-Versuchsanstalt der Kriegsmarine) haben sich Mängel bezüglich der Vorbereitungen der Torpedos zur Anbordgabe herausgestellt. Dieser Punkt wird gesondert verfolgt.

Aufgrund dieser Feststellungen ordnete der Oberbefehlshaber der Kriegsmarine ein Ermittlungsverfahren an, das zur kriegsgerichtlichen Verurteilung der verantwortlichen Mitglieder der Torpedoversuchsanstalt führte.

Admiral Oskar Wehr, der Leiter der TVA, und zwei seiner leitenden Beamten wurden für schuldig befunden und verurteilt.“

Diese Fehler an den Torpedos waren seit dem ersten deutschen Torpedoschuß im Spanischen Bürgerkrieg bekannt. Im August 1938 hatte dann ein Probeschießen des Torpedobootes ,,Albatros“ die schweren Fehler sichtbar gemacht. Aber die TVA unter KAdm. Wehr ließ nichts von diesen Dingen nach außen dringen und meldete diese schwerwiegenden Mängel nicht nach oben.

Nahezu drei Monate waren durch dieses Norwegenunternehmen die U-Boote vom Atlantik verschwunden. Als erstes Boot lief U 37 unter Kptlt. Oehrn mit den verbesserten Torpedos am 15. Mai aus. Die ersten fünf mit Magnetzündung geschossenen Torpedos hatten zwei Frühzünder und zwei Versager. KAdm. Dönitz verbot ab sofort das Schießen mit Magnetzündung und schrieb für jeden Schuß Aufschlagzündung vor. Als U 37 am 9. Juni 1940 wieder in Wilhelmshaven einlief, hatte es acht Schiffe mit 43 000 BRT versenkt. Dieser Erfolg bewies, daß die U-Boote ihre alte Kampfkraft zurückgewonnen hatten.

In diesem Abschnitt des Krieges machten dann die großen Asse der U-Boot-Waffe von sich reden. Da stiegen sie wie Sterne am U-Boot-Himmel auf, die Lüth, Schepke, Kretschmer, Schuhart, Prien, Rollmann, Endrass, Liebe, Lemp, Frauenheim, Rösing und viele weitere.

Die neuen Häfen

Nach dem Blitzsieg über Frankreich waren die Biskayahäfen der französischen Marine für die deutschen U-Boote freigeworden. Damit lagen die englischen Seeverbindungen direkt vor der Haustür der U-Boot-Stützpunkte.

Von seiner Befehlsstelle in Sengwarden aus veranlaßte KAdm. Dönitz, daß die ersten U-Boote von ihrem laufenden Einsatz nach Lorient marschieren sollten, wo der erste U-Boot-Stützpunkt eingerichtet werden würde.

Die Materialtransporte dorthin rollten im Blitz-Transport, und als wenige Tage später die ersten U-Boote in Lorient einliefen, fanden sie hier bereits alles vor, was sie brauchten, um überholt und neu ausgerüstet zu werden.

Da KAdm. Dönitz wußte, daß nichts wichtiger war als die engste Nähe der U-Boot-Führung zu den Kommandanten, fuhr der BdU am 23. Juni 1940 zur Biskayaküste. Am 7. Juli lief U 30 als erstes Atlantikboot in Lorient ein. Ab dem 2. Aug. war die Werft von Lorient für die Reparatur von U-Booten voll ausgerüstet.

Am 29. Aug. verlegte die U-Boot-Führung zunächst nach Paris. Später, nach Ausbau der Befehlsstelle in Kernevel bei Lorient, übersiedelte Dönitz dorthin. Bei jedem Auslaufen eines U-Bootes aus einem der Biskayahäfen wurde nun eine Woche Marschfahrt gespart, denn der um Nordengland herumführende Auslaufweg aus deutschen Häfen war etwa 450 Seemeilen länger.

Während die Organisationsabteilung des BdU unter

KAdm. von Friedeburg in der Nordsee verblieb, wurde der operative Stab des BdU in der Operationsabteilung zusammengefaßt. Der bisherige 1. Admiralstabsoffizier, KKpt. Godt, übernahm die Operationsabteilung.

Nach Ende des ersten Kriegsjahres am 31. Aug. 1940 stand einem Zurfrontkommen von 28 U-Booten der Verlust einer gleichgroßen Zahl von 28 Booten gegenüber. Dies bedeutete, daß sich kein einziges Boot mehr im Einsatz befand, im Gegenteil: 12 Boote waren aus der Front herausgezogen worden, um in der Ostsee als Schulboote zu fahren, um für die zu erwartenden Indienststellungen auch entsprechende Besatzungen zu haben, die eingefahren waren.

28 deutsche U-Boote waren verlorengegangen. Die Verluste des Gegners beliefen sich am Ende dieses ersten Kriegsjahres auf sieben Kriegsschiffe, darunter ein Schlachtschiff und ein Flugzeugträger, fünf Hilfskreuzer und 440 Handelsschiffe mit 2330000 BRT. Elf Angehörige der U-Boot-Waffe hatten im ersten Kriegsjahr das Ritterkreuz erhalten. Als drittem Soldaten dieser Waffe wurde es am 21. Apr. 1940 KAdm. Dönitz verliehen.

Das zweite Kriegsjahr

Die ersten Rudelschlachten

Mit Beginn des zweiten Kriegsjahres siedelte der BdU, inzwischen zum Vizeadmiral befördert, von Sengwarden nach Paris über. Auf dem Boulevard Suchet, einer ruhigen Straße am Bois de Boulogne, wurde von diesem Tage an U-Boot-Geschichte gemacht. Das Haus Nr. 18 reichte aus, den Stab des BdU, die Funk- und Fernschreibstellen und das Wachpersonal aufzunehmen.

Die erste Geleitzugschlacht begann, als U 47 am 20. Sept. 1940 auf den HX 72 stieß und sofort Peilzeichen gab, um die anderen im gleichen Seeraum stehenden Boote heranzurufen. Es kamen U 99 unter Kptlt. Kretschmer, U 48 unter Kptlt. Bleichrodt und U 100 unter Kptlt. Schepke. U 32 unter Kptlt. Jenisch gesellte sich zum Schluß noch hinzu.

Die erste der großen Rudelschlachten begann und gleichzeitig auch die erste Phase der „Schlacht im Atlantik", die zur längsten Schlacht der Kriegsgeschichte werden sollte.

Die ersten Erfolge erzielte U 99, das um 3.12 Uhr des 21. Sept. den britischen Motortanker „Invershannon" mit 9154 BRT versenkte und gut eine Stunde später den zweiten Dampfer herausschoß. Auf den dritten kamen U 47 und U 99 gleichzeitig mit Granaten zum Schuß; er wurde von U 99 mit Fangschuß versenkt.

Schepkes U 100 schoß am Abend dieses 21. Sept. die gesamte Chargierung. Drei Schiffe sanken, darunter die 10 364 BRT große „Torinia", ein Tanker. U 48 unter Kptlt. Bleichrodt versenkte ein Schiff und torpedierte ein weiteres. Schepke kam kurz nach Mitternacht des 22. Sept. zu zwei weiteren Erfolgen und knapp zwei Stunden später zu einer neuen Doublette, darunter die 10 525 BRT große „Frederick S. Fales". Jenisch torpedierte ein Schiff. Damit hatte der HX 72

11 Schiffe mit 72 727 BRT verloren. Zwei Schiffe mit 13 022 BRT waren torpediert worden.

Am 26. Sept. 1940 hielt Großadmiral Raeder Vortrag beim Führer. Diese Unterredung fand auf Veranlassung von Raeder unter vier Augen statt. Darin brachte Raeder auch eine Denkschrift von VAdm. Dönitz zur Kenntnis des Oberbefehlshabers der Wehrmacht und trug vor, daß Dönitz die Alternative der Konzentration im Mittelmeer, die Raeder vorschwebte, für einen Fehler halte, weil nach Dönitz' Auffassung nur der Kampf gegen die Seeverbindungen Englands geeignet sein würde, England friedensbereit zu machen, während jede deutsche Aktivität im Mittelmeer nur Kräfte und Mittel von dieser Hauptaufgabe abziehen mußte.

Raeder selbst wollte in dieser Unterredung Hitler vom Angriff auf die Sowjetunion ablenken und ihn zum verstärkten Kampf gegen England motivieren, was ihm nicht gelang.

Der Monat September 1940 ging mit einem Erfolg von 52 im Atlantik versenkten Schiffen zu Ende, die eine Gesamttonnage von 265 773 BRT hatten. Es war nach VAdm. Dönitz' Auffassung die Aufgabe der deutschen U-Boote, den feindlichen Schiffsraum schneller zu versenken, als Neubauten erstellt werden konnten. Dazu war eine rasche Steigerung der Frontboot-Zahlen notwendig.

Im Oktober wurden von nur acht am Feind stehenden U-Booten 63 Schiffe mit 352 407 BRT versenkt.

Hätten hundert Boote gleichzeitig auf dem weiten Atlantik im Einsatz stehen können, so hätte dies mit größter Wahrscheinlichkeit ein Erliegen des Geleitzugverkehrs und damit die englische Niederlage bedeutet.

Der Erste Lord der britischen Admiralität, Sir Winston Churchill, schrieb in „The Second World War, Band IV, Seite 107: „The U-boat attack was our worst evil. It would have been wise for the Germans, to stake all upon it." (Der U-Boot-Krieg war unser schlimmstes Übel. Es wäre von den Deutschen klug gewesen, alles auf diese Karte zu setzen.)

Im Oktober wurde das HQ des BdU nach Kernevel verlegt. Von hier aus hatte Dönitz alles im Griff, und wenn seine grauen Wölfe heimkehrten, stand er, der längst schon den Ehrennamen der „Große Löwe“ erhalten hatte, auf der Pier, um seine U-Boot-Männer in der Heimat willkommen zu heißen.

Im Winter 1940/41 standen immer weniger Boote in See. Zu Weihnachten 1940 kämpften zwei U-Boote – und wenig später waren es sechs – gegen die britische Flotte und die Handelsflotte der ganzen Welt. 300 U-Boot-Soldaten gegen eine unübersehbare Zahl an Schiffen.

Am HX 90 wurden im Dezember 1940 zehn Schiffe versenkt, darunter die 16402 BRT große „Forfar“ durch U 99. Eine Reihe weiterer Schiffe wurden aus diesem Konvoi torpediert. Ihre Namen und die Zahlen aufzuzählen, würde den Bericht über Leben und Einsatz des Großadmirals bei weitem sprengen. Nur soviel: Alle Versenkungen wurden von einer Handvoll Boote erzielt, deren Kommandandten sämtlich durch Dönitz' harte Schulung gegangen waren und die es verstanden, sich gegen eine Welt von Feinden zu behaupten und anzugreifen, ranzugehen und zu versenken, wie es der „Große Löwe“ befahl.

Die Erfolge in diesen Rudelschlachten an den noch wenig gesicherten Geleitzügen zeigten eindeutig die Richtigkeit des Rezepts von Dönitz auf. Drei U-Boot-Kommandanten schossen sich an die Spitze der Tonnagekönige: KKpt. Otto Kretschmer, Kptlt. Joachim Schepke und Kptlt. Günther Prien. Alle drei Kommandanten erhielten kurz nacheinander das Eichenlaub zum Ritterkreuz des Eisernen Kreuzes und – erlitten fast gleichzeitig das gleiche Schicksal des Versenktwerdens, wobei das Boot von U 99 unter Kretschmer noch die meisten Überlebenden hatte. Priens U 47 ging mit der gesamten Besatzung unter. Von U 100 wurden fünf Männer geborgen.

Die ersten U-Boote waren bereits im Februar 1941 in den Raum Freetown entsandt worden, um auch im Südatlantik „den großen Hund loszulassen“, wie die U-Boot-Männer ihren Einsatz nannten. Vier weitere Boote folgten rasch nach. Den sieben Booten gelang es in Tag- und Nachtangriffen, 74 Schiffe zu versenken. Unter diesen Kommandanten des Südraumes befand sich auch Kptlt. Günter Hessler, der Schwiegersohn von VAdm. Dönitz. Während alle Kommandanten das Ritterkreuz nach 100 000 BRT versenkten feindlichen Schiffsraumes erhielten, mußte Hessler 120 000 BRT versenken, ehe er dieser Auszeichnung für würdig befunden wurde.

Hessler versenkte mit U 107 auf dieser Südatlantik-Feindfahrt 14 Schiffe mit 86 699 BRT und erzielte damit das höchste Ergebnis auf einer Feindfahrt, das nicht wieder erreicht wurde.

Die Erfolge der U-Boote steigerten sich von Monat zu Monat, ehe sie im Juli und August 1941 schlagartig zurückgingen, weil nur acht bis 12 Boote im Einsatzraum standen.

Italienische U-Boote in Bordeaux

Bereits am 24. Juli 1940 war die italienische Marine mit dem Vorschlag an die deutsche Skl herangetreten, mit einer größeren Anzahl von U-Booten im Atlantik unter deutscher Führung zu kämpfen. Die Skl befragte den BdU, und Admiral Dönitz war einverstanden.

Der Führer der italienischen U-Boote, Admiral Parona, kam nach Paris. Im Gespräch mit VAdm. Dönitz wurde beschlossen, daß der BdU die operative Führung und die Leitung des Gesamteinsatzes in seiner Hand behielt, daß aber die italienischen Boote und der italienische FdU weitgehende Selbständigkeit behalten sollten.

Stützpunkt der italienischen Boote wurde Bordeaux. Insgesamt trafen nacheinander 27 italienische U-Boote in Bordeaux ein. Ab Anfang Oktober 1940 wurden die Boote zum Einsatz gebracht. Leider war ihre Effektivität in den ersten fünf Wochen mit nur einem Versenkungserfolg mehr als schwach. Es stellte sich die Frage nach der Ursache oder den Ursachen für diese geringe Einsatzleistung. Das Ergebnis war, daß die Italiener in keiner Weise Taktik und Angriffsgeist der deutschen U-Boot-Fahrer besaßen und daß sie das Vorsetzen ebensowenig kannten wie den nächtlichen Überwasserangriff. Darüber hinaus war auch die Bauart der italienischen Boote ungünstig. Sie hatten einen viel zu hohen Turm, der nicht einmal für den Ausguck genutzt werden konnte, weil dieser tiefer stand. Da die italienischen Boote außerdem keinen Diesel-Zuluftmast besaßen, mußten sie im Überwassermarsch ständig mit geöffnetem Turmluk fahren, was in der groben Wintersee des Atlantik oft nicht möglich war.

Im Frühjahr 1941 aber besserte sich der Ausbildungsstand dank der deutschen Hilfe und der Tatsache, daß italienische Kommandanten als Schüler auf deutschen U-Booten den U-Boot-Kampf erlernten.

Am 18. Febr. 1941 erhielten die italienischen U-Boote den Befehl zur unmittelbaren operativen Zusammenarbeit mit den deutschen Booten. Doch auch diesmal brachte diese Maßnahme keine zählbaren Erfolge.

Am 15. Mai 1941 legte VAdm. Dönitz in einem Gespräch mit Admiral Parona fest, daß die italienischen Boote in den Seeräumen westlich Gibraltar, im südlichen Nordatlantik und im Raum Freetown operieren sollten.

Im Verlaufe der folgenden Monate sollten denn auch einige italienische U-Boote erfolgreich werden. Unter draufgängerischen und zugleich geschulten Kommandanten errangen sie ständig steigende Erfolge. Von ihnen wird später noch zu sprechen sein.

Mit Beginn des Rußlandfeldzuges am 22. Juni 1941 wurden acht Boote in der Ostsee gegen den neuen Gegner zur See eingesetzt. Sie erzielten Erfolge und erlitten auch einige herbe Verluste.

Als das zweite Kriegsjahr zu Ende ging, hatte die U-Boot-

Waffe in diesem Jahr nur 19 Boote verloren, womit es das Jahr der niedrigsten Verluste wurde.

Über die Erfolge und Aussichten des U-Boot-Krieges hatte VAdm. Dönitz bereits im Juli folgende Überlegungen angestellt:

„1. Das Hauptproblem des U-Boot-Krieges liegt nach wie vor im Finden des in Geleitzügen konzentriert fahrenden Gegners im weiten Raum.

2. Der Versuch, eine Bündelung der Verkehrswege weiter im Westen zu erfassen, hat nicht zum Erfolg geführt. Mit Neuaufstellung vom 21. Juli wird versucht, den Verkehr näher vor den englischen Küsten zu erfassen. Diese Aufstellung ermöglicht gleichzeitig erneuten Versuch unmittelbarer Zusammenarbeit mit der Luftaufklärung.

3. Trotzdem kann im großen das Problem der Aufklärung nur mit größeren Bootszahlen gelöst werden. Jede Abzweigung von Booten für Sonderaufgaben schwächt daher die Erfolgsaussichten im Handelskrieg mehr, als es der reinen Zahl abgestellter Boote entsprechen würde.

4. Bei den Versenkungsergebnissen macht sich in zunehmendem Maße bemerkbar, daß überwiegend neue Boote mit unerfahrenen Besatzungen an der Front sind.

5. Im Südraum ist durch Ausfall der Versorgungsmöglichkeiten eine neue Lage entstanden, die offenbar durch Umlegung des Feindverkehrs auch in den für U-Boote gesperrten Raum noch erschwert ist.

6. Auch unter Berücksichtigung der genannten Punkte muß die augenblickliche Ergebnislosigkeit des U-Boot-Krieges als vorübergehende Erscheinung angesehen werden."

Deutsche U-Boote ins Mittelmeer

Nachdem die Frage der Entsendung deutscher U-Boote ins Mittelmeer in den Führerbesprechungen bereits zur Sprache gekommen war und VAdm. Dönitz sich dagegen ausgesprochen hatte, wurde Anfang September 1941 die Lage der deutschen Truppen in Afrika bedrohlich, weil viele der über See gehenden Transporte aller Art für das Deutsche Afrika-Korps auf See versenkt wurden. Hitler befahl die Entsendung der ersten deutschen U-Boote ins Mittelmeer.

Ende September durchbrachen die ersten sechs U-Boote im Unterwassermarsch die Straße von Gibraltar ins Mittelmeer. Im November folgten vier weitere Boote nach. Diese Boote erzielten große Erfolge. So versenkte U 81 unter Kptlt. Guggenberger am 13. Nov. 1941 den britischen Flugzeugträger „Arc Royal" mit 22600 BRT. Am 25. Nov. folgte der zweite Paukenschlag nach, als U 331 unter Oblt. z. S. von Tiesenhausen das 31100 BRT große britische Schlachtschiff „Barham" versenkte. Nach einigen Schiffsversenkungen konnte U 557 unter Kptlt. Paulshen den britischen Leichten Kreuzer „Galathea" vernichten.

Italienische Torpedoreiter drangen am frühen Morgen des 19. Nov. in den Hafen von Alexandria ein und beschädigten oder versenkten (auf flachem Wasser, so daß die Schiffe wieder gehoben werden konnten) den Motortanker „Sagona", den Zerstörer „Jervis", die Schlachtschiffe „Valiant" und „Queen Elizabeth". Die beiden gesunkenen Schlachtschiffe wurden gehoben.

Dieser Paukenschlag des 19. Dezember 1941 gellte der Britischen Admiralität schrill in den Ohren.

So große Vorteile die Entsendung der deutschen Boote ins Mittelmeer auch brachte, für die Atlantik-Kriegführung fielen sie für immer aus, denn aus dem Mittelmeer gab es entgegen dem Strom durch die Gibraltarstraße im Unterwassermarsch kein Zurück mehr, und über Wasser war der Versuch eines Durchbruchs tödlich.

Darüber hinaus wurde entgegen den Beschwörungen von Dönitz von der Skl der schwerpunktmäßige Ansatz der gesamten Front-U-Boot-Waffe im Mittelmeer und westlich der Straße von Gibraltar angeordnet. Ursache dieser U-Boot-Ballungen waren angebliche gaullistisch-englische Landungsabsichten in Französisch-Nordafrika. Die Anordnung der Skl vom 29. Nov. 1941 besagte, daß ständig 15 U-Boote beiderseits der Straße von Gibraltar und 10 U-Boote im östlichen Mittelmeer zu stehen hätten.

Damit hörte die Kriegführung durch U-Boote im Atlantik völlig auf. In einer Reihe mündlicher und schriftlicher Anträge suchte Admiral Dönitz die Boote für die Kriegführung im Atlantik zurückzubekommen, denn er glaubte nicht an einen Angriff auf Nordwestafrika.

Der Anfang 1942 einsetzende U-Boot-Krieg gegen die USA wurde durch diese Maßnahmen, die kaum etwas brachten, bedeutend geschwächt. Der Dezember 1941 brachte denn auch im Atlantikkrieg das geringste Versenkungsergebnis von 12 Schiffen mit 67 606 BRT.

Im Großeinsatz des U-Boot-Krieges folgte am 14. Dez. 1941 eine Rudelschlacht gegen den Konvoi HG 76, der durch einen Flugzeugträger, drei Zerstörer, sieben Korvetten und zwei Sloops geschützt wurde. Der Geleitschutz wurde von Commander Walker geführt, einem der erfolgreichsten U-Boot-Killer der Alliierten, der in seiner Laufbahn während des Zweiten Weltkrieges nicht weniger als 21 deutsche U-Boote vernichtete, davon während seiner Geleitaufgabe am HG 76 allein vier.

Insgesamt gingen an diesem Konvoi fünf deutsche U-Boote verloren, darunter auch U 567 unter Eichenlaubträger Engelbert Endrass, Priens I.WO auf der Fahrt nach Scapa Flow.

Der Konvoi selbst verlor nur drei Schiffe. Aber auch der Zerstörer „Stanley“ und der Flugzeugträger „Audacity“ wurden von den deutschen U-Booten vernichtet. U 574 unter Kptlt. Gengelbach hatte „Stanley“ mit einem Torpedo versenkt und wurde 24 Stunden später von dem Zerstörer „Stork“ mit Rammstoß in die Tiefe geschickt.

Dieser Angriff gegen den HG 76 war eine eindeutige Niederlage für die deutschen U-Boote. So ging das Jahr 1941 für Admiral Dönitz und die U-Boot-Führung mit schwerer Sorge zu Ende. Doch das Jahr der größten U-Boot-Erfolge sollte erst noch beginnen.

Ein Zwischenfall ereignete sich noch im September 1941, der leicht zum offenen Krieg zwischen Deutschland und den USA hätte führen können. Am 4. Sept. 1941 war U 652 unter Kptlt. Fraatz von einem Geleitzerstörer verfolgt und mit drei Wasserbomben belegt worden. Um diesen Verfolger abzuwehren, ließ U 652 zwei Torpedos schießen, denen der Zerstörer „Greer“ um Haaresbreite entging. Daran wäre nichts Besonderes, wenn es sich nicht um einen amerikanischen Zerstörer gehandelt hätte.

Es war der erste scharfe Schuß, der auf ein US-Kriegsfahrzeug abgegeben wurde. Präsident Roosevelt erklärte am 11. Sept. in einer Rundfunkrede, daß die „Greer“ „mutwillig und unprovoziert von einem deutschen U-Boot angegriffen“ worden sei und daß er dies als einen „Akt der Piraterie“ ansehe.

Das war der Gipfelpunkt der Lüge und Heuchelei, denn alle Welt wußte, daß US-Kriegsschiffe an englischen Geleiten Sicherung fuhren und sich eifrig an der Jagd auf deutsche U-Boote beteiligten. Daß sich diese U-Boote zur Wehr setzten, wenn es um das nackte Überleben ging, verstand sich von selbst. In Wahrheit hatten die USA bei einer Reihe von Fällen aktiv auf der Seite von Deutschlands Gegnern in den Krieg eingegriffen.

Am 15. Sept. gab denn auch der US-Marineminister Knox bekannt, daß die US-Navy Befehl habe, „alle Handelsstörer der Achsenmächte, gleichviel ob sie als Überwasser- oder Unterwasserpiraten aufträten, mit allen verfügbaren Mitteln aufzubringen oder zu zerstören". Damit befanden sich das Reich und die USA bereits praktisch mitten im Krieg.

Die US-Historiker Langer und Gleason beurteilten den eben geschilderten „Greer"-Zwischenfall völlig anders als ihr Präsident: „In Anbetracht der Tatsache, daß die ‚Greer' das deutsche U-Boot stundenlang verfolgt und britischen Flugzeugen Nachricht über dessen Standort gegeben hat, um den Angriff auf das U-Boot zu erleichtern, wäre es erstaunlich gewesen, wenn das vorgesehene Opfer sich nicht schließlich gegen seine Verfolger gewandt hätte." (Siehe: Die Weltkrisis und die amerikanische Außenpolitik, S. 744.)

Am 17. Okt. 1941 eskalierten die Differenzen, als der US-Zerstörer „Kearney" einen Torpedotreffer erhielt. Am 31. Okt. 1941 wurde der US-Zerstörer „Reuben James", der mit die Sicherung am Konvoi HX 156 übernommen hatte, von U 552 unter Kptlt. Topp versenkt, als er versuchte, diesem U-Boot den Garaus zu machen. Diese Anlässe wurden seinerzeit durch die USA zu gewaltigen „deutschen Angriffen" hochstilisiert, während die heutige US-Geschichtsschreibung aus dieser Zeit 1941 nur von der Zeit „des nichterklärten Krieges" spricht und damit offen zugibt, daß die USA bereits damals auf Seiten Englands im Atlantikkrieg eine Rolle gespielt haben. (Siehe: Fleet Admiral King: The undeclared War 1940–41.)

Die völlige militärische Zusammenarbeit zwischen England und den USA war bereits im Juli 1940 durch den Abgesandten des Weißen Hauses, Admiral Ghormley, in London mit der Britischen Admiralität vorbereitet worden. Der US-Generalstab hatte Pläne für den Fall ausgearbeitet, daß der Krieg gegen die Achsenmächte voll entbrennen würde.

Diesen Besprechungen waren weitere gefolgt, so im Januar und Februar 1941 in Washington. Hier wurde beschlossen: „Die Hauptaufgabe der US-Marine ist der Schutz der Schiffahrt und der Seeverbindungen des Atlantik. Dieser setzt ein, sobald die US-Marine dazu fähig ist, da er nicht von einer

Fregattenkapitän Karl Dönitz, Kommandant des Kreuzers „Emden“; rechts der 1. Offizier, KKpt. Lange.

Die ersten U-Boote des FdU Dönitz, Sommer 1935.

Großadmiral Erich Raeder (Mitte) mit seinem Chef des Stabes, Kpt. z. See Schulte-Mönting, am Berliner Tirpitzufer.

Kapitänleutnant Schuhart nach der Versenkung des Flugzeugträgers „Courageous". Begrüßung durch Großadmiral Raeder; rechts Konteradmiral Dönitz.

Kptlt. Adalbert Schnee hält Dönitz Vortrag.

Vizeadmiral Thiele (rechts) und Vizeadmiral Rogge waren die Kampfgruppenführer der schweren Kriegsmarine-Einheiten im Endkampf in der Ostsee.

Der Große Löwe spricht zu seinen U-Boot-Männern.

Einer davon ist Günther Prien, der „Stier von Scapa Flow".

Kptlt. Prien (im Mantel) mit seiner Besatzung von U 47.

Albrecht Brandi (mit weißer Mütze) der im Mittelmeer drei U-Boote verschliß.

ausdrücklichen Kriegserklärung der USA an Deutschland abhängt." (Siehe: ABC-1 Staff Agreement vom 27. 3. 1941.)

Interessant in diesem Zusammenhange ist die Tatsache, daß trotz der wenig später erfolgten Kriegserklärung des Deutschen Reiches an die USA der Internationale Militärgerichtshof in Nürnberg das Urteil fällte: „Deutschland hat *keinen* Angriffskrieg gegen die USA geführt."

U-Boote vor der US-Ostküste

Als Admiral Dönitz aus dem FHQ die Mitteilung erhielt, daß die von Hitler gegenüber den US-Fahrzeugen angeordneten Einschränkungen aufgehoben seien, forderte Dönitz sofort die Freigabe von zwölf U-Booten durch die Skl, um diese zum Einsatz vor die US-Ostküste in Marsch setzen zu können.

Die Gesamtzahl der Front-U-Boote betrug zu diesem Zeitpunkt im Dezember 1941 91 Boote. Davon standen 23 der kampfstärksten Boote im Mittelmeer; sie waren für immer dem Atlantikeinsatz entzogen. Drei weitere sollten noch ins Mittelmeer gehen. Sechs Boote befanden sich in einem Suchstreifen westlich Gibraltar und vier im Raume nördlich von Norwegen. Von den 55 übrigbleibenden Booten lagen 60 Prozent zur Reparatur in den Werften fest, weil nicht genügend Werftarbeiter zur Verfügung standen. 22 Boote standen in See, davon elf auf dem Hin- oder Rückmarsch. Damit waren für Versenkungsaufgaben im praktischen Tonnagekrieg nur 10–12 Boote zur Verfügung. (Siehe dazu: KTB des Befehlshabers der U-Boote 2. Halbjahr 1941.)

In den Atlantikhäfen waren vom 16.–25. Dez. 1941 ganze fünf U-Boote auslaufbereit, zu denen wenig später ein sechstes Boot hinzukam. Sie allein sollten den „großen Paukenschlag" vor der amerikanischen Küste führen.

Die Boote liefen unter strengster Geheimhaltung aus, und als der BdU am 9. Jan. 1942 übersehen konnte, daß diese

Boote am 13. Jan. 1942 im Operationsgebiet stehen würden, wurde dieser Tag für den schlagartigen Angriff befohlen.

Die Bitte von Dönitz an die Skl, ihm auch die sechs großen Boote des Typs IX C zur Verfügung zu stellen, die westlich Gibraltar standen, war abgelehnt worden. Dies sollte sich als krasse Fehlleistung der Obersten Marineführung herausstellen, denn vor der US-Küste hätten diese Boote beim „Paukenschlag" außergewöhnlich große Erfolge erzielen können, wie die Meldungen der von diesem Einsatz zurückkehrenden Kommandanten einstimmig erklärten.

Um vor die US-Ostküste zu gelangen, hatten die Boote aus ihren Atlantikhäfen 2000 bis 2400 Seemeilen zurückzulegen. Bis vor New York waren es sogar rund 3000 Seemeilen.

Erst am 2. Jan. 1942 gab die Skl die weiteren für den Mittelmeer-Gibraltarraum vorgesehenen Boote des Typs VII C für die Atlantik-Kriegführung frei; Dönitz schickte sie in den Seeraum Neuschottland-Neufundland.

Am 11. Dez. 1941, nur wenige Tage nach der US-Kriegserklärung an Japan, das am 7. Dez. den Krieg in einem Überraschungsangriff gegen Pearl Harbor ausgelöst hatte, erklärte Deutschland den USA den Krieg.

Die sechs deutschen U-Boote begannen mit dem Stichwort „Paukenschlag" den Angriff vor der US-Ostküste. Lediglich U 123 unter Kptlt. Hardegen hatte vorher schon geschossen und bereits am 12. Jan. 1942 den 9076 BRT großen Frachter „Cyclops" vor New York versenkt. Am nächsten Morgen ging es Schlag auf Schlag. Fackeln der Vernichtung standen von Halifax bis New York vor der US-Küste auf See, und als diese ersten sechs großen Boote verschossen hatten, lautete ihre Erfolgsbilanz:

U 66, Kptlt. Zapp:	5 Schiffe mit 50 000 BRT,
U 106, Kptlt. Rasch:	5 Schiffe mit 42 139 BRT,
U 109, Kptlt. Bleichrodt:	4 Schiffe mit 24 764 BRT,
U 123, Kptlt. Hardegen:	8 Schiffe mit 53 360 BRT,
U 125, Kptlt. Folkers:	1 Schiff mit 7096 BRT,
U 130, KKpt. Kals:	4 Schiffe mit 30 784 BRT.

Bevor diese erste U-Bootgruppe das US-Operationsgebiet verließ, hatten die Boote U 108, Kptlt. Scholtz, U 103, Kptlt. Winter und U 107, Oblt. z. S. Gelhaus, die Chesapeake-Bay erreicht und eröffneten auch hier die Schießzeit. Schlagartig schnellten die Versenkungsziffern in die Höhe. Allein im Januar wurden nach englischen Quellen vor der US-Küste 62 Schiffe mit 327357 BRT durch deutsche U-Boote versenkt.

Anfang Januar konnte Admiral Dönitz auch fünf große Boote in die Karibische See entsenden. Ihr Angriff wurde zum 16. Febr. durch Dönitz freigegeben. Die Grauen Wölfe griffen nun vor den Ölzentren an. Vor Aruba kämpfte U 161 unter Kptlt. Achilles, in der Windward-Passage erschien U 126 unter Kptlt. Bauer, der binnen zweier Wochen in diesem Seegebiet neun Schiffe versenkte. „Zwerg-Bauer", zur Unterscheidung gegenüber den anderen „Bauers" der U-Boot-Waffe, verdiente sich hier das Ritterkreuz.

Vor Cape Hatteras tauchte U 123 im zweiten USA-Einsatz auf und versenkte elf Schiffe. U 124 unter Kptlt. Jochen Mohr brachte es auf neun Schiffe und meldete dies seinem „Großen Löwen" in Versen:

„In der Gewitter-Neumondnacht
bei Hatteras tobte die Tankerschlacht.
Mister Roosevelt verlor
50000 Tonnen – Mohr."

U 552 unter Topp, einem der großen U-Boot-Fahrer, versenkte sechs Schiffe vor der US-Küste, U 203 unter Mützelburg und U 160 unter Lassen jeweils fünf Schiffe. Dazu Dönitz:

„Diese Kommandanten erfaßten die taktische Gesamtlage sehr schnell und trugen, um die Gunst zu nutzen, ein hohes Risiko. So wuchs eine neue Reihe von ‚Assen' an U-Boot-Kommandanten heran."

Ende März traten dann einige Ereignisse ein, die den BdU und seinen Stab aufhorchen ließen. U 82, das im Februar auf dem Rückmarsch in den Stützpunkt westlich der Biskaya einen feindlichen Konvoi meldete, verstummte abrupt und für immer. Im selben Seeraum erfaßte U 587 Ende März einen ähnlichen Konvoi. Auch dieses Boot verstummte für immer. Als dann am 14. Apr. 1942 U 252 unter Kptlt. Lerchen im selben Gebiet wieder einen Konvoi meldete, befahl ihm der BdU, er solle nur angreifen, wenn er bei Nacht eine günstige Gelegenheit dazu habe. U 252 meldete sich noch einmal und verstummte dann für immer.

Zunächst nahm man an, daß es sich hier um ein „Scheingeleit" handeln könnte, das aus U-Boot-Fallen bestand. Heute wissen wir aber, daß die hier beschriebenen Versenkungserfolge des Gegners auf das Konto eines neuen Radar-Ortungsgerätes kamen.

Am 25. Jan. 1942 bereits hatte der Befehlshaber der U-Boote einen Befehl Hitlers erhalten, acht U-Boote im Raum zwischen Island und Schottland zu stationieren. Damit sollte ein Kordon vor die norwegische Küste gelegt werden, die nach Hitlers Informationen demnächst Ziel einer britischen Invasion sein würde. Diesen ersten acht Booten sollten nach und nach zwölf weitere Boote folgen. Damit wären 20 Kampfboote dem Einsatz im Atlantik entzogen worden. Diese Abstellungen wurden nach den Worten von Captain Roskill „zum entscheidenden Faktor in der Atlantikschlacht zugunsten der Alliierten".

Die ersten U-Boote des Typs XIV liefen Ende April 1942 als „Treibölversorger" aus. Das erste Boot, U 459 unter von Wilamowitz-Möllendorf, einem U-Boot-Kommandanten aus dem Ersten Weltkrieg, versorgte in der Karibischen See vom 22. Apr. bis zum 6. Mai 1942 nicht weniger als 14 U-Boote mit Treiböl und ermöglichte ihnen eine doppelte Schießzeit im Operationsgebiet.

Die nächsten Boote, die beinahe gleichzeitig ausliefen, waren U 460, Kptlt. Schäfer, und U 116, KKpt. von Schmidt. Sie versorgten weitere 20 U-Boote mit zusätzlichem Treiböl.

Dies war der Grund dafür, daß allein im Mai 1942 in diesem Seeraum 148 Schiffe mit 752009 BRT versenkt werden konnten. Insgesamt wurden vom 1. Jan. bis zum 30. Juni 1942 von deutschen U-Booten 585 Schiffe mit 3080934 BRT versenkt. Dies sind die Zahlen, die der Gegner veröffentlichte. Darin nicht eingeschlossen waren die Hunderte torpedierter und aus diesem Grund außer Dienst gestellter Schiffe.

Im selben Zeitraum gingen 21 deutsche U-Boote verloren, davon allein sieben im Mittelmeer. In diesem Halbjahr waren 69 Boote neu zur Front getreten, von ihnen gingen allein 26 in den Raum um Norwegen, zwei ins Mittelmeer, und 41 standen für den Handelskrieg im Atlantik zur Verfügung. Da jedoch zwölf Atlantikboote verlorengegangen waren, betrug der zählbare Zuwachs praktisch 29 Boote. Immerhin standen nun im Atlantik 101 Boote; dies war eine Rekordzahl.

Die großen Sorgen, die sich Admiral Dönitz darum machte, daß U-Boote mitten in der Nacht direkt angeflogen und gebombt wurden, was darauf hindeutete, daß der Gegner durch ein neues Ortungsgerät die deutschen U-Boote ausfindig machte, ließen Karl Dönitz nicht ruhen. Im Juni 1942 berief er eine Besprechung ein, an der sowohl der gesamte U-Boot-Stab als auch die zuständigen Stellen für Ortungsfragen im OKM teilnahmen.

Alle U-Boote erhielten am 24. Juni darüber hinaus den Befehl, in der Biskaya bei Tag und Nacht *nur* getaucht zu fahren und lediglich zum Aufladen der Batterien aufzutauchen.

Im Juli 1942 traten erstmals 30 Boote zur Front. Im August waren es wieder 30 Boote, und auch für den September wurde diese Zahl wieder erreicht.

Es war das persönliche Verdienst von KAdm. von Friedeburg, daß für die Vielzahl der neu zur Front tretenden Boote auch ausgebildete Besatzungen vorhanden waren. Er hatte in der Ostsee eine lückenlose Ausbildungsmöglichkeit geschaffen. Sein Organisationsstab und seine Schulpläne gaben den jungen U-Boot-Fahrern das bestmögliche Wissen und die bestmöglichen Waffen mit. Gleichzeitig galt es aber auch, den Nachschub an Material sicherzustellen und den Personalstab auf dem günstigsten Stand zu halten. Admiral von Friedeburg, das betonte auch Großadmiral Dönitz nach dem Kriege gegenüber dem Verfasser mehrfach, hat dafür gesorgt, daß die U-Boot-Waffe scharf blieb.

Im August 1942 begannen die großen Geleitzugschlachten. Die Versenkungserfolge waren auch schon vorher sehr hoch gewesen. Aber in diesem letzten Monat des dritten Kriegsjahres versenkten die deutschen U-Boote 495 013 BRT, und die italienischen waren mit 27 762 BRT erfolgreich.

Das dritte Kriegsjahr hatte allerdings den Verlust von 60 deutschen U-Booten gekostet.

Das vierte Kriegsjahr

Der Fall „Laconia“

Bereits im August 1942 waren vier große U-Boote des Typs IX C und ein U-Tanker aus den Stützpunkten der Biskaya-Küste zu einer neuen Unternehmung ausgelaufen. Es waren dies: U 68 unter KKpt. Merten; U 172, Kptlt. Emmermann; U 156, Kptlt. Hartenstein; U 504, KKpt. Poske, und der U-Tanker U 459 unter von Wilamowitz-Möllendorf.

Diese Boote hatten von Admiral Dönitz Weisung erhalten, erst nach Passieren von 5 Grad südlicher Breite die Schießzeit zu eröffnen. Damit sollte das Vorhandensein großer deutscher U-Boote im Südraum verschleiert werden. Die eigentliche Operationsbasis sollte die Küste vor Südafrika sein.

Am 12. Sept. 1942 sichtete U 156 unter Kptlt. Hartenstein einen riesigen Truppentransporter. Es war die 19695 BRT große „Laconia“, die neben britischen Truppen noch 1500 italienische Kriegsgefangene an Bord hatte.

Da das Boot soeben 5 Grad Süd erreicht hatte, lief es zum Angriff an. Der Fächerschuß traf um 22.07 Uhr den Truppentransporter, der übrigens eine Bewaffnung von acht Geschützen, darunter zwei 15-cm-Kaliber, besaß und neben einer Reihe von Flakwaffen auch Wasserbomben und ein Asdic-Gerät zum Aufspüren deutscher U-Boote an Bord hatte.

Als die „Laconia“ gesunken war, hörten die Männer auf dem Turm des heranlaufenden Bootes italienische Hilferufe. Sofort begann die Besatzung, die im Wasser schwimmenden Menschen zu retten, und Hartenstein ließ einen Funkspruch absetzen, der um 0.12 Uhr des 13. Sept. beim BdU einging:

„Versenkt von Hartenstein Brite ‚Laconia‘, Marinequadrat FF 7721, 310 Grad. Leider mit 1500 italienischen Kriegsgefangenen. Bisher 90 geborgen, 157 cbm, 19 Torpedos, Passat 3, erbitte Befehle.“

An Bord der ,,Laconia", das stellte sich später heraus, befanden sich insgesamt 1800 italienische Kriegsgefangene, 436 Mann Besatzung, 268 britische Urlauber, 80 Frauen und Kinder sowie 180 polnische Gefangenenwärter.

Entgegen den Grundsätzen des Seekrieges leitete Admiral Dönitz eine sofortige großzügige Rettungsaktion ein. (Entsprechend der Genfer Konvention muß Schiffbrüchigen nur geholfen werden, wenn dadurch die Durchführung der militärischen Aufgaben nicht beeinträchtigt wird.)

Dönitz ging weit darüber hinaus. Er ordnete sofort den Abbruch anderer U-Boot-Operationen an und beorderte die beiden Boote U 506 und U 507 sowie die U-Boot-Gruppe ,,Eisbär" zur Untergangsstelle, um so viele Menschen wie möglich zu retten.

Die Gruppe ,,Eisbär" wurde schließlich wieder entlassen, nachdem die Skl dem BdU mitgeteilt hatte, daß sie der französischen Vichy-Regierung die Bitte zugeleitet habe, aus Dakar ihre dort stationierten Kriegsschiffe zur Rettung auslaufen zu lassen.

Noch in der Nacht nahm U 156 193 Schiffbrüchige an Bord und rettete am anderen Morgen weitere 200, die Kptlt. Hartenstein auf die Rettungsboote verteilte. Um 6.00 Uhr des 13. Sept. ließ Hartenstein einen offenen Funkspruch auf der 25-m-Welle tasten:

,,If any ship will assist the shipwrecked ,Laconia-Crew' I will not attack her providing. I am not being attacked by ship or airforces. I picked up 193 Men 4–52 South, 11–26 West. German submarine."

Zehn Minuten später wurde dieser Spruch auch auf der 600-m-Welle wiederholt. U 156 versicherte, daß es kein Schiff angreifen werde, das den Schiffbrüchigen helfen wolle.

U 506 und U 507 trafen am 14. und 15. Sept. an der Untergangsstelle ein und beteiligten sich an der Bergung der Schiffbrüchigen. Am 16. Sept. wurde U 156 von einem viermotorigen US-Flugzeug mehrfach überflogen und umkreist. Die

2 mal 2 Meter große Rote-Kreuz-Flagge, die Hartenstein über den Turm hatte legen lassen, mußte gesehen worden sein. Die Maschine flog nach Westen ab.

Lassen wir die folgende Passage aus dem KTB von U 156 Revue passieren, um die Ungeheuerlichkeit begreiflich zu machen, die nun folgte.

„12.32 Uhr: Anflug einer Maschine gleichen Typs. Passiert in 80 m Höhe kurz vor Bug, wirft zwei Bomben mit etwa 3 sec. Verzögerung. Während noch achtere Schleppleine mit vier Booten losgeworfen wird, wirft Flugzeug eine Bombe mitten in die Boote. Ein Boot kentert. Flugzeug kreist in der Nähe und wirft nach einiger Zeit seine vierte Bombe 2000 bis 3000 m weit ab. Erkenne Bombenschacht leer. Erneuter Anflug, zwei Bomben; eine detoniert mit Sekunden Verzögerung direkt unter der Zentrale. Turm verschwindet in schwarzer Wasserglocke, und Bugraum meldet Wassereinbruch. Klar bei Schwimmwesten!

Befehl: alle Briten von Bord. Danach, als Batteriebilge gast, Italiener ebenfalls von Bord. Habe keine Tauchretter für sie." Soweit das KTB.

Dem BdU wurde dieser Angriff gemeldet, und Dönitz entschied in einem Funkspruch am 17. Sept. um 0.19 Uhr: „Sicherheit des Bootes darf unter keinen Umständen gefährdet werden. Alle Maßnahmen, auch Abbrechen der Bergungstätigkeit, rücksichtslos ergreifen. Annahme irgendeiner Schonung durch den Gegner ist völlig abwegig."

Diese Einschätzung des Gegners war völlig richtig, denn nicht nur hier hatten US-Seestreitkräfte und die US Air Force solche Schritte unternommen. Beim Massaker von Lae hatten sie bereits im März 1942 mit vereinten Kräften Tausende im Wasser schwimmende japanische Schiffbrüchige umgebracht. (Siehe: Hrowe H. Saunders: Duell im Pazifik.)

Der Gegner hatte, obgleich die Bergungsaktion seit vier Tagen bekannt war, nichts zur Rettung der insgesamt etwa 964 britischen und polnischen Staatsbürger getan, sondern sofort die Chance ergriffen, das rettende U-Boot zu bekämpfen und zu vernichten.

Am 17. Sept. wurde auch U 506 mit 142 Schiffbrüchigen an Bord mit Bomben angegriffen. Captain Roskill zu diesem Vorkommnis:

,,Alles ging gut, bis von dem neu errichteten Stützpunkt auf der Insel Ascension ein amerikanisches Armeeflugzeug eine Stunde lang um das deutsche U-Boot herumflog und dann U 156 angriff. Es ist gleichermaßen unmöglich, diese Handlungsweise zu rechtfertigen, wie es schwerfällt zu erklären, warum dies getan wurde. Da man in dem KTB der Station Freetown keine Eintragung über einen Angriffsbefehl findet, muß eine amerikanische Dienststelle diesen Befehl gegeben haben."

Im Verlaufe des 17. Sept. trafen dann die von Vichy zugesicherten beiden Schiffe ,,Annamite" und ,,Gloire" am Treffpunkt ein und übernahmen die Geretteten von den U-Booten. Englische oder gar amerikanische Hilfe war nicht erschienen.

Im Oktober 1942 standen ständig zwei U-Boot-Gruppen im Nordatlantik zur Konvoibekämpfung zur Verfügung. Diese Rudelschlachten wurden immer wieder auch für die U-Boote zu Todesfahrten. Am Konvoi SC 104 wurden vom 11. bis 16. Okt. zehn Schiffe mit 63000 BRT versenkt. Daran hatte U 221 unter Oblt. z. S. Trojer den größten Anteil. Ihm gelang auch die Versenkung des Tankers ,,Southern Express" mit 12390 BRT.

Zur Besprechung beim Führer in der Reichskanzlei am 28. Sept. 1942 waren neben Großadmiral Raeder und GFM Keitel auch die Admirale Dönitz und Fuchs, VAdm. Krancke, VAdm. Maertens, KAdm. Lange, Kpt. z. S. von Puttkamer und Baurat Waas anwesend. Es ging darum, daß sich Hitler über die augenblickliche Lage des U-Boot-Krieges unterrichten wollte.

Admiral Dönitz gab in seiner klaren, freien Sprache einen genauen Überblick über den augenblicklichen Stand der

Schlacht im Atlantik. Er erklärte, daß der Kampf vor den US-Küsten und jenen von Mittel- und Südamerika sich wieder in den mittleren Atlantik verlagert habe.

Dönitz vermittelte eine genaue Übersicht über den Stand des U-Boot-Kampfes im Südatlantik, zeigte aber anhand der vorgelegten Großkarten auf, daß der Schwerpunkt des Kampfes nach wie vor die Geleitzugbekämpfung im Nordatlantik sein müsse. Er erklärte, daß die Hauptbedrohung in der Gefährdung durch die feindlichen Luftwaffen liege, die das schwarze Loch immer kleiner machten und nun fast auf der gesamten Distanz des Atlantik wirksam würden.

Seine Hauptforderung gipfelte darin, die eigene Luftwaffe müsse mehr zur Unterstützung der U-Boote tun. Nur eine enge Zusammenarbeit mit der Luftwaffe sichere die rechtzeitige Weitergabe von Aufklärermeldungen an die U-Boot-Rudel.

Vor allem aber forderte Dönitz die technische Verbesserung der U-Boote und ihrer Waffen, um „taktisch in der Lage zu bleiben, trotz gesteigerter feindlicher Abwehr die gleichen Erfolge wie vorher zu erzielen".

Es müsse ein U-Boot mit gesteigerter Unterwassergeschwindigkeit her. Hitler bekräftigte dies und vergaß nicht, Dönitz die volle Anerkennung für den U-Boot-Einsatz auszusprechen.

Hitler regte die schnelle Frontreifmachung der ferngesteuerten Torpedos an. Vor allem forderte er die raschestmögliche Ausrüstung aller Boote mit möglichst starker Flakabwehr.

Zum Schluß wurde über das Walter-Boot vorgetragen und durch GA Raeder gemeldet, daß je zwei Boote kleineren Typs bei Blohm & Voss und auf der Germaniawerft in Auftrag gegeben seien. (Siehe dazu den folgenden Abschnitt: Das totale U-Boot.)

Hitler entließ die Experten des U-Boot-Krieges mit den Worten: „Der U-Boot-Krieg ist von kriegsentscheidender Bedeutung für uns!"

*

Der HX 212 verlor Ende Oktober sechs Schiffe mit 51 996 BRT. Die Gesamterfolge dieses Monates betrugen 90 Schiffe mit 580 407 BRT. Achtzehn Schiffe verlor der SL 125 in einem fünftägigen Rudelangriff. Damit gingen dem Gegner weitere 133 000 BRT verloren. Der SC 107 wurde um 15 Schiffe dezimiert, die insgesamt 87 818 BRT bedeuteten, auf die der Gegner weniger zurückgreifen konnte.

Als dann die Skl dem BdU am 8. Nov. 1942 die Mitteilung von den alliierten Landungsoperationen an der marokkanischen und algerischen Küste machte, beorderte Admiral Dönitz alle U-Boote, die zwischen der Biskaya und den Kapverdischen Inseln standen, zur marokkanischen Küste.

Als die ersten Boote am 11. Nov. im Gebiet des Landungsraumes eintrafen, fanden sie hier eine unerhört starke Abwehr vor. Dennoch gelang es einigen Booten heranzukommen. U 173 unter Oblt. z. S. Schweichel versenkte drei Truppentransporter. U 130 unter KKpt. Kals versenkte ebenfalls drei große Dampfer, die er auf der Reede von Fedala stellte. U 515 unter Kptlt. Henke vernichtete das britische Depotschiff ,,Hecla“ und torpedierte den Zerstörer ,,Marne“. U 155, Kptlt. Peining, versenkte den Geleitträger ,,Avenger“ und den Transporter ,,Ettrich“.

Dadurch erreichten die Gesamterfolge des Monats November 119 Schiffe mit 729 160 BRT. Die italienischen Boote versenkten noch einmal sechs Schiffe mit 31 882 BRT und U 413 schickte durch Torpedotreffer aus einem Transporter-Geleitzug die ,,Warwick Castle“ mit 20 107 BRT in die Tiefe.

Als Admiral Dönitz am 16. Nov. den Befehl der Skl erhielt, die U-Boot-Verluste im Mittelmeer durch die Zuführung von Atlantikbooten auszugleichen und darüber hinaus ständig 20 Boote westlich Gibraltar und Marokko bereitzustellen, legte er am 18. Nov. in der gKados-Sache 508 an die Skl dar, daß diese Maßnahme ,,entscheidend nachteilig für den Tonnagekrieg im Atlantik“ sein müsse, in dem er als BdU noch immer die Hauptaufgabe der gesamten U-Boot-Waffe sehe.

Ende Dezember 1942 wurde ein westgehender Geleitzug entdeckt und aus ihm 13 Schiffe mit 67 437 BRT herausgeschossen. Der Dezember ergab damit eine Versenkungsziffer von 55 Schiffen mit 289 119 BRT; italienische Boote versenkten vier weitere Schiffe mit 20 516 BRT.

Insgesamt waren im Jahre 1942 von deutschen und italienischen U-Booten 1160 Schiffe mit 6 266 215 BRT versenkt worden.

Captain Roskill dazu: „Es war der britischen Admiralität klar, daß die Schlacht auf den Geleitzugwegen noch nicht entschieden war, daß der Feind größere Kräfte besaß als jemals zuvor und daß die Krise in diesem sich lange hinziehenden Kampf nahe bevorstand."

Der Großadmiral und der Führer

Der Befehlshaber der U-Boote wird Oberbefehlshaber der Kriegsmarine

Der tiefere Grund für diesen Kommandowechsel lag in der Unzufriedenheit Hitlers mit der Kriegsmarine, deren Wesen er nicht verstand. Großadmiral Raeder hatte nichts dazu getan, Hitlers Verständnis zu wecken, im Gegenteil. Der OB der Kriegsmarine war der Überzeugung, daß er Distanz zum Führerhauptquartier und damit auch zu Hitler halten müssen, um dadurch Eingriffe in die Belange der Kriegsmarine von oben her zu vermeiden. Großadmiral Raeder verblieb jeweils nur so lange im FHQ, wie dies für den von ihm zu haltenden Lagevortrag notwendig war.

Zwar war Hitler Raeder gegenüber stets von vollendeter Höflichkeit und stimmte meistenteils dessen Vorschlägen zu, doch infolge des Fehlens Raeders in den folgenden Sitzungen wurden die getroffenen Entscheidungen oftmals nicht durchgesetzt.

Als Hitler der Mißerfolg des Unternehmens „Regenbogen", des Angriffs auf den Konvoi JW 51 B, vorgelegt wurde und er von der Beschädigung des Schweren Kreuzers „Hipper" und der Vernichtung eines Zerstörers erfuhr, forderte er konsequent die Außerdienststellung sämtlicher Großkampfschiffe der Kriegsmarine. Diese Forderung des Führers erfuhr Großadmiral Raeder am 6. Jan. 1943 abends auf der Lagebesprechung in der Wolfsschanze.

In einem 90 Minuten währenden Monolog erklärte Hitler, er sei schon immer der Überzeugung gewesen, daß bereits im Ersten Weltkrieg die Rolle der Hochseeflotte ohne Bedeutung gewesen sei. Ebenso sei es mit den Großkampfschiffen, die die deutsche Wehrmacht habe. Sie lägen monatelang ohne jede Verwendung in den Häfen. Zu ihrem Schutz müßten starke Luftstreitkräfte und leichte Seestreitkräfte bereitstehen.

,,Der Krieg zur See", führte Hitler aus, ,,ist bisher vor allem von den leichten Seestreitkräften geführt worden. Die bedeutungsvollste Waffe war, wie schon im Ersten Weltkrieg so auch heute, die U-Boot-Waffe. –

Wenn ich jetzt auf die großen Schiffe verzichte", erklärte Hitler dem Oberbefehlshaber der Kriegsmarine, ,,dann handelt es sich nicht um eine Degradierung. Dies ist ja nur dann der Fall, wenn eine *wirksame* Waffe fortgenommen wird."

Hitler erklärte dem völlig überraschten Raeder, daß er sich überlegen möge, ob ,,Hipper", ,,Prinz Eugen", ,,Lützow" und ,,Admiral Scheer" zu Flugzeugträgern umgebaut werden könnten. Darüber hinaus solle die Marine Überlegungen anstellen, wo zum Schutz gegen etwaige Feindlandungen die schwere Artillerie dieser Schiffe eingesetzt werden könne.

Auch zur Reihenfolge der Außerdienststellung hatte Hitler bereits Vorstellungen entwickelt. So meinte er, daß zunächst die ,,Gneisenau" in Frage komme und anschließend die ohnehin zur Reparatur anstehenden Einheiten nachfolgen sollten. Das Personal könne bei der Kriegsmarine verbleiben.

Die Hauptfrage, die Hitler stellte, lautete: ,,Kann das U-Boot-Programm durch den Fortfall der großen Schiffe erweitert und beschleunigt werden?"

Hitler bat den OB der Kriegsmarine, eine Denkschrift mit seinem Standpunkt zu diesen Punkten vorzulegen. Dies sei auch für die Geschichtsschreibung notwendig. Er, Hitler, werde dann die Ausführungen Raeders prüfen.

Bei diesem Monolog Hitlers war auch der Chef des OKW, GFM Keitel, anwesend. Danach kam es noch zu einem Gespräch zwischen Hitler und Raeder unter vier Augen. Darin erklärte Raeder, daß er nach allem, was Hitler über den Geist der Marine ausgeführt habe, selber nicht länger als Ob. d. M. Dienst tun könne, da er für den Geist der Marine verantwortlich sei. Darauf entgegnete Hitler, daß er nicht den Geist der Marine als solchen kritisiert, sondern nur den Unterschied zwischen der U-Boot-Waffe und den Großkampfschiffen aufgezeigt habe.

Großadmiral Raeder war nicht zu überzeugen. Er gab nunmehr vor, daß er sich der erhöhten Belastung kräftemäßig nicht mehr gewachsen fühle und ,,nach zehnjähriger Tätigkeit unter dem Führer um seine Ablösung als Ob. d. M. bitte“.

Hitler erklärte daraufhin, daß diese plötzliche Ablösung eine Belastung für ihn sei, weil sie großes Gerede mit sich bringen werde, worauf Großadmiral Raeder erklärte, daß er – um jedem Gerede die Spitze abzubrechen – damit einverstanden sei, ferner in einer nur nominellen Dienststellung als ,,Generalinspekteur“ zu dienen und dies in der Presse und im Rundfunk zu verbreiten. Dies müsse als eine Trennung im besten Frieden erkannt werden. Es müsse natürlich ein neuer Oberbefehlshaber ernannt werden.

Hitler griff diesen Vorschlag sofort auf und erklärte, daß der Name Raeder mit der Marine verbunden bleiben müsse. Er, Hitler, werde Raeder besondere Aufträge erteilen, wie: Besichtigungsreisen und anderes mehr. Hitler stimmte zu, daß am 30. Jan. 1943 die Amtsübergabe an Raeders Nachfolger erfolgen werde.

Auf Hitlers Frage, wer dieser Nachfolger sein könne, schlug Großadmiral Raeder Generaladmiral Carls oder Admiral Dönitz als seinen Nachfolger vor. In seinem Werk ,,Mein Leben“ schreibt Raeder dazu:

,,In meinem Vorschlag nannte ich zunächst Generaladmiral Carls als den Älteren, der Marinegruppen-Befehlshaber Nord war und den ich wegen seines Charakters und seines Überblicks über alle Fragen der Kriegführung und Organisation für besonders geeignet hielt.

Gleichzeitig schlug ich Admiral Dönitz vor, den Befehlshaber der U-Boote, dem ich seit 1935 die Führung der Unterseeboote anvertraut hatte und der die größte Autorität auf diesem Gebiet war.

Wolle Hitler betonen, daß die U-Boot-Waffe für ihn jetzt in den Vordergrund trete, so sei die Wahl von Dönitz durchaus gerechtfertigt. Hitler entschied sich für Admiral Dönitz."

Am 30. Jan. 1943 wurde Großadmiral Raeder zum Abschiedsempfang bei Hitler gebeten. Hitler stellte dem scheidenden Ob. d. M. bei seiner Verabschiedung in Aussicht, daß er dessen fachmännischen Rat auch in Zukunft in Anspruch nehmen werde. Dies geschah jedoch in keinem Falle. Am selben Tage wurde Karl Dönitz zum Oberbefehlshaber der Kriegsmarine ernannt und gleichzeitig damit zum Großadmiral befördert.

Dönitz war bereits Mitte Januar 1943 in seiner Pariser Dienststelle von Großadmiral Raeder angerufen worden. Raeder teilte dem BdU mit, daß er ihn und Carls zu seinen Nachfolgern vorgeschlagen habe und daß er ihn, Dönitz, bitte, umgehend mitzuteilen, ob er sich für eine solche Dienststellung gesund fühle.

Der Anruf traf Dönitz wie ein Blitz aus heiterem Himmel. Dennoch teilte er seinem Oberbefehlshaber 24 Stunden später mit, daß er sich der neuen Aufgabe gesundheitlich gewachsen fühle.

Daß sich Hitler für ihn entschieden hatte, kam nicht von ungefähr. Zwar war Dönitz in den Jahren von 1934 bis 1942 erst neunmal durch seinen Oberbefehlshaber zu Vorträgen ins Führerhauptquartier befohlen worden, doch Hitler hatte sich diesen Mann gemerkt. Dönitz hatte durch seine selbstbewußte und gerade Art ebenso wie durch die absolute Zuverlässigkeit seiner Meldungen und Vorträge Aufmerksamkeit erregt. Hinzu kamen nicht zuletzt auch die Erfolge der U-Boot-Waffe, die sich Hitlers höchsten Ansehens erfreute. In Dönitz sah Hitler so etwas wie einen der alten aufrechten Preußen, der er ja auch war.

Dönitz selbst sagte zu seiner Ernennung: ,,Als ich im Januar 1943 meine Ernennung zum Oberbefehlshaber der Kriegsmarine erhielt, war ich mir der Größe der Verantwortung, die ich übernahm, durchaus bewußt. An meiner Einstellung, daß meine einzige Verpflichtung als Soldat im Kriege sei, mit aller Kraft gegen den äußeren Feind zu kämpfen, änderte sich nichts.

Jede Nation fordert diese Haltung von ihren Soldaten und bindet sie an diese Pflicht durch die am schwersten wiegende Form der Verpflichtung, den Eid. Diese Pflicht ist unabdingbar. Sie ändert sich auch nicht, wenn die militärische Lage aussichtslos wird. Ein Staat, der zuläßt, daß seine Soldaten nicht mehr ihre volle Kraft im Kampf einsetzen, wenn die militärische Lage ungünstig oder hoffnungslos wird, und der etwa das Urteil darüber, ob dies der Fall sei, in das Ermessen eines jeden Soldaten stellt, rüttelt an den Grundlagen seiner eigenen Existenz. –

Großadmiral Raeder übergab mir einen Wehrmachtsteil, der wie kein anderer einheitlich im Fühlen und Handeln und daher in Kameradschaft und Disziplin gefestigt war. –

Obwohl ich mir des Ernstes und der Schwere der neuen Aufgabe bewußt war, begrüßte ich meine Ernennung. Ich *wollte* die größere Wirkungsmöglichkeit, die meine höhere Dienststellung mit sich bringen mußte.

Immer wieder hatte ich als Befehlshaber der U-Boote in den vergangenen Kriegsjahren unter der kontinentalen Einstellung unserer politischen Führung und des Oberkommandos der Wehrmacht zu leiden gehabt. Dort wurde – trotz aller Vorstellungen Großadmiral Raeders – nicht voll anerkannt, daß England der Hauptgegner war. Die Kriegsmarine hatte nicht rechtzeitig und nicht ausreichend die Mittel erhalten, die sie bei der Bedeutung ihrer Kampfausgabe für den Kriegsablauf hätte erhalten müssen. Ich wollte versuchen, dies zu ändern.

Hierfür gab es nur *einen* Weg, den der persönlichen Einwirkung auf Hitler. Denkschriften genügten nicht! Die Vertretung der Forderungen der Marine durch den ins FHQ kommandierten Admiral, so wichtig sie auch war, konnte in entscheidenden Fragen nicht ausreichend sein. Ihre Erklärung mußte durch den Oberbefehlshaber selbst erfolgen. Es war auch nicht ausreichend, nur für die Dauer eines kurzen Vortrages bei Hitler zu erscheinen, sondern man mußte so lange im FHQ bleiben, bis sich die etwaige Wirkung eines solchen Vortrages gefestigt hatte. Man mußte auf dem Sprung bleiben, um die späteren Vorstöße anderer zu parieren, und man mußte, wenn notwendig, seine Auffassung nochmals wiederholten und eindringlich zur Geltung bringen.

Es erwies sich als notwendig, seine Forderungen in freier anschaulicher Darstellung vorzutragen, damit sie die lebhafte Phantasie und die Vorstellungskraft Hitlers anregten und ihm nicht nur die Haut ritzten."

Damit war Dönitz zur eigenen Offensive übergegangen und hatte eine seinem Vorgänger entgegengesetzte Richtung zur Durchsetzung der Marineforderungen eingeschlagen.

Der Wachwechsel

Als Karl Dönitz OB der Kriegsmarine wurde, hatte er sofort eine wichtige Entscheidung zu treffen. Es ging darum, die Besetzung der führenden Befehlsstellungen der Kriegsmarine zu überdenken. Bei der Übergabe der Dienstgeschäfte riet GA Raeder, wenigstens in einigen Ressorts einen Wechsel vorzunehmen. Dafür sprach auch die Notwendigkeit, die Spitzenorganisation der Marine zu vereinfachen.

In dieser seit Beginn des Krieges bereits bestehenden Spitzenordnung war das Flottenkommando nicht dem OKM unmittelbar unterstellt. Es unterstand vielmehr je nach seinem Aufenthaltsort einem Gruppenbefehlshaber, der in einem bestimmten Seeraum die operative Führung aller Kampfeinheiten hatte, bis hin zu den der Marine taktisch zugewiesenen Luftstreitkräften. Die Seekriegslage ließ zu Anfang 1943 umfassende Operationen, für die ein solcher

Gruppenstab notwendig gewesen wäre, nicht mehr als möglich erscheinen.

Aus diesem Grunde vereinigte der Ob. d. M. das Gruppenkommando Nord und das Flottenkommando zu *einer* Dienststelle, womit der Flottenchef Admiral Schniewind gleichzeitig auch OB der Gruppe Nord wurde.

Da der neue Ob. d. M. an Dienstjahren jünger war als ein Teil der Admirale, schien eine Verjüngung nötig.

Dazu Dönitz: ,,Bei aller Würdigung der Leistungen der Generaladmirale Carls und Boehm, der Admirale Densch, Schuster und Marschall, mit denen allen mich das Gefühl der Verehrung sowie z. T. auch alte Freundschaft verband, hielt ich doch eine jüngere Besetzung der Spitzenstellen aus menschlich naheliegenden Gründen für angebracht.

Neben der Umbesetzung der Gruppe Nord ernannte ich zum Oberbefehlshaber der Gruppe West (Frankreich und Belgien) Admiral Krancke, zum OB der Gruppe Süd (Ägäis und Schwarzes Meer) Admiral Fricke, zum OB des Marineoberkommandos (MOK) Nordsee Admiral Förste, zum OB des MOK Norwegen Admiral Ciliax. Admiral Fricke war bisher Chef des Stabes der Seekriegsleitung im OKM gewesen. Er wurde in dieser Dienststellung durch Vizeadmiral Meisel ersetzt.

Der weitere Verlauf des Krieges hat gezeigt, daß diese ‚Wachablösung' durch jüngere Admirale ihren Zweck erfüllt hat." (Siehe: Dönitz, Karl: a. a. O.)

Noch während der Übergabe der Dienstgeschäfte hatte GA Raeder seinen Nachfolger eindringlich darauf hingewiesen, daß die Großkampfschiffe im Nordmeer noch gute Erfolgsaussichten hätten. Dies bewog Dönitz dazu, sich noch intensiver mit der Denkschrift Raeders zu befassen. Auch er gewann schließlich die Überzeugung, daß die schweren Schiffe im hohen Norden eingesetzt werden müßten.

Nachdem auch Admiral Schniewind und sein Chef des Stabes, KAdm. Heye, erklärt hatten, daß diese Schiffe noch imstande seien zu kämpfen, war Dönitz fest entschlossen, bei der ersten sich bietenden Gelegenheit Hitler um die Aufhebung des Abwrackbefehls zu bitten. In dieser Überzeugung wurde er auch durch VAdm. Kummetz bestärkt, der als Führer der KGr. im hohen Norden ebenfalls für deren Indienstlassung sprach.

Dazu Dönitz: ,,Nach reiflicher Überlegung und auch auf Grund dieser Äußerungen der sachverständigen Offiziere, die sich eindeutig dahin aussprachen, daß die großen Schiffe noch Kampfmöglichkeiten hatten, entschloß ich mich, nur diejenigen Einheiten außer Dienst zu stellen, die keinen Kampfwert mehr besaßen und auch für Ausbildungszwecke nicht mehr gebraucht wurden, hingegen alle in Dienst zu belassen, für die sich Einsatzmöglichkeiten bieten würden und die der Ausbildung von Marinepersonal dienen konnten.“ (Siehe: Dönitz, Karl: a. a. O.)

Dementsprechend sollten die Kreuzer ,,Hipper“, ,,Leipzig“ und ,,Köln“ und später auch die alten Linienschiffe ,,Schlesien“ und ,,Schleswig-Holstein“ außer Dienst gestellt werden.

Die Schlachtschiffe ,,Tirpitz“ und ,,Scharnhorst“, die Kreuzer ,,Prinz Eugen“ und ,,Nürnberg“ und die Panzerschiffe ,,Lützow“ und ,,Scheer“ sollten in Dienst bleiben. Und zwar wurde vorgesehen, aus der ,,Scharnhorst“ und der ,,Tirpitz“ eine Kampfgruppe zu bilden, zu deren Deckung einige Zerstörer aus den im hohen Norden liegenden Zerstörer-Flottillen zusammengestellt werden sollten.

Ihre Aufgabe lautete: Schutz der norwegischen Küste vor Feindlandungen und Bekämpfung der Nordmeer-Geleitzüge.

Alle übrigen Schiffe sollten in die Ostsee verlegen und dort für die Ausbildung des Marinepersonals zur Verfügung stehen.

Die Millionen Menschen, die vor Kriegsschluß über See in den Westen entkamen, und all jene Truppen, die durch die Landzielbeschießungen jener zum Abwracken vorgesehenen und dann doch noch behaltenen Schiffe gerettet wurden, konnten dem neuen Ob. d. M. nur dankbar sein.

Der neue OB der Kriegsmarine und der Führer

Am 8. Februar 1943, dem Tage seiner ersten Besprechung als OB der Kriegsmarine, ging Dönitz im FHQ gleich zur Offensive über. In Anwesenheit des hohen Stabes, des Admirals Krancke und des Reichsministers Speer erklärte Dönitz, nachdem er das Phänomen der Erfassung der eigenen U-Boot-Aufstellung durch den Gegner vorgetragen hatte, daß die schwerwiegendste Lücke in der Seekriegsführung so rasch wie möglich geschlossen werden müsse. Und zwar handele es sich um das Fehlen jeglicher Aufklärungsmittel im Seekrieg. Diesen Mangel könne er zur Zeit nur durch größere Bootszahlen abstellen. Dazu sei wiederum notwendig, daß die Boote nach kürzeren Werftliegezeiten wieder einsatzbereit gemacht werden müßten. Die Frage nach der Reparaturwerft sei also von ausschlaggebender Bedeutung. Außerdem dürften die U-Boot-Waffe und alle Überwasserkriegsschiffe, die den Belangen der U-Boote dienten, nicht durch Einberufung zum Heer dezimiert werden.

In einem furiosen Einstand brachte Dönitz auch die Frage des Baues von Transport-U-Booten sowie die Verwendung von italienischen Atlantik-Booten als Transport-U-Boote vor und teilte Hitler sodann die beabsichtigten Personalveränderungen mit.

Zum neuen Admiral im Führerhauptquartier wurde Kapitän zur See Voss ernannt, der bald darauf seine Beförderung zum Konteradmiral erhielt. Gleichzeitig damit trug Dönitz vor, daß er eine eingehende Unterrichtung des Führerhauptquartiers über die Seekriegslage beabsichtige, für die FKpt. Junge als Vortragender vorgesehen sei. Hitler stimmte auch diesem Vorschlag zu.

Wenn Dönitz geglaubt hatte, sich mit diesem Debüt gleich wieder aus der obersten Marineführungs-Position hinauskatapultiert zu haben, sah er sich belehrt. Hitler reagierte völlig anders:

„Ich merkte bald, daß die Wirkung meines Widerstandes auf Hitler eine ganz andere war. Er behandelte mich künftig mit auffallender Höflichkeit. Nie redete er mich anders als betont korrekt mit meinem Dienstgrad an." (Siehe: Dönitz, Karl: a. a. O.)

Nach diesem ersten Vortrag im FHQ als Großadmiral blieb Dönitz diesem Grundsatz treu, Hitler uneingeschränkt alles zu melden, selbst Mißerfolge nicht zu verschweigen oder zu beschönigen und ihm seine Sorgen um den U-Boot-Krieg mitzuteilen.

Als Dönitz wenig später erkannte, daß der Einsatz der Großkampfschiffe für die Kriegsmarine unerläßlich war, trug er Hitler am 26. Febr. 1943 vor, daß er es für seine Pflicht halte, die schweren Schiffe unter allen Umständen auszunutzen, solange er noch Möglichkeiten des Kampfes für diese Einheiten sehe, anstatt sie außer Dienst zu stellen.

Hitler stimmte sehr zur Überraschung seiner engsten Umgebung zu und erlaubte trotz vorheriger negativer Reaktion die Verlegung der „Scharnhorst" mit ihrer Kampfgruppe in den Nordraum und deren Einsatz bei sich bietender Gelegenheit. Dönitz erklärte, daß es für diese Kampfgruppe und für weitere noch zu bildende neue Einsatzmöglichkeiten an den Nordmeergeleitzügen der PQ- und QP-Routen gebe. In Anbetracht der schwer kämpfenden Ostfront sei ein solcher Einsatz notwendig, um die Waffenzufuhr nach der UdSSR zu unterbinden. Mit der Verlegung der „Scharnhorst" nach Norwegen stünde dann mit der „Tirpitz", „Lützow" und etwa sechs Zerstörern eine beachtliche Streitmacht zur Verfügung.

In der Lagebesprechung im Führerhauptquartier am 14. und 18. März ging es überwiegend um Tunesien, von welchem Kriegsschauplatz Hitler erklärte, daß er eine strategische Position erster Ordnung sei.

Da das Halten von Tunesien ein Nachschubproblem war und Hitler die vom italienischen Comando Supremo angegebenen Nachschub-Bedarfszahlen von 80000 Tonnen im Monat zu gering erschienen, weil nach seinen Vorstellungen 150000 bis 200000 Tonnen notwendig seien, waren immer mehr Seefahrzeuge notwendig. Dazu Hitler:

„Es ist erforderlich, die Italiener eiskalt vor die Alternative zu stellen, entweder alle Mittel rücksichtslos unter Hintansetzung jeder Empfindlichkeit für die Durchsetzung des Nachschubs einzusetzen oder Tunesien und damit auch Italien zu verlieren.“ (Siehe: KTB des OKW.)

Großadmiral Dönitz wurde damit beauftragt, diesen Gesichtspunkt in Rom beim Duce zum Vortrag zu bringen und in seinem, Dönitz', Sinne und damit im Sinne der Vorschläge des Ob. d. M. alles durchzusetzen, was überhaupt zu erreichen war.

Hitler verlas einen Brief an den Duce, den der OB Süd, GFM Kesselring, noch vor dem Eintreffen des Großadmirals dem Duce übergeben sollte, um diesen vorher mit Dönitz' Mission bekanntzumachen und ihm Gelegenheit zu geben, die Dinge vorzubereiten.

Auf dieser entscheidenden Führerlagebesprechung waren auch die GFM Kesselring und Keitel, GenOberst Jeschonnek, General Jodl, Konteradmiral Machens, die KAdm. Voss und Wagner und Kpt. z. S. von Puttkamer anwesend.

Als GA Dönitz erklärte, daß er eine stärkste Einschaltung der deutschen Führung in die Steuerung der Geleite für notwendig halte, er dennoch bei der Durchführung des ihm vom Führer gegebenen Auftrages darauf achten werde, daß nicht infolge der Mentalität der Italiener das Gegenteil dessen erreicht würde, was beabsichtigt sei, betonte Hitler, daß ihm die radikalste Lösung am liebsten sei, daß er aber „zähneknirschend auch einer milderen Lösung zustimmen“ werde.

Vier Tage später stand Dönitz, von seiner Reise nach Italien zurückgekehrt, Hitler abermals Rede und Antwort und meldete diesem die Unterredung mit dem Duce und seine Verhandlungen mit den Führern der italienischen Kriegsmarine. Er legte Hitler ein Abkommen mit der italienischen Kriegsmarine vor, das aus neun Punkten bestand. Wichtigster Punkt war, daß VAdm. Ruge, der bis dahin Führer der Geleitsicherung im Nordwesten gewesen war, den Nachschub nach Tunesien mit seinem Stab sicherstellen werde. Er war dazu allerdings dem Stabe des Admirals Riccardi unterstellt und in das italienische Marineoberkommando, Supermarina, eingegliedert worden.

Auch den Marinekommandos der verschiedenen für Tunesien wichtigen Häfen wurden deutsche Stabsoffiziere zugeteilt, die sich um die raschestmögliche Durchführung von Geleittransporten zu kümmern hatten.

GA Dönitz meldete Hitler, daß der Duce zu allen Vorschlägen sein absolutes Einverständnis gegeben habe. Allerdings sei bei den italienischen Marinestellen zunächst Zurückhaltung und Ablehnung spürbar geworden. Als die italienischen Gegenvorschläge keinen brauchbaren Kompromiß gebracht hätten, habe er, Dönitz, ein ernstes Wort gesprochen, worauf dann das vorgelegte Abkommen, in welchem das italienische Prestige gewahrt worden sei, in voller Übereinstimmung getroffen werden konnte.

GA Dönitz brachte auch die Frage des Luftwaffeneinsatzes bei Seetransporten, die Reparaturkapazität der italienischen Werften, die Überführung von Schnellbooten aus Norwegen oder aus dem Kanal ins Mittelmeer und die Bereitwilligkeit der Italiener zur Sprache, ihre Atlantik-U-Boote zu Transportzwecken einzusetzen.

Hitler entsprach zwar dem Antrage des Großadmirals nicht, die 8. S.-Flottille aus dem Raume Bodö in das Mittelmeer zu verlegen. Er ordnete aber an, zu prüfen, ob von den S.-Flottillen im Kanal eine ins Mittelmeer oder als Ersatz für die 8. S.-Flottille nach Norwegen abgegeben werden könne. Dann sei er mit der Überführung der 8. S.-Flottille ins Mittelmeer einverstanden.

Daß sich der neue Oberbefehlshaber voll bei Hitler durchgesetzt hatte, wurde jedoch erst klar, als die letzte Phase der Schlacht im Atlantik, die im Januar 1943 einsetzte, Ende Mai 1943 zu Ende ging und Dönitz die U-Boote aus dem Nordatlantik zurückziehen mußte.

Diese Phase des Krieges zur See war nicht nur für den Oberbefehlshaber der Kriegsmarine, sondern für alle U-Boot-Fahrer eine entscheidende Zäsur in ihrem Einsatz.

Der U-Boot-Krieg

Die letzte Phase der Schlacht im Atlantik

Mit der Ernennung von Großadmiral Dönitz zum Oberbefehlshaber der Kriegsmarine verlegte die Operationsabteilung des BdU noch im Januar 1943 von Frankreich nach Berlin. Großadmiral Dönitz blieb nach wie vor auch BdU. Dazu bemerkte er:

„Diese Verbindung erschien mir richtig zu sein, weil Offiziere und Mannschaften der U-Boot-Waffe auf mich eingestellt waren und es für die Dienststellung des Befehlshabers der U-Boote in der Marine keinen höheren Offizier gab, der die erforderlichen Kenntnisse und Erfahrungen in der U-Boot-Kriegführung in gleichem Maße besaß wie ich."

Der Stab des BdU wurde – damit er in der Nähe von Dönitz war – als 2. Abteilung der Seekriegsleitung in das OKM in Berlin eingegliedert. KAdm. Godt, Chef des Stabes des BdU, wurde Leiter dieser Abteilung. Ihm vertraute Dönitz die weitere Führung des U-Boot-Krieges an, denn schließlich war Godt an der Entwicklung der U-Boot-Taktik und am operativen Einsatz der U-Boote stark beteiligt. Korvettenkapitän Hessler, erfahrener U-Boot-Kommandant und Schwiegersohn von Dönitz, stand Godt als Erster Generalstabsoffizier zur Seite.

Wie sah es zu Beginn des Jahres 1943 im U-Bootkampf aus? „Niemals kamen die deutschen U-Boote ihrem Ziel, die Verbindungen zwischen der Alten und der Neuen Welt zu unterbrechen, so nahe wie in den ersten 20 Tagen des März 1943."

Diese Eintragung im Admirality Monthly gründet sich auf die Tatsache, daß deutsche U-Boote in diesem dramatischen Monat der Schlacht im Atlantik 105 Schiffe des Gegners mit 590234 BRT versenkten und eine große Zahl weiterer Schiffe torpedierten, die ebenfalls für geraume Zeit ausfielen.

In diese letzte Phase der Schlacht im Atlantik, die im Januar 1943 begann, ging die deutsche U-Boot-Waffe mit 215 Booten, von denen 164 im Atlantik und die übrigen im Mittelmeer, Nordmeer und Schwarzen Meer eingesetzt waren.

Der Monat Januar 1943 brachte einen Erfolg von 42 versenkten Schiffen mit 218449 BRT. Im Februar wurden bereits 68 alliierte Handelsschiffe mit 380835 BRT vernichtet. Eine Steigerung schien fast nicht mehr möglich. Doch dieser Eindruck täuschte, wie der März beweisen sollte.

Bereits am 27. Febr. 1943 wurde der Konvoi HX 227 mit 62 Schiffen durch U 759 gesichtet und gemeldet. Er entging seinem Schicksal, weil nur ein Boot, U 405, und dann ein zweites, U 634, heran und zum Schuß kamen.

Der B-Dienst des BdU erkannte am 6. März 1943 den Konvoi SC 121. KAdm. Godt befahl die Verfolgung, obgleich der SC 121 sich bereits 90 Seemeilen nördlich des aufgestellten U-Boot-Rudels befand. Drei Gruppen mit insgesamt 29 Booten versuchten, Anschluß zu gewinnen. Zehn davon schlossen heran; sie schossen in 13 Anläufen 13 Schiffe mit 62198 BRT heraus und torpedierten ein weiteres. Es ging kein U-Boot verloren.

Nach einigen Einzelerfolgen, wobei Oblt. z. S. Keller mit U 130 vier Schiffe aus dem XK-2-Konvoi versenkte und Oblt. z. S. Fenski im Mittelmeer mit U 410 einen Doppelerfolg erzielte und ein drittes Schiff torpedierte, sah der 9. März wieder einen neuen Großeinsatz.

U 510, KKpt. Neitzel, kam am Morgen des 9. März gegen den Bahia-Trinidad-Konvoi BT 6 zum Angriff und schoß in zwei furiosen Anläufen auf acht Schiffe, von denen drei sanken und die restlichen fünf Nothäfen aufsuchen mußten.

Am selben Tage hatte der B-Dienst einen weiteren Atlantik-Konvoi geortet. Es war der HX 228, der aus 60 schnellen Schiffen bestand. Sein Standort lag noch 300 Seemeilen westlich der U-Boot-Aufstellung der Gruppe „Neuland". Von dieser Gruppe kamen zwölf Schiffe heran. U 221, Oblt. z. S. Trojer, versenkte zwei Schiffe und torpedierte ein drittes, ehe es unter Wasser gedrückt wurde.

U 444, U 406, U 757 und U 432 kamen am HX 228 ebenfalls noch zu zählbaren Erfolgen. U 432 versenkte den Geleitzerstörer „Harvester", der wenige Stunden zuvor noch U 444 gerammt und versenkt hatte. U 432 wiederum wurde keine Stunde darauf von der französischen Korvette „Aconit" versenkt. Am 13. März ließ KAdm. Godt diesen Angriff abbrechen.

In den weiter entfernten Seegebieten versenkte U 185 unter Kptl. Maus auf dem Geleitweg Key West-Guantanamo zwei Schiffe mit 13 328 BRT.

Am 14. März wurden sämtliche einsatzbereiten Boote im Nordatlantik in einem nach Westen verlaufenden Aufklärungsstreifen aufgestellt. Der B-Dienst hatte 24 Stunden vorher einen Funkspruch des Konvois HX 229 aufgefangen und entschlüsselt. Einen Tag später wurde ein FT-Spruch gehorcht, der dem Konvoi SC 122 galt. Beide Konvois waren stark gesichert und befanden sich auf dem Wege aus den USA nach England. Ersterer war ein schneller und letzterer ein langsamer Konvoi, und weil der langsamere vorn lief, mußten sie irgendwo im Atlantik aufeinandertreffen.

Bis zum 15. März waren die Gruppen „Stürmer" mit 18 und „Dränger" mit 11 Booten gebildet worden. Später kam noch die Gruppe „Raubgraf" hinzu, so daß schließlich 38 deutsche U-Boote im Bannkreis dieser beiden genannten Konvois operierten.

Am 16. März 1943 fiel der erste Torpedoschuß zur größten Rudelschlacht des Zweiten Weltkrieges. U 603, Kptlt. Bertelsmann, schoß ihn und versenkte damit die ,,Elin K.". Am Morgen des 17. März begann der Angriff auf den SC 122. U 338, Kptlt. Kinzel, versenkte drei Schiffe und torpedierte ein weiteres. In immer neuen Anläufen schlossen die Grauen Wölfe heran. Schiff um Schiff wurde aus den zwei Konvois herausgeschossen. Das größte war die 12165 BRT mächtige ,,Southern Princess", die den Torpedos von U 600, Kptlt. Zurmühlen, zum Opfer fiel. Kptlt. Walkerling versenkte mit U 91 zwei Libertyschiffe mit über 14000 BRT. U 384, U 631 und wieder Kinzel und Walkerling schlugen zu. Als letztes Boot kam am späten Abend des 17. März U 305, Kptlt. Bahr, zum Erfolg.

Bereits am Nachmittag dieses 17. März hatte über beiden Konvois die Luftüberwachung eingesetzt. Viermot-Bomber des Typs Liberator zwangen acht angreifende U-Boote durch Bombenwürfe unter Wasser. Nur zwei Boote kamen am frühen Morgen des 18. März zum Schuß: U 305, das drangeblieben war, und U 663.

Am frühen Morgen des 18. März standen 32 U-Boote dicht an den Geleiten und wurden wieder abgedrängt. Nur U 221 unter dem jungen Trojer kam zum Schuß und versenkte um 16.43 und 16.49 Uhr die ,,Walter Q. Gresham" und die ,,Canadian Star" mit insgesamt 15484 BRT.

U 338 wurde schwer beschädigt, U 384 unter Oblt. z. S. von Rosenberg-Gruszczynski wurde durch Flieger versenkt. U 441, U 608, U 666 und U 527 kamen abschließend noch zum Schuß. Nur zwei Schiffe gingen durch ihre Torpedoschüsse verloren.

Am Morgen des 20. März 1943 ließ der BdU den Angriff abbrechen, weil sich beide Geleitzüge im Landbereich der Flugzeuge des Coastal Command befanden. Die U-Boote setzten sich nach Westen ab. Während dieses Ablaufens wurden U 441 und U 631 durch Bomber beschädigt und traten den Rückmarsch an.

Nicht weniger als 21 Schiffe der Alliierten mit 140842

BRT wurden in dieser größten Geleitzugsschlacht im Atlantik versenkt, elf weitere schwer getroffen. Von den insgesamt 100 Schiffen der beiden Konvois liefen nur noch 69 in den Nordkanal ein. Mehr waren nicht übriggeblieben.

Weitere Erfolge vervollständigten die März-Versenkungsliste. Captain Roskill, der berühmte Seekriegshistoriker, schrieb nach diesem März-Desaster 1943: „Man kann auf diesen Monat nicht zurückblicken, ohne so etwas wie Entsetzen zu empfinden über die Verluste, die wir erlitten."

Die britische Admiralität traf alle Anstalten, um diese Erfolge deutscher U-Boote zu brechen. Fünf Support-Groups wurden durch Admiral Horton aufgestellt. Die Amerikaner schickten eine sechste mit dem Träger „Bogue" und fünf Zerstörern. Ihr Ziel war es, die „Wolf-Packs" zu vernichten.

Das Finale im Mai

Das vorläufige Ende des U-Boot-Einsatzes im Atlantik begann im April 1943. Nach dem Einsatz der insgesamt sechs Support-Groups durch Admiral Horton, Chef der Western Approaches (der westlichen Geleitzugwege), deren Schiffe durch den Einbau von „High Frequency Direction Finders" – „Huff-Duff" genannt – nunmehr in der Lage waren, von sich aus Zerstörer und Flugzeuge auf geortete U-Boote anzusetzen, war das vorläufige Ende gekommen.

Die mitentscheidende Waffe gegen die deutschen U-Boote war der neue Wasserbombenwerfer „Hedgehog", der als Fächer 24 Wasserbomben gleichzeitig mit verschiedenen Tiefeneinstellungen werfen konnte. Hinzu kam als Non plus ultra der U-Boot-Bekämpfung die „Thorpex-Wasserbombe", die jedes U-Boot, wie tief es auch getaucht sein mochte, erreichen konnte.

Die britische Operations Research hatte in den letzten Jahren und vor allem im Frühjahr 1943 während der großen Rudelschlachten die Angriffsweise der deutschen U-Boote genau durchleuchtet und daraus neue wirksame Abwehrmethoden entwickelt. Ein weiterer Faktor, der später aufgegriffen werden soll, kam hinzu.

Alle diese Maßnahmen bewirkten, daß im April 1943, wo ohnehin ein Großteil der deutschen U-Boote nach den März-Rudelschlachten in die Stützpunkte zurückkehren mußte, die Erfolge der U-Boote zurückgingen. Gemessen an der Zahl der eingesetzten Boote waren sie jedoch noch durchaus gut.

Nach respektablen Einzelerfolgen von U 155, Piening, U 129 Witt, und U 124 unter Jochen Mohr, der bereits 1942 vor der US-Küste von sich reden gemacht hatte, gelang es der Gruppe „Löwenherz", vom 4. bis zum frühen Morgen des 7. Apr. 1943 am Konvoi HX 231 zu operieren. Von den 17 Booten dieser Gruppe kamen acht Boote zum Schuß. Am Abend des 14. Apr. versenkte U 635 unter Oblt. z. S. Heinz Eckelmann die „Shillong" mit 5529 BRT.

Zwei Stunden nach Mitternacht des 5. Apr. schoß U 630 auf zwei Dampfer, von denen die 9365 BRT große „Waroonga" sank. U 229, U 706, U 185, U 632 versenkten jeweils ein Schiff. U 563 unter Kptlt. von Hartmann torpedierte den 9005 BRT großen Tanker „Sunoil", und U 270 schoß auf zwei Dampfer und horchte nach Einzelschüssen zwei Detonationen, doch diese brachten keine zählbaren Erfolge.

Die Geleitzüge ON 176, ONS 2 und ON 176 verloren jeweils nur wenige Schiffe. Am ON 176 versenkte U 188 den britischen Zerstörer „Beverly".

Der HX 232 verlor drei Schiffe, ein weiteres wurde torpediert, aus dem HX 233 wurden zwei Schiffe versenkt. U 123 unter Oblt. z. S. Horst von Schroeter sandte das britische U-Boot P 615 in die Tiefe. Der ONS 3 mit drei Verlusten, der HX 234 mit zwei und einer Torpedierung, der ONS 5 mit einer Versenkung zeigten, daß die großen Erfolge des März nicht wiederholt werden konnten. Lediglich am TS 37, Takoradi-Freetown, konnte wieder einmal mehr Kptlt. Henke mit U 515 in zwei Anläufen binnen zweier Stunden vier Schiffe versenken und einen fünften Frachter torpedieren.

Immerhin endete dieser Monat noch mit einer Versenkungszahl von 38 Schiffen mit 219147 BRT. Hinzu kam die Versenkung eines Zerstörers, eines U-Bootes und eines weiteren Bewachers.

Am Konvoi HX 231 war am 6. April U 632 von einer Liberator der Luftsicherung vernichtet worden. U 635 fiel der Fregatte „Tay“ am selben Tage zum Opfer. Vier weitere U-Boote wurden durch Luft- und Seeangriffe beschädigt.

Am ONS 4 führte Commander Macintyre die Geleitzugsicherung. Unter seiner Führung wurde U 191 durch den neuen Hedgehog-Wasserbombenwerfer versenkt. U 203 ging am 25. Apr. für immer auf Tiefe.

Anfang Mai 1943 waren inzwischen wieder so viele deutsche U-Boote ausgelaufen, daß vier Gruppen gleichzeitig aufgestellt werden konnten. Die ersten beiden Konvois konnten nicht gefunden werden. Erst der aus England kommende ONS 5 mit 30 Schiffen wurde am 4. Mai gesichtet.

Das Ende der Schlacht im Atlantik

Bis dahin hatte U 515 unter Kptlt. Henke seinem ersten Paukenschlag in der Karibischen See den zweiten hinzugefügt, als er in den frühen Morgenstunden des 1. Mai in zwei Anläufen weitere drei Dampfer versenkte. Am selben Tage hatte U 107 unter Gelhaus das 12411 BRT große britische Motorschiff „Port Victor“ versenkt und U 182 unter Nico Clausen ein weiteres Schiff durch Torpedoschuß gestoppt und mit seiner Artillerie versenkt.

Auf den ONS 5s kam U 125 unter Kptlt. Folkers am 4. Mai als erster zum Schuß und versenkte die „North Britain“ mit 4635 BRT. U 628 unter Kptlt. Hasenschar kam am Morgen des 5. Mai heran und schoß auf fünf Schiffe, darunter eine Korvette. Nur ein Schiff wurde getroffen. Wenige Minuten später kam auch U 925 zum Schuß, dann U 264 und U 358 und noch einmal U 264. Hasenschar schloß nach Aufladen der Rohre noch einmal heran und versenkte ein Schiff. Damit verloren der ONS 5 und der ONS 5s, nachdem am Nachmittag des 5. Mai auch U 584 und U 707 geschossen hatten und am Abend U 266 in einem furiosen Angriff heranschloß und drei Schiffe binnen dreier Minuten versenkte, insgesamt 12 Schiffe mit 55 760 BRT.

Bis dahin hatten aber auch die U-Boote erhebliche Verluste hinnehmen müssen. So war U 630 von einem CANSO-Flugboot versenkt worden. Die Korvette „Pink“ vernichtete am 5. Mai U 192; U 638 ging am selben Tage durch Wabos der Korvette „Loosestrife“ verloren. U 125 wiederum wurde von dem aus dem Nebel heraus das Boot anlaufenden Zerstörer „Oribi“ gerammt, es entkam und gab Notruf, der von der Korvette „Snowflake“ angepeilt wurde. Diese schloß heran und brachte das Boot durch Artilleriefeuer zum Sinken. U 531 ereilte sein Schicksal in Gestalt des Zerstörers „Oribi“. U 533 wurde von „Sunflower“ gerammt, konnte aber entkommen. Die Fregatte „Pelican“ versenkte U 438 mit Wasserbomben. Drei weitere Boote wurden noch beschädigt.

Großadmiral Dönitz ließ den Angriff auf diesen stark gesicherten Geleitzug abbrechen. Sieben Boote waren am Konvoi ONS 5 verlorengegangen. Darüber berichtet das KTB des BdU:

„Die Ortung durch Luft- und Überwasserfahrzeuge beeinträchtigt nicht nur auf das Schwerste den unmittelbaren Kampf des einzelnen Bootes, sie gibt darüber hinaus auch dem Gegner ein offenbar gut ausgenutztes Mittel, um die vorbereitenden Aufstellungen der U-Boote zu erfassen und ihnen auszuweichen. Sie ist damit im Begriff, dem U-Boot seine wesentlichste Eigenschaft, die Nichtfeststellbarkeit, zu nehmen.“

Nach Abbruch dieser Geleitzugsschlacht standen nur noch 18 Boote im Atlantik. Sie wurden vom BdU ostwärts von Neufundland zur Gruppe „Elbe“ zusammengefaßt. Am Konvoi HX 237, der vom 11. bis 13. Mai angegriffen wurde, gingen drei Boote verloren. Dieser dagegen verlor drei Schiffe mit 21 389 BRT. Am ONS 7 fanden zwei U-Boote den Untergang, während der Konvoi nur ein Schiff mit 5196 BRT verlor.

An den SC 129 kam nur ein Boot heran: U 402 unter Kptlt. von Forstner. Er schoß zwei Schiffe heraus. U 223 wurde schwer beschädigt und erreichte nach einem sagenhaften zwölftägigen Marsch den Stützpunkt St. Nazaire.

U 186 wurde an diesem Konvoi durch den Zerstörer „Hesperus“ versenkt, auf dem Commander McIntyre, wohl der bekannteste U-Boot-Killer, eingestiegen war. U 266 ging durch eine Liberator der RAF Squadron 86 verloren. Vom 1. bis zum 22. Mai 1943 gingen auf See insgesamt 31 U-Boote verloren. An Bord von U 954, das am 19. Mai 1943 südostwärts von Cape Farewell durch die Liberator Z 120 versenkt wurde, fuhr auch Oblt. z. S. Peter Dönitz, der Sohn des Großadmirals, als Wachoffizier. Er fiel mit allen seinen Kameraden.

Bis zum Monatsende waren es 41 verlorene Boote geworden. Ihnen gegenüber standen Handelsschiffsverluste des Gegners von 41 Schiffen mit 205 372 BRT. Das war ein Ergebnis, das nicht ignoriert werden konnte, wenn nicht die ganze U-Boot-Waffe verlorengehen sollte.

Großadmiral Dönitz befahl bereits am 24. Mai 1943 den noch in See stehenden U-Booten den Abmarsch aus dem Nordatlantik in den Seeraum der Azoren.

Er sagte dazu: „Wir waren in der Atlantikschlacht unterlegen.“ Captain Roskill schrieb in dem von ihm verfaßten amtlichen Seekriegswerk dazu: „Wir wußten, daß wir einen Griff abgeschüttelt hatten, der uns beinahe den Hals zugedrückt hätte.“ (Siehe: Roskill S. W.: a. a. O.) Die amtlichen britischen Stellen gingen noch weiter:

„Die Schlacht erreichte nie wieder dieselbe Höhe, noch war

sie in einem so unsicheren Gleichgewicht wie während des Frühjahrs 1943. Mit Recht kann daher gesagt werden, daß der Sieg, von dem hier berichtet wurde, einen entscheidenden Wendepunkt des Krieges darstellt. Dies nach 45 Monaten einer unaufhörlichen Schlacht, die von stärkerer und heftigerer Art war, als die Nachwelt sie sich einmal wird vorstellen können."

Der U-Boot-Krieg aber mußte weitergeführt werden. Wäre er zur Gänze eingestellt worden, dann hätte der Gegner seine 2600 Fahrzeuge, die gegen die U-Boote eingesetzt waren, ebenso wie jene Hunderte von Flugzeugen für andere Zwecke freibekommen. Ein nicht abzuschätzendes Industrie- und Werftpotential wäre ebenfalls frei geworden, das nach den Worten von Großadmiral d. D. Dönitz für folgende andere Zwecke hätte eingesetzt werden können:

„Zur Forcierung und Eroberung der Seeherrschaft in der Ostsee, Churchills altem Wunsch. Dann hätten die Erzversorgung Deutschlands, die Versorgung der deutschen Ostfront und am Ende des Krieges die Rückführungsoperationen nicht stattfinden können, und die deutsche Kriegsmarine wäre nicht in der Lage gewesen, mehr als zwei Millionen Menschen über die Ostsee zu retten.

Die für die U-Boot-Bekämpfung dann nicht mehr benötigten Flugzeuge wären ebenfalls mit Bomben beladen nach Deutschland geflogen und hätten deutsche Städte angegriffen und in Schutt und Asche gelegt.

Schon um dem Gegner diese Möglichkeit nicht zu geben, mußte daher im Mai 1943 der U-Boot-Krieg fortgesetzt werden. Der Atlantik war das Vorfeld, in welchem in vorderster Linie die Heimat verteidigt wurde. Die U-Boot-Waffe konnte 1943 nicht aufhören, sich einzusetzen. So nahmen denn die U-Boot-Fahrer in selbstlosem, echtem Soldatentum diesen schweren Kampf weiter auf sich."

Im Juni 1943 stand Großadmiral Dönitz nach diesen unerhört hohen Verlusten vor der schwersten Entscheidung in seiner Laufbahn. Sollte er die U-Boote aus allen Seegebieten zurückrufen und den gesamten U-Boot-Krieg einstellen? Oder sollte er trotz aller Unterlegenheit gegenüber den Geleitzugsstreitkräften weiterkämpfen lassen?

Was Großadmiral Dönitz herausfinden wollte, war nach seinen Worten folgendes: „Die Frage war, ob die U-Boot-Waffe die bittere Notwendigkeit eines Kampfes, bei dem es keine großen Erfolge mehr zu erringen gab, einsehen und diesen Einsatz selbstlos und opferbereit auf sich nehmen würde.

Ich ließ die Flottillenchefs der Front-Flottillen an der Biskayaküste beim ‚Führer der U-Boote West', Kpt. z. S. Rösing, zusammenkommen. Es waren dies:

Der Chef der 9. U-Flottille, KKpt. Lehmann-Willenbrock, der Chef der 10. U-Flottille, KKpt. Kuhnke, der Chef der 7. U-Flottille, KKpt. Sohler, der Chef der 6. U-Flottille, KKpt. Schulz und der Chef der 3. U-Flottille, KKpt. Zapp. –

Es gab bei dieser Besprechung nur die eine Überzeugung, daß wir weiterkämpfen müßten, und es gab nur die eine Zuversicht, daß auch die U-Boot-Fahrer in ihrer großen Mehrzahl diesen Entschluß für richtig halten würden. Daß diese Zuversicht angebracht war, hat die U-Boot-Waffe gezeigt. Ihr Kampfgeist war bis zum Kriegsende ungebrochen."

Der OB der Kriegsmarine hatte Hitler am 11. Apr. 1943 auf dem Berghof Vortrag gehalten und dabei auch die U-Boot-Verluste genannt, die im Februar 19, im März 15 und bis zum 11. Apr. sechs Boote betragen hatten. Er hatte diese Verlustzahlen als zu hoch bezeichnet und von Hitler eine Erhöhung der Werftkapazität verlangt.

Hitler stimmte dieser Forderung vollinhaltlich zu. Der von Dönitz sofort vorgelegte neue Bauplan sah vor, daß im zweiten Halbjahr 1943 die Zahl der monatlich fertig werdenden U-Boote auf 27 gesteigert werden sollte. Diese Zahl sollte bis zum ersten Halbjahr 1945 gehalten werden, während im zweiten Halbjahr 1945 monatlich 30 U-Boote geplant waren.

Während noch die Maikämpfe der U-Boote im Atlantik im Gange waren, erhielt Großadmiral Dönitz zum zweitenmal den Auftrag, nach Rom zu fliegen. Seine Aufgabe lautete: Mit der italienischen Marineleitung die strategische neue Lage, die sich durch das Ende des Kampfes in Afrika stellte, zu besprechen und ihr die Hilfe der deutschen Marine anzubieten.

Am Morgen des 12. Mai um 8.00 Uhr in Berlin startend, traf GA Dönitz um 13.00 Uhr in Rom ein und hatte sofort eine erste Besprechung mit VAdm. Ruge, KAdm. Meendsen-Bohlken und KAdm. Löwisch. Besprechungsort war das Hotel Exzelsior. Die beiden deutschen Marinebefehlshaber in Italien gaben einen ersten Lageüberblick und besprachen mit ihrem OB die nächsten zu treffenden Maßnahmen. Sowohl VAdm. Ruge als auch KAdm. Meendsen-Bohlen gaben ihre Meinung über den zukünftigen Führungsstil bekannt, die voneinander abwich.

GA Dönitz war jedoch in dieser Hinsicht bereits ,,in eine bestimmte Richtung gelenkt, weil Admiral Riccardi durch FKpt. Sestini den Ob. d. M. hatte bitten lassen, VAdm. Ruge als alleinigen Vertreter der deutschen Kriegsmarine bei Supermarina einzusetzen. (Siehe: Wagner, Gerhard: Lagevorträge des Oberbefehlshabers der Kriegsmarine.)

Die Besprechung im italienischen Oberkommando der Marine, Supermarina, begann um 16.30 Uhr. Zunächst ergriff Admiral Riccardi das Wort. Er dankte GA Dönitz für sein Kommen und begrüßte diesen im Namen der italienischen Marine. Nachdem der Großadmiral den Zweck seines Kommens umrissen hatte, gab Riccardi einen Lageüberblick, aus dem hervorging, daß der Gegner bereits jetzt in seinen algerischen Häfen Vorbereitungen für weitere Operationen treffe und daß seine Luftstreitkräfte dabei seien, die italienischen Hafenstädte systematisch zu zerstören. Man rechne, so betonte Admiral Riccardi, täglich mit einem Angriff auf die italienischen Inseln. Man müsse, um einem solchen Angriff entgegentreten zu können, schon vorher mit der Luftwaffe die afrikanischen Bereitstellungshäfen ebenso bombardieren wie die auf See anmarschierenden Angriffskräfte und Landungsfahrzeuge und an den erwarteten Landungsstellen Abwehrkräfte bereitstellen.

„Das Mittelmeer", so schloß Admiral Riccardi, „birgt in der augenblicklichen Lage die gemeinsame Hauptaufgabe der Achse. Da der Feind seine Vorbereitungen beschleunigt, ist radikal und schnell zu verfahren, und das Hauptkampfmittel gegen diesen Gegner kann nur die Luftwaffe sein."

Die Lage auf Korsika, Sardinien und Sizilien war verheerend; dort hatte man zur Verteidigung wenig oder gar nichts getan. So erfuhr Dönitz, daß die Bevorratung der Insel Korsika nur für sieben Tage reiche und daß die Lage auf Sardinien etwa gleich schlecht sei.

Admiral Riccardi forderte außerdem eine Verstärkung der deutschen U-Boot-Zahlen im Mittelmeer; auch für die Zuführung von Schnellbooten würde man sehr dankbar sein. Diese Verstärkungen müßten in der Reihenfolge Flugzeuge, Flak, leichte Seestreitkräfte erfolgen.

Nach Admiral Riccardi trug Divisionsadmiral Sansonetti vor. Er äußerte seine Überzeugung, daß eine Landung auf Sizilien so lange nicht zu befürchten sei, wie Bizerta und Tunis noch unbrauchbar wären. Zum Anmarsch gegen Sardinien benötige der Gegner 16 Stunden bei 15 kn Fahrt. Aus diesem Grunde sei eine Nachmittags-Luftaufklärung notwendig. Außerdem sollten vier deutsche U-Boote zur Aufklärung westlich Sardinien in See stehen und nach dem erkannten Anmarsch einer Invasionsflotte zwölf weitere U-Boote dagegen angesetzt werden. Der Einsatz der U-Boote richte sich gegen die wahrscheinlichen sardinischen Landeplätze im Golf von Caglieri, der Bucht von St. Antioco und an der Küstenebene norwestlich Cagliari. Für Sizilien sei der Einsatz von U-Booten schwierig, weil der Gegner aus seinem Stützpunkt Malta die See südlich Sizilien unter Kontrolle habe. Als Landungsmöglichkeiten auf Sizilien wurden der Golf von Castellamare, die Küste bei Marsala und der Golf von Gela genannt.

Als Großadmiral Dönitz den Nachschubbedarf für die drei größten Inseln erfuhr und darüber hinaus auch die Nachschublieferungen für die Achsentruppen in Griechenland, war ihm klar, daß eine rechtzeitige Versorgung nicht erreicht werden konnte.

Großadmiral Dönitz dankte den Vortragenden und schlug vor, daß zunächst seine drei Admirale dazu Stellung nehmen sollten.

Admiral Meendsen-Bohlken erklärte, daß die Einsatzabsichten mit Supermarina angesprochen seien und daß er lediglich im Ansatz der Schnellboote anderer Ansicht als Supermarina sei, nämlich: daß S-Boote mehr zu Offensivaufgaben eingesetzt werden müßten. Dazu sei die Verlegung der 3. S.-Flot. nach Porto Vesme auf Sardinien und der 7. S.-Flot. nach Porto Empedocle auf Sizilien vorgesehen. Alles in allem halte er die Verteidigung von Sardinien für schwieriger als jene von Sizilien.

VAdm. Ruge, der als nächster das Wort ergriff, hielt es für sicher, daß der Gegner den Versuch machen werde, den eigenen Nachschub nach den Inseln zu unterbinden, und daß er dazu seine Luftwaffe einsetzen werde, mit welcher er Sardinien ebenso wie Sizilien erreichen könne. Aus diesem Grunde könnten nur stark bewaffnete Schiffe der Achse bei Tagesfahrten eingesetzt werden, wenngleich ihr Schutz infolge der zu kurz geratenen Jägerausbildung aus der Luft nicht voll gewährleistet werden könne. Es müsse unter allen Umständen ein lückenloses Ortungsnetz aufgebaut und ein schneller kampfkräftiger Verband der Jagdwaffe herbeigeschafft werden, der den Kampf gegen die Feindflugzeuge mit guten Chancen auf Erfolg aufnehmen könne. Vor allem gelte es, die Feindbomber abzuschießen, bevor sie die Küstenlinie beispielsweise von Genua erreichten. Außerdem müsse der Flakschutz vor allem in Genua verstärkt werden.

Die Minengefährdung und der dadurch erzwungene Einsatz von Minensuch-Flottillen wurde von VAdm. Ruge ebenso vorgetragen wie das Legen eigener Minenfelder. Zum besseren Heranführen eigener Seestreitkräfte sollten unter allen Umständen die Aufklärermeldungen forciert werden.

KAdm. Wagner, der zum Schluß referierte, stimmte der Lagebetrachtung seines Vorredners zu und ergänzte, daß auch eine Landung auf Korsika erfolgen könne. Er verwies darauf, daß der Aufmarsch des Gegners nahezu beendet sei und daß mit einer Invasion in Kürze gerechnet werden müsse. Er verlangte den Ansatz starker deutscher Bomberkräfte gegen die feindbesetzten nordafrikanischen Häfen und die Bereitstellung der Luftwaffe zum Ansatz gegen die in See befindlichen Invasionsstreitkräfte.

Nachdem alle Vorschläge, Einwände und Befürchtungen vorgebracht waren, ergriff Großadmiral Dönitz das Wort. Er erklärte, daß nach seiner Ansicht der Stoß des Feindes bald erfolgen werde und daß die eigenen Kräfte zu schwach seien, um die feindliche Absicht durch Zerschlagung seiner Ausgangshäfen zu verhindern. Dies könne auch nicht durch Angriffe gegen die Landungsflotte geschafft werden.

„Ich werde mehr U-Boote ins Mittelmeer schicken", versprach er, „obwohl ich davon überzeugt bin, daß auch die U-Boote die Landungen nicht verhindern, sondern nur verzögern können. Das ganze Problem besteht aus diesen Gründen für uns in einer erfolgreichen Abwehr auf dem Lande. Die Vorbereitungen für den Kampf auf dem Wasser sind zwar notwendig, aber nicht entscheidend. Entscheidend ist der Kampf an Land!

Die Aufgabe der Kriegsmarine besteht deshalb im Schwerpunkt darin, den Kampf an Land zu ermöglichen und den Feind so weit wie möglich schon auf See und auch in den Ausgangshäfen zu schwächen, um so die Aufgabe der Landstreitkräfte zu erleichtern. Darüber hinaus muß die Kriegsmarine den Nachschub über See sicherstellen."

Der Großadmiral beendete seine Lagebeurteilung mit den Worten: „Die Lehre, die wir aus dem Afrikafeldzug zu ziehen haben, lautet: Die uns verbleibende Zeit für den Nachschub zu nutzen, solange die Lage zur See für uns noch günstig ist. Um dies tun zu können, müssen wir die allein entscheidende Frage nach den Transportmitteln, der Sicherung derselben und der Ausladehäfen sowie der Ausladung selbst durch eine einheitliche und schlagkräftige Organisation aller dafür zur Verfügung stehenden Kräfte lösen. Bleibt die Nachschubfrage ungelöst, sind die Inseln nicht zu halten."

Nachdem Großadmiral Dönitz dies alles mit großem Nachdruck in freier Rede vorgetragen hatte, verwies er abschließend darauf, daß alle verfügbaren Fahrzeuge, auch die kleinsten, zum Nachschubdienst herangezogen werden müßten. Notfalls sollten auch die italienischen U-Boote eingesetzt werden.

Auf die Frage von Admiral Riccardi, ob die U-Boote auch für die genannten Transporte eingesetzt werden sollten, erwiderte der Großadmiral: „Ja, denn die U-Boote sind in diesem Kampf nicht entscheidend. Als Transporter aber könnten sie Großes leisten."

Der Großadmiral forderte nun auch noch den Einsatz der schnellen italienischen Kreuzer als Transporter. Dönitz verstand es, die Anwesenden zu fesseln und ihnen die Überzeugung zu vermitteln, daß die Sache so und nicht anders angepackt werden mußte. Er forderte den höchsten Einsatz aller Hafenarbeiter, ob Zivilisten oder Soldaten, die zu den Arbeiten herangezogen werden müßten.

Am Nachschub dürfe es diesmal nicht wieder scheitern, wie dies in Nordafrika der Fall gewesen sei. Er werde dafür sorgen, daß der Nachschub diesmal stimme. Dafür werde er der italienischen Kriegsmarine mit allen ihm zur Verfügung stehenden Mitteln helfen und ihr so viele MFP und Räumboote wie möglich zur Verfügung stellen. Dönitz sagte, daß er natürlich auch seine eigenen U-Boote zu Transportzwekken einsetzen werde, so notwendig sie auch für den Feineinsatz benötigt würden, um ein Beispiel zu geben und darzutun, daß es sich nicht um eine Herabsetzung der italienischen Marine handle.

Das, was der Oberbefehlshaber der deutschen Kriegsmarine sagte, überzeugte voll, und so konnte Admiral Riccardi ohne Gesichtsverlust für die italienische Seite erklären, daß sie alle Mittel für die Transportaufgaben einsetzen werde. Er bat Dönitz darum, im FHQ darauf hinzuwirken, daß mehr Luftwaffenverbände geschickt würden.

Großadmiral Dönitz sagte zu, in Berlin auf die unabdingbare Notwendigkeit der Verstärkung der Luftstreitkräfte hinzuweisen.

Zum Schluß ging es noch um Truppenzuführungen auf die Inseln und um die Aufnahmefähigkeit der sardischen Häfen. Zum Schluß betonte Admiral Sansonetti noch einmal, daß die Lage im Mittelmeer im Sommer 1943 gehalten werden müsse.

Zum Abschluß der Sitzung sprach Dönitz dem italienischen Kpt. z. S. Grossi, der als Fregattenkapitän und Kommandant des U-Bootes ,,Barbarigo“ am 7. Okt. 1942 das Ritterkreuz erhalten hatte, seine besondere Anerkennung für die Herrichtung der italienischen U-Boote für den Gummitransport aus. Er sagte Ersatz zu für das erste auf diesen Transportfahrten nach Fernost verlorengegangene italienische U-Boot.

Als um 19.30 Uhr diese Besprechung zu Ende ging, konnte Dönitz sicher sein, aus den verhohlenen Feinden gute Kameraden und Mitarbeiter im Kampf um die italienischen Inseln gemacht zu haben.

Der 13. Mai sah um 11 Uhr einen Empfang des Ob. d. M. bei General Ambrosio, dem italienischen Chef des GenSt. Dieser stimmte dem Einsatz von italienischen U-Booten und Kreuzern zu Transportzwecken nicht zu, sondern sagte, daß diese Einheiten kämpfen müßten, worauf Dönitz eiskalt erklärte, daß sie das ja jetzt schon nicht täten.

Die Audienz beim Duce fand eine halbe Stunde darauf

statt. Der Duce empfing den Großadmiral herzlich und persönlich.

Bei diesem Gespräch ging es um ein Angebot Hitlers, der sechs deutsche Divisionen auf das italienische Festland entsenden wollte. Der Duce erklärte, er habe Hitler in einem Telegramm geantwortet, daß er nur drei beanspruche, darunter aber sechs Panzer-Abteilungen mit insgesamt 300 Kampfwagen. Von diesen wünschte Mussolini zwei auf Sardinien und drei auf Sizilien einzusetzen, während eine Abteilung auf dem süditalienischen Festland in Bereitschaft bleiben sollte.

Mussolini sah im Gegensatz zum italienischen Generalstab die Hauptgefahr für Sizilien, was aus den britischen Bekundungen hervorgehe, daß durch Freiwerden des Seeweges durch das Mittelmeer – das von Sizilien aus immer noch beherrscht werde – für England 2 Millionen BRT Schiffsraum gewonnen sein würden.

Großadmiral Dönitz erläuterte dem Duce seine Lagevorstellungen, und Mussolini hielt die Vorschläge des Ob. d. M. für gut.

Um 22 Uhr erfolgte abschließend noch eine Besprechung mit GFM Kesselring. Dieser teilte Dönitz mit, daß der Führer die Zuführung der 7. Flieger-Division (1. FJD) und der Division „Hermann Göring" nach Italien in Aussicht genommen habe. Auf die Haltung der Italiener in bezug auf die angebotenen Divisionen angesprochen, erwiderte Kesselring, daß diese damit ihren Wunsch zum Ausdruck bringen wollten, Herr im eigenen Hause zu bleiben. Der OB Süd erklärte, daß er zum italienischen Generalstabschef General Ambrosio kein gutes Verhältnis habe und bereit sei, einem Nachfolger als OB Süd Platz zu machen.

Die Befürchtungen von GA Dönitz, daß keinerlei Vorbereitungen auf Sizilien getroffen worden seien, einen Angriff zu stoppen und die Angreifer wieder ins Meer zu werfen, wurden von GFM Kesselring bestätigt, der kurz zuvor eine Besichtigungsreise auf diese Insel unternommen hatte. Kesselring erklärte, daß er in den nächsten Tagen auch Sardinien einen Besuch abstatten werde. Auch er war der Ansicht, daß der Gegner nunmehr Sizilien angreifen werde und sagte zu Dönitz, daß er dem Reichsmarschall und dem Führer eine Verstärkung der Luftflotte 2 vorschlagen werde, um die feindlichen Aufmarschhäfen zerschlagen zu können. Allerdings halte er einen Handstreich auf die iberische Halbinsel für die beste Präventivmaßnahme und für die erfolgreichste Entlastung im Mittelmeer, denn dann sei der westliche Eingang ins Mittelmeer wirksam gesperrt. Er beabsichtige, dem Führer einen diesbezüglichen Vorschlag zu machen.

Das anschließende Gespräch unter vier Augen sah die Mitteilung von Dönitz, daß er VAdm. Ruge als einzigen verantwortlichen Vertreter der Kriegsmarine in Italien eingesetzt habe. Dönitz bat Kesselring, sich in allen Fragen der Seekriegsführung im Mittelmeer direkt an VAdm. Ruge zu wenden und nicht an Supermarina. Kesselring stimmte zu und versprach, auch seinen Marinestab Dahms dem VAdm. Ruge zu unterstellen und Ruge damit alle Fragen der Seekriegsführung zu überlassen. Dönitz wies auf die noch fehlende lückenlose Zusammenarbeit zwischen Luftwaffe und Marine im Mittelmeer hin und bat den OB Süd, praktische Wege zu deren Verbesserung in die Wege zu leiten.

Damit hatte Großadmiral Dönitz den gesamten Fragenkomplex der ferneren Kriegführung im Mittelmeerraum zufriedenstellend geklärt. Konziliant und dennoch auf der Durchführung der von ihm als vordringlich erklärten Aufgaben beharrend, war Dönitz dem Führerauftrage voll gerecht geworden.

Am 14. Mai 1943 meldete Dönitz im FHQ Wolfsschanze Hitler das Ergebnis seiner Verhandlungen in Rom. Es war genau 17.30 Uhr, als er Hitler in klaren und ungeschminkten Worten die Lage umriß und die Ergebnisse erläuterte.

Hitler war nach dem Lagevortrag des Ob. d. M. der Auffassung, daß der Angriff auf Sizilien nicht der wahrscheinlichste sein werde. Er erklärte, daß er durch angelsächsische Befehle, die ihm durch die Abwehr zugegangen seien, der Überzeugung sei, daß Sardinien das nächste Angriffsziel sein werde, daß aber auch eine Landung auf der Peloponnes in Frage komme.

Bei einer Unterredung des Autors mit GA Dönitz im Jahre 1962 erwiderte dieser auf dessen Frage, ob es sich bei den vorgelegten englischen Befehlen um Spielmaterial gehandelt haben könne, daß dies – im Nachhinein betrachtet – durchaus im Bereich des Möglichen gelegen habe.

Auch vor Hitler betonte der Ob. d. M., daß natürlich die Forderung von Supermarina nach starken Luftangriffen auf die feindlichen Bereitstellungshäfen in Nordafrika richtig sei, daß aber nicht eindringlich genug auf die Hauptaufgabe hingewiesen werden könne; diese sei die Sicherstellung des Nachschubes. Er, Dönitz, habe den Eindruck gewonnen, daß trotz wiederholter eindringlicher Hinweise darauf von Supermarina diese Notwendigkeit nicht voll erkannt worden sei.

Von Hitler, nach der Wirksamkeit der italienischen Zusagen befragt, erklärte Dönitz offen:

,,Es hat bei meinem Besuch bei General Ambrosio am grundsätzlichen Verständnis in dieser Frage gefehlt, und ich habe diese Besprechung mit dem Eindruck verlassen, daß die Italiener hinsichtlich der Hauptsache, Vergrößerung der Kapazität der Versorgungsflotte, nichts veranlassen werden. Die Italiener haben zwar unsere Anregungen, notfalls auch U-Boote und Kreuzer zu Versorgungsfahrten einzusetzen, zur Kenntnis genommen, ohne daß nach meiner Ansicht etwas in dieser Richtung erfolgen wird."

Auf die weitere Frage Hitlers, was er, Dönitz, nunmehr unternommen habe, erwiderte dieser, daß der Seetransportchef Italien, Kpt. z. S. Engelhardt, in seinem Sinne alles Erforderliche veranlaßt habe.

Dazu hatte nun Kpt. z. S. Engelhardt das Wort. Dieser trug die Aufgaben der Seetransportführung vor, nannte die Zahl der vorhandenen Schiffe und Boote und schlug vor, um die

Angriffsmöglichkeiten des Gegners zu verzetteln, auf breitester Front von Sizilien bis Korsika, aus den Häfen von Imperia bis nach Tarent und mit möglichst kleinen Gruppen Versorgungsfahrten durchzuführen. Engelhardt forderte die alleinige Zuständigkeit über alle Transportaufgaben unter den Seetransportchef und den Bevollmächtigten Mittelmeer des Reichskommissars für die Seeschiffahrt.

Diese Forderung wurde von Dönitz unterstrichen, der auch die notwendigen Zuführungen an Lkw's, die Gestellung von vier Bau-Batl. und die Bewilligung der nötigen Geldmittel für die OT nannte, die alles in Gang bringen müsse.

Auf Hitlers letzte Frage „Ist der Duce fest entschlossen, durchzuhalten?" antwortete Dönitz: „Ich nehme dies als sicher an, ohne es wissen zu können. Ich habe lediglich den Eindruck, daß es den Italienern an der Initiative fehlt."

Als Fazit wurde festgehalten, daß die Achse nun einmal mit Italien belastet sei und daß deshalb die Nachschubfrage, wie sie der Seetransportchef angeschnitten hatte, angepackt werden mußte.

Hitler hatte auch diesmal wieder einen äußerst günstigen Eindruck von Großadmiral Dönitz gewonnen, dessen Offenheit ihm zeigte, daß er hier die Wahrheit und nichts anderes erfuhr.

Die Krise der U-Boot-Waffe

Am 31. Mai 1943 trug GA Dönitz Hitler auf dem Berghof über die Krise der U-Boot-Waffe vor. Er erklärte, daß möglicherweise das Ausschlaggebende ein neues Ortungsgerät auf den Überwasserstreitkräften des Gegners sei, das die Flugzeuge an die U-Boote heranführe, wodurch die überwiegenden U-Boot-Verluste durch Flugzeuge erfolgt seien. Die Überraschung deutscher U-Boote mitten im dicksten Nebel durch Zerstörer sei ebenfalls auf neue Ortungsgeräte zurückzuführen. Mit 37 verlorengegangenen U-Booten im Mai (die genaue Zahl war am 31. Mai noch nicht bekannt) seien zur selben Zeit 30% aller in See befindlichen U-Boote vernichtet worden. Der Ob. d. M. erklärte Hitler:

,,Ich habe mich aus dem Nordatlantik in den Raum westlich der Azoren abgesetzt, in der Hoffnung, dort weniger Luftüberwachung vorzufinden. Dort erwarte ich einen nach Gibraltar laufenden Geleitzug. –

Mit den neu auslaufenden Booten werde ich in die abgesetzten Seeräume gehen, in der Hoffnung, daß die dortige Luftüberwachung noch nicht in dem Maße mit den modernen Ortungsgeräten ausgerüstet ist. Ich beabsichtige jedoch im Juli zur Neumondperiode erneut im Nordatlantik einen Geleitzug anzugreifen, unter der Voraussetzung, daß den U-Booten dann zusätzliche Schutzwaffen zur Verfügung stehen."

Nach den zu treffenden Maßnahmen, deren hauptsächliche darin bestand, den Booten ein wirksames Funkmeßgerät mitzugeben, mit dem die Frequenz des ortenden Flugzeugs erfaßt werden konnte, meldete der Ob. d. M., daß im Oktober der ,,Falke" – ein Horchtorpedo – einsatzbereit sei, der den Gegner selbständig ansteuere, falls dieser nicht schneller als 12 kn/h sei. Es würden auch alle Anstrengungen gemacht, den ,,Zaunkönig", der 18 kn/h laufen und damit gegen Zerstörer eingesetzt werden konnte, im Herbst an die Front zu bringen.

Nach weiteren Fragen der Luftunterstützung durch die Luftwaffe in der Biskaya kam Dönitz auf die Aussichten des U-Boot-Krieges in der Zukunft zu sprechen. Er erklärte:

,,Wir sind an einer technischen Waffenfrage gescheitert, gegen die es ein Gegenmittel geben wird. Die Abwehr des Gegners auf See und in der Luft wird zunehmen, so daß nicht vorauszusagen ist, wie weit sich die Wirkung und damit der Erfolg des U-Boot-Krieges wieder hochziehen läßt. –

Ich bin aber trotzdem der Ansicht, daß der U-Boot-Krieg geführt werden muß, auch wenn er sein Ziel, größere Erfolge zu erringen, nicht mehr erreicht, denn die Kräfte des Gegners, die er bindet, sind außerordentlich groß."

An dieser Stelle wurde GA Dönitz von Hitler unterbrochen: „Es kommt gar nicht in Frage, daß im U-Boot-Krieg etwas nachzulassen sei! Der Atlantik ist mein westliches Vorfeld, und wenn ich dort auch in der Defensive kämpfen muß, so ist das besser, als wenn ich mich erst an den Küsten Europas verteidige. Das, was der U-Boot-Krieg, auch wenn er nicht mehr zu großen Erfolgen kommt, bindet, ist so außerordentlich groß, daß ich mir das Freiwerden dieser Mittel des Gegners nicht erlauben kann.“ (Siehe: Wagner, Gerhard: Lagevorträge des Oberbefehlshabers der Kriegsmarine vor Hitler 1939–1945).

Das war natürlich für GA Dönitz Wasser auf die Mühlen. Er stieß auch sofort nach und erklärte: „Ich bin daher der Ansicht, daß es bei dem seinerzeit gemeldeten Hochziehen des U-Boot-Baues bleiben muß, und glaube sogar, daß die Zahl von 30 U-Booten nicht ausreicht. – Ich halte es für richtig, auf die Zahl von 40 Booten im Monat zu gehen. Ich habe in Übereinstimmung mit Minister Speer das Bauprogramm für 30 U-Boote und das seinerzeit gemeldete Hilfsschiffsprogramm bereits in Auftrag gegeben, und ich bitte, anliegenden Führerbefehl zu vollziehen.“

Dönitz legte Hitler den Befehl vor, dieser änderte die Zahl von 30 in 40 Boote um und unterschrieb den Befehl.

Das letzte, was Hitler Dönitz an diesem Tage mit auf den Weg gab, lautete: „Ich bin in Sorge, daß das neue Ortungsgerät des Gegners auf Grundlagen arbeitet, die wir nicht kennen. Die Krisis muß mit allen Mitteln überwunden werden.“

Natürlich mußte bei einem Hochziehen des Bauprogramms für die U-Boot-Waffe auch die Frage der Besatzungen dieser mehr gebauten Boote berücksichtigt werden. Hinzu kam der Mehrbedarf an Werftarbeitern; er belief sich auf 25 300 Mann, die sehr schwer zu bekommen waren.

Die Kriegsstärke der vorhandenen 645 U-Boot-Besatzungen einschließlich der in der Ausbildung fahrenden Besatzungen betrug zu diesem Zeitpunkt 31 999 Mann. Hinzu kamen

3986 Mann Baubelehrungspersonal. Auf den Front-Flottillen und Stützpunkten waren insgesamt 5172 Mann Personal vorhanden. Durch die Erweiterung der U-Boot-Ausbildung einschließlich der Schulflottillen, der Sicherheits-, Begleit- und Zielschiffe wurden 8432 Mann neues Personal benötigt. Der Ausbildungsbedarf ab Sommer 1944, also zu dem Zeitpunkt, zu dem eine Großzahl an Booten neu zur Front stoßen mußte, betrug für die Indienststellung dieser Boote ab November 1944 12614 Mann. Damit wäre die U-Boot-Waffe mit 49589 Soldaten sofort und mit 12614 Soldaten ab November 1944 auf einen Gesamtbestand von 62203 Mann gestiegen.

Dies waren einige der neuen Aufgaben, die auf den neuen Ob. d. M. zukamen.

Inzwischen waren die Großkampfschiffe, die eigentlich den Sturz von GA Raeder herbeigeführt hatten, in den hohen Norden verlegt worden, um dort zum Schlagen zu kommen. Da aber die alliierten Geleitzüge für Rußland ab März 1943 nicht mehr auf der Nordroute liefen, kam es vorläufig nicht zu ihrem Einsatz. Erst im September 1943 sollten sie wieder von sich reden machen. Allerdings bewirkte allein ihre Anwesenheit im hohen Norden die Bindung starker britischer Seestreitkräfte.

Für Dönitz kam es darauf an, den gesamten Umfang seiner neuen Aufgaben zu erfassen und vor allem darauf hinzuarbeiten, den Einsatz der U-Boote wieder erfolgreich zu machen und ihre Verluste so weit wie möglich herabzusetzen.

Das totale U-Boot

Im Juni 1943 erhielt GA Dönitz die ersten Konstruktionszeichnungen eines großen Elektro-U-Bootes des Typs XXI. Dieses Boot sollte unter Wasser eine Geschwindigkeit von 18 Knoten erzielen. Das würde das Boot in die Lage versetzen, jedem Gegner auch im Unterwassermarsch davonzulaufen. In einer Zeit, da die U-Boot-Waffe harte Verluste erlitt, wäre ein solches U-Boot *die* technische Neuerung ersten Ranges, mit dem die U-Boot-Waffe wieder an ihre stolzen alten Erfolge anknüpfen könnte.

Dieses Elektroboot und noch ein weiterer Bootstyp hätten der U-Boot-Waffe bereits seit geraumer Zeit zur Verfügung stehen können. Bereits im Jahre 1934 hatte der auf der Germaniawerft in Kiel arbeitende Konstrukteur Helmuth Walter dem OKM eine Ideenskizze vorgelegt, in welcher er die technischen Möglichkeiten und die Wirkungsweise einer Gasturbine beschrieben hatte, mit deren Leistung es gelingen würde, ein U-Boot bedeutend schneller unter Wasser fahren zu lassen als mit allen anderen Antrieben. Ingenieur Walter hatte zwei revolutionierende Dinge vorgesehen.

Beim Antrieb einer Turbine mit Wasserstoffsuperoxid wird bei dessen Zersetzung Sauerstoff frei. Dieser Sauerstoff sollte die bei Dieselmaschinen notwendige Sauerstoffzufuhr während des Unterwassermarsches bewirken. Dies würde bedeuten, daß man auch im Unterwassermarsch mit starken Dieselmotoren fahren könnte und daß es nur darum ging, die Abgase aus dem Boot hinauszuleiten.

Sein zweiter Vorschlag war noch interessanter. Walter hatte die bei einem gesteuerten Zerfall von Perhydrol anfallenden, mit Sauerstoff angereicherten Gase und deren thermische Energie als Antrieb für eine Turbine vorgesehen. Da der Zerfall von Wasserstoffsuperoxid unabhängig von der Außenluft vor sich geht, konnte sich eine Turbine, die mit den Zerfallsgasen von Perhydrol betrieben wurde, als Antriebsmittel für ein getaucht fahrendes U-Boot eignen.

Dieser Walter-Antrieb beruht auf der Zersetzung von hochprozentigem Wasserstoffperoxid, H_2O_2. Bei dem kalten Verfahren wird dieses H_2O_2 von einer Pumpe zu einem Zersetzer gefördert. In diesem wiederum wird es durch das Einspitzen einer Permanganat-Lösung in Wasser und Sauerstoff zersetzt. Das nunmehr entstandene Gemisch läßt sich als Vortriebsstrahl bei Raketen oder zum Antrieb von Turbinen benutzen. Beim heißen Verfahren wiederum wird der entstehende Sauerstoff zunächst mit einem Kraftstoff verbrannt. Die Verbrennungsgase können wiederum entweder Schubkraft erzeugen und Raketen treiben oder aber eine zum Antrieb eines U-Bootes installierte Turbine in Gang setzen.

Das Oberkommando der Kriegsmarine lächelte amüsiert über den verrückten Erfinder Walter und legte dessen Vorschlag zu den übrigen Akten unbenutzbarer Bauvorschläge. Allerdings hatten die beiden zuständigen Referenten beim OKM, Dr. Piening und Marineoberrat Waas, nach langer Untersuchung dieses Vorschlages erklärt, daß er durchaus realisierbar sei. Dennoch wollte man sich nicht an eine solche Arbeit machen und viel Geld für möglicherweise nichts ausgeben.

Helmuth Walter arbeitete weiter an diesem Projekt. Er führte die ersten praktischen Versuche durch, bei denen er Dieselmotoren als Antrieb benutzte. Als Antriebsmittel aber zersetzte er 80prozentiges Perhydrol über einen Braunstein-Katalysator in Wasser und Sauerstoff. Die bei diesem Zersetzungsprozeß anfallende Wärme ließ das freigewordene Wasser aufdampfen. So entstand aus dem Wasserdampf und dem Sauerstoff ein Gemisch aus Dampfsauerstoff. Dieses Gemisch leitete er in den Zylinder des Dieselmotors. Wenn die Ventile richtig eingestellt waren, arbeitete der Motor einwandfrei.

Damit hatte Walter bewiesen, daß ein Motor mit diesem Gemisch wie mit der Zuführung von Luft arbeitete. Aber eine bessere Leistung erzielte er damit nicht. Eher überwogen die negativen Folgen dieses Antriebsmittels: das Wasser beispielsweise verunreinigte das Schmieröl im Zylinder. Eines jedoch hatte der Konstrukteur bewiesen: daß ein Dieselmotor ohne die Zufuhr von Frischluft arbeitete.

Daneben befaßte sich der geniale Erfinder auch mit Versuchen mit einer Turbine. Nach einer langen Testreihe stellte er unter Beweis, daß die thermische Energie des Zersetzungsprozesses und der dabei freiwerdende Sauerstoff als Antriebsleistung von der Turbine weitergegeben wurde.

Drei Jahre nach seiner ersten Eingabe legte Walter dem OKM seine verbesserten Pläne vor. Sie wurden von Dr. Piening und Oberbaurat Waas sehr befürwortet. Es war Oberbaurat Waas, der entgegen den Einwänden des Kriegsmarineamtes persönlich zu Generaladmiral Raeder ging und ihm diese Erfindung vortrug. Der Ob. d. M. setzte sich nun ebenfalls für Walter ein. Diesmal wurden Mittel für weitergehende Versuche bewilligt.

Danach legte Walter auch dem FdU, Kpt. z. S. Dönitz, diese Pläne vor. Der Führer der U-Boote sagte seinerzeit: ,,Dies, Walter, ist das Ei des Kolumbus! Damit würden wir einen U-Boot-Antrieb erhalten, der alle vorhandenen Boote an Schnelligkeit weiter überträfe."

Nunmehr setzte sich auch Dönitz für den Konstrukteur des absoluten U-Bootes ein. In Tannenberg, einem Vorort von Kiel, wurde eine kleine Fabrik eingerichtet. Hier ging die Arbeit an der ,,Frontreifmachung" einer Walter-Turbine weiter. Leider war der quicke Konstrukteur Walter sich selbst der größte Gegner, indem er sich als Hansdampf in allen Gassen betätigte und durch diese Verzettelung mit seinem neuen U-Boot nicht recht vorwärtskam. Hier hätte ihm ein erfahrener U-Boot-Ingenieur zur Seite stehen müssen, um mit einigen weiteren Helfern Walters Geniearbeit in effektive U-Boot-Konzeption zu bringen. Dies lag jedoch nicht an Walter, denn er suchte nach solchen Helfern und sagte darüber:

,,Als ich zu Beginn des Zweiten Weltkrieges den praktischen Beweis dafür antrat, daß ein U-Boot mit meinem Antrieb fahren konnte, und zwar unter Wasser schneller als alle anderen, erhielt ich immer noch nicht die Mitarbeiter, die ich dringend brauchte."

Die erste Versuchsturbine lief und erbrachte eine überraschend starke Leistung. Das Walter-U-Boot mit der Baubezeichnung V 80 – ein Versuchsboot mit 80 Tonnen Verdrängung – wurde im Frühjahr 1940 von Ingenieuren der Germaniawerft in Kiel erprobt. Es erzielte eine Unterwassergeschwindigkeit von 26 kn/h. Alle bekannten Typen der Kriegsmarine kamen nicht über 9 kn/h hinaus.

Walter und Waas sprachen erneut beim OKM vor. In einer Denkschrift wiesen sie auf die Dringlichkeit eines solchen U-Bootes hin. Das OKM lehnte mit folgender Begründung ab: „Jedes zu bauende neue Boot – von dem wir immer noch nicht wissen, ob es überhaupt zum Einsatz gelangen wird – verhindert den Bau von zwei bewährten U-Booten des Typs VII-C."

Die Boote dieses Typs führten im Augenblick mit größter Effektivität den U-Boot-Krieg im Atlantik, und man wollte eine sichere Sache nicht zugunsten einer unsicheren aufgeben. Allerdings vergaß man dabei, daß der Gegner nicht schlief, und die folgenden Jahre ließen sehr schnell erkennen, daß man mit dem VII-C-Boot auf das falsche Pferd gesetzt hatte, weil es den verstärkten Abwehrwaffen des Gegners mit seiner geringen Unterwassergeschwindigkeit hoffnungslos immer stärker unterlegen war.

Daß es gelang, die Mittel freizubekommen, eine weitere Anlage für ein neues Musterboot bauen zu können, war dem Drängen des BdU zu verdanken, der nach wie vor dafür plädierte, ein schnelles totales U-Boot – das heißt ein Boot, das dauernd unter Wasser fahren konnte – zu bauen.

Das Boot V 300 mit der Baunummer U 791 wurde mit einer Walter-Doppel-Turbinenanlage versehen, denn es war als Zweischraubenboot konzipiert. Das Antriebsmittel bestand in einer Mischung aus Dieselöl, Kesselspeisewasser und Perhydrol. Eine als Dreistoffpumpe gebaute Kreiselpumpe führte die drei Stoffe in genauer Bemessung unter Druck in die Anlage. Dabei floß Perhydrol von oben in den Katalysator und verwandelte sich hier in Wasserdampf und Sauerstoff. Das so entstandene heiße Gemisch strömte durch ein Verbindungsrohr in die Brennkammer. Über Düsen, die in den

Brennkammerdeckel eingelassen waren, wurde der durch eine Dreistoffpumpe herangeschaffte Dieseltreibstoff fein zerstäubt eingespritzt. Auf ein Kilogramm Perhydrol-Treibstoff kamen 108 Gramm Gasöl. Das war exakt soviel Öl, wie benötigt wurde, um die erzielte Sauerstoffmenge zu verbrennen.

Die Anlage war klein, aber das Boot mußte eine große Menge Perhydrol mitnehmen. Dieses Problem hatte Walter so gelöst, daß er den U-Bootkörper umgestaltete. Sein U-Bootkörper sah wie eine senkrecht stehende Acht aus. Der obere Kreis der Acht sollte der übliche Druckkörper mit allen Anlagen und Räumen sein. Die darunter liegende Rundung der Acht war als weiterer Druckkörper für die Aufnahme des Perhydrols ausgerüstet. Um die darin befindlichen Treibstoffbunker zu sichern, sollte das Perhydrol in Mipolamsäcke eingefüllt werden.

Als sich im Frühjahr 1942 Helmuth Walter bei dem in Paris sitzenden BdU, Admiral Dönitz, meldete und ihm vortrug, daß die Anlage V 300 in der Endkonstruktion nichts bringen werde, weil weder er, Walter, noch Waas Einfluß auf die Endkonstruktion hatten, stellte Dönitz den Antrag, dieses Versuchsmuster einzustellen und Walter ein neues Boot bauen zu lassen. In der Begründung für die Weiterarbeit auch nach diesem Mißgeschick schrieb Dönitz:

„Größere Unterwassergeschwindigkeit ist die einzige Alternative gegenüber den neuen Ortungsmitteln des Gegners und seiner neuen Verteidigungstaktik der durch U-Jagdgruppen gesicherten Geleitzüge."

Im Juni 1942 schickte Dönitz eine weitere Denkschrift an das OKM und wies auf die Notwendigkeit des Weiterbaus an dem neuen Walterboot hin. Im Juli waren Walter und Waas nach Paris zum BdU befohlen worden. Hier trug Waas vor, daß es nach wie vor an Konstrukteuren fehle, die im U-Boot-Bau erfahren genug seien.

Dönitz handelte sofort. Er ließ die Konstrukteure und Ingenieure Möller, Heep und Gabler zum Walterwerk versetzen.

Großadmiral Raeder ordnete auf diesen dringenden Appell hin den sofortigen Weiterbau der Walterboote an. Und zwar sollten jeweils vier Boote des Typs XVII und zwei des Typs XVIII gebaut werden.

Aber erst im November 1942, als Admiral Dönitz die bekanntesten U-Boot-Fachleute nach Paris einlud und sich diese im Stabsquartier des BdU auf dem Boulevard Suchet Nr. 28 einfanden, wurden Nägel mit Köpfen gemacht.

Es kamen Helmuth Walter, Ministerialdirektor Scheurer, Ministerialdirigent Bröcking, Marinebaudirektor Oelfken und Marine-Oberbaurat Waas.

„Wir brauchen rasch neue Boote, die ganz ins Wasser hinein müssen", lautete Dönitz' Forderung. „Wir müssen so rasch wie möglich den Schritt vom Tauchboot zum wirklichen Unterwasserboot verwirklichen."

Professor Walter erklärte die Wirkungsweise seines Bootes und dessen Betriebsweise und stellte zum Schluß die Behauptung auf, daß seine Turbine bei einer Drehzahl von 14100 U/Min. eine Leistung von 2500 PS erbringe.

Konteradmiral Thedsen, der leitende technische Offizier beim BdU, machte einen weiteren Vorschlag. Er plädierte dafür, in der unteren Hälfte der Walter-Acht anstelle der Peroxydtanks E-Maschinen einzubauen.

„Damit würden wir ein Elektroboot erhalten, das ebenfalls die doppelte Geschwindigkeit der heutigen Boote im Unterwassermarsch erreichen würde."

Ministerialdirektor Scheurer griff den Vorschlag auf und bemerkte: „Wenn wir mit einer vergrößerten Batterie auch nicht die Geschwindigkeit des Walter-Bootes erreichen, so könnte doch ein solches Elektroboot gegenüber den bisherigen Typen eine bedeutende Beschleunigung erfahren. Und dies schon sehr bald."

Als es schließlich noch darum ging, gewissermaßen als Zwischenlösung die vorhandenen Boote in der Übergangszeit durch zusätzliche Anlagen zu verbessern, entwarf Prof. Walter

– gewissermaßen aus dem Handgelenk – den ersten U-Bootschnorchel. Durch ihn sollte eine Dieselmaschinenanlage über eine Schlauchleitung auch im Unterwassermarsch den notwendigen Sauerstoff erhalten. Die Dieselabgase sollten durch denselben Schlauch nach außen geleitet werden.

„Das ist der Punkt!" sagte Admiral Dönitz. „Wir werden den Schnorchel bauen, weil er in der Zwischenzeit eine größere Entkommenschance für die normalen U-Boote bietet. Außerdem werden zwei neue Boote gebaut, sowohl das Elektroboot als auch das Perhydrolboot."

Es wurde dennoch Juni 1943, bevor Karl Dönitz, der ja das größte Interesse an dieser revolutionierenden Neuheit hatte, die Konstruktionszeichnungen vorgelegt werden konnten. Nunmehr standen keinerlei Hemmnisse mehr im Wege. Als Oberbefehlshaber der Kriegsmarine besaß er die notwendigen Machtbefugnisse, diese Entwicklung zu forcieren. Da war einmal das große Elektroboot des Typs XXI, das unter Wasser eine Geschwindigkeit von 18 kn/h erzielen würde. Vier Walter-Boote wurden weitergebaut und eine Serie von 26 Stück dieser Boote auf Stapel gelegt.

Da diese Entwicklung sich erfolgversprechend anließ und in absehbarer Zeit mit solchen Booten zu rechnen war, hielt Großadmiral Dönitz am 8. Juli 1943 Hitler darüber Vortrag. Er gab dem Führer eine Übersicht über die mit schnellen Unterwasserbooten möglichen taktischen Vorteile und erläuterte die sich damit eröffnenden neuen Erfolgsaussichten in Geleitzugschlachten und gegen schnelle Einzelfahrer und Kriegsfahrzeuge.

„Mit diesen neuen Booten, mein Führer, werden alle bisherigen Anstrengungen des Gegners in der U-Boot-Abwehr unwirksam gemacht, denn der Bau der Fahrzeuge, die unsere U-Boote bekämpfen, ist ganz darauf abgestellt, daß unsere Boote unter Wasser nur eine geringe Geschwindigkeit aufweisen. Der Vorteil einer Unterwasserfahrt von etwa 19 Knoten in der Stunde wird für lange Zeit erhalten bleiben, weil die Geleitzüge ihre Fahrt von rund 10 Knoten in der Stunde nicht wesentlich zu steigern vermögen."

Hitler erkannte blitzschnell diese neue Chance. Er war begeistert und ließ einen ganzen Fragenkatarakt auf Dönitz herunterprasseln mit Erkundigungen nach Aktionsradius, Höchstfahrt, Aufladebedingungen, Bewaffnung und Tauchtiefe der neuen Boote und bewies damit, daß er sich in schwierige technische Dinge versenken und diese speichern und umsetzen konnte.

„Hohe Tauchtiefe und schnelle Unterwasserfahrt", erklärte Dönitz, „bringen natürlich auch in Bezug auf die Abwehr einen wesentlichen Vorteil. Das neue Elektroboot kann wegen seiner langen Ausdauer und der Schnelligkeit in der Unterwasserfahrt außerdem auch das gefährdete Küstenvorfeld auf dem Marsch ins Operationsgebiet rascher und ungestörter überwinden."

Hitlers nächste Frage galt der Herstellung der Einsatzbereitschaft. Dönitz meldete, daß er mit Reichsminister Speer bereits alles durchgesprochen habe. Er legte gleich ein Überschlagsprogramm des Kriegsmarineamtes vor, in dem der Termin für den ersten Einsatz der Elektroboote auf November 1944 festgelegt war, und bemerkte dazu:

„Ich habe diesen Termin als viel zu spät bezeichnet und mit Reichsminister Speer besprochen, wie der Bau mit allen Mitteln nach vorn zu ziehen ist. Speer ist der Überzeugung, daß mit aller Entschlossenheit in drei Schichten notfalls mit Tag- und Nachtschicht gearbeitet werden muß, weil dieses Vorhaben eine umwälzende Bedeutung für den U-Boot-Krieg besitzt."

Hitler erklärte nach einigen zusätzlichen Detailfragen, die sich mit der Entsendung von U-Booten über die Rhône ins Mittelmeer befaßten, daß auch die kleinen Walter-Boote nach ihrer Fertigstellung auf diesem Wege dorthin zu befördern seien.

„Ich bin der felsenfesten Überzeugung, daß es auf dem

Gebiet der Technik immer Schwankungen zwischen Abwehr und Angriff geben wird. Es kommt daher darauf an, daß man nicht kapituliert und immer wieder mit neuen Ideen kommt. Wer dies nicht tut, gibt auf und sagt damit; ‚Jetzt ist alles vorbei'."

Als schließlich auch Reichsminister Speer zu der Besprechung hinzugezogen wurde, sagte Hitler mit Betonung: ,,Das Wichtigste ist, daß dieses Boot gebaut wird!" Speers Antwort lautete: ,,Darüber sind wir uns im klaren. Wir haben schon für das neue U-Boot befohlen, daß es allen anderen Sachen vorgeht."

Trotz der optimistischen Prognosen und der einstimmigen Erklärung des Vorrangs für die schnellen Unterwasserboote kamen diese jedoch im Kriege – von einigen Schein-Einsätzen abgesehen – nicht mehr zum Schlagen.

Der Mittelmeer-Kriegsschauplatz

Nach der Kapitulation der deutsch-italienischen Heeresgruppe Afrika in Tunesien hatten die Anglo-Amerikaner den Feldzugsplan zur Eroberung der Insel Sizilien in Angriff genommen. In fünf Phasen sollte Sizilien erobert werden. Und zwar mit der 7. US-Armee unter General Patton, die im Golf von Gela landen sollte, und der 8. Brit. Armee unter General Montgomery, die rittlings der Halbinsel Pachino im Golf von Noto an Land gehen sollte.

Noch während die Vorbereitungen im Gange waren, wurde auch die Inbesitznahme der Sizilien vorgelagerten Inseln Pantelleria, Lampedusa und Linosa angestrebt.

Am 18. Mai begannen die Luftangriffe auf Pantelleria. General Spaatz standen für die Sturmreifbombung der für uneinnehmbar gehaltenen Insel rund 1000 Flugzeuge zur Verfügung, darunter auch jene des Luftmarschalls Tedder. Einen Tag später setzte auch die Bombardierung Siziliens ein. Messina mit den Übersetzeinrichtungen war erklärtes Ziel der Feindbomber-Verbände.

Anfang Juni steigerte sich die Intensität der Bombenangriffe auf Pantelleria. Bis zum 11. Juni wurden 6550 Tonnen Bomben auf die Insel geworfen. General Pavesi, der Inselkommandant, kapitulierte, angeblich wegen Wassermangels. Der Nimbus der Uneinnehmbarkeit der Insel war wie eine Seifenblase zerplatzt.

Vom 3. Juli an wurden alle Bombenangriffe auf Sizilien konzentriert. Wenn bis dahin noch schwache Zweifel bestanden hatten, welche der genannten Inseln Ziel der Sturmtruppen des Gegners sein würde, nun war alles klar.

Zwar versuchte die Luftflotte 2 unter GenOberst von Richthofen zu harten Gegenschlägen auszuholen und die nordafrikanischen Häfen zu bomben, ohne allerdings mehr als nur schwache Schäden zu verursachen.

Am Morgen des 9. Juli 1943 erließ General Montgomery einen Aufruf an die Truppen der 8. Armee. Gegen 19.00 Uhr des 9. Juli starteten die Verbände der 1. Brit. Luftlande-Brigade. In 137 Schleppzügen wurden 1600 Fallschirmjäger nach Sizilien überflogen. Ihnen auf den Fersen folgten 226 Dakota-Maschinen des US-Lufttransportkommandos mit 2700 US-Paras der 82. Airborne Division.

Der Kampf auf Sizilien konnte beginnen. Er wurde zu einem harten Ringen, in dem sich der weit überlegene Gegner Schritt für Schritt durch die Insel kämpfte.

In einer Besprechung auf dem Korpsgefechtsstand des XIV. AK am 8. Aug. 1943 wurde die Räumung der Insel bekanntgegeben. Der X-Tag war die Nacht vom 11. zum 12. August 1943.

In fünf nächtlichen, sich überschlagenden Einsätzen gelang es – anders als von Tunesien aus, wo die gesamte HGr. Afrika in Gefangenschaft geriet – die Truppen auf das italienische Festland zurückzuführen. Auf der Insel blieben allerdings 32 000 deutsche Soldaten als Tote, Verwundete, Vermißte und

Gefangene zurück. Italien verlor hier 160 000 Mann, von denen die Mehrzahl in die Gefangenschaft ging.

U-Boot-Kampf im Mittelmeer

Während dieser Zeit hatten die deutschen U-Boote und ihre italienischen Kameraden eine Reihe Erfolge zu verzeichnen. Im Juni 1943 hatten die Kommandanten Trox, Deckert, Kelbling, Krieg und Schlippenbach die Versenkungserfolge erzielt. Der Juli sah Koehnenkamp, Kelbling, Schlippenbach und Mehl erfolgreich, und im August konnten Fenski, Jahn und Mehl dem Gegner weitere Verluste beibringen.

Im Juli gingen drei Boote verloren. U 561 unter Oblt. z. S. Henning wurde durch ein englisches Motortorpedoboot versenkt. U 375 unter Kptlt. Koehnenkamp ereilte das Schicksal in Gestalt des US-U-Jägers PC 624, und U 409, Kptlt. Maßmann, erlitt dieses Schicksal durch den brit. Zerstörer „Inconstant".

Im August mußte ein Boot abgeschrieben werden. Es war U 458 unter Kptlt. Diggins.

Im September erzielten vier Boote eine Reihe von Erfolgen. Diesmal war auch U 617 unter Kptlt. Brandi wieder dabei. Das Boot konnte den Geleitzerstörer „Puckeridge" versenken, doch wurde es von Flugzeugen gebombt und schwer beschädigt; daher mußte der Kommandant es vor Melilla aufsetzen und sprengen lassen. Die Besatzung wurde in Spanisch-Marokko interniert. Albrecht Brandi gelang die Flucht. Er traf Anfang Februar 1944 wieder in Toulon ein und übernahm U 380.

Diese Mittelmeerkämpfe fraßen mehr Boote, als sie Erfolge brachten, und dennoch: auch hier mußte es weitergehen, um eine Vielzahl englischer Kriegsschiffe zu binden, die sonst unbehindert die italienische Küste beschießen und jeden Geleitverkehr hätten unterbinden können, mit dem die deutsch-italienischen Kräfte auf der Halbinsel Italien versorgt wurden.

Diese Aderlässe und der Verlust Afrikas und Siziliens ließen in Rom die lange vorher eingeleiteten Geheimverhandlungen mit dem Feind reifen.

Wird Italien vom Bündnis abfallen?

Nachdem Großadmiral Dönitz am 8. Juli in der Wolfsschanze hatte melden müssen, daß Admiral Riccardi die beiden italienischen U-Boote „Romolo“ und „Remo“ nicht als Gummitransportboote zur Verfügung stellen wollte, wurde auf der nächsten Besprechnung mit dem Ob. d. M. in der Wolfsschanze am 17. Juli 1943, zu der zeitweilig auch GFM Rommel hinzugezogen wurde, das Thema Italien abermals zum Haupttagungspunkt.

GA Dönitz erklärte zur Ehrenrettung für die jüngeren Offiziere der italienischen Kriegsmarine, vor allem der Kommandanten der Sicherungsfahrzeuge und der U-Boote, daß diese pausenlos ihre Einsätze führen, daß diese jungen Offiziere keinen Konnex mit Supermarina hätten und daß die italienische Marineführung von diesen tatkräftigen und einsatzbereiten Soldaten nicht anerkannt werde, weil sie keine Frontnähe habe.

„Wenn eine Möglichkeit bestanden hätte, die italienische Kriegsflotte unter deutscher Führung einzusetzen, wäre von ihr Großes zu erwarten gewesen“, bemerkte der Ob. d. M. Für seine Begriffe schien es das Wichtigste, einen jungen kampfbereiten italienischen Admiral an die Spitze von Supermarina einzusetzen und ihm einen deutschen Stab beizugeben. Nur so sei ein optimaler Einsatz der immer noch sehr starken italienischen Kriegsflotte auch jetzt noch erfolgversprechend. Auf Hitlers Frage, ob er, Dönitz, denn einen solchen jungen italienischen Seeoffizier wisse, erwiderte der Großadmiral:

„Ich möchte an erster Stelle den Admiral Manfredi nennen. In zweiter Linie käme dann noch Admiral Legnani in Frage."

Auf Hitlers Fragen nach dem Einsatz der ital. Kriegsmarine erklärte Dönitz, daß ihre „Zurückhaltung" unerhört sei. Admiral Riccardi sei trotz intensiver Bemühungen nicht dazu zu bewegen, mit seinen leichten Seestreitkräften den allnächtlich in der Messinastraße wirkenden alliierten Schiffen zu begegnen und hier aufzuräumen, wozu er in der Lage sei. Admiral Riccardi, so führte Dönitz weiter aus, behalte die leichten Seestreitkräfte für den Fall zurück, daß seine Großkampfschiffe auslaufen müßten; dann sollten sie als Sicherheitskräfte zur Verfügung stehen.

„Nur daß Riccardi gar nicht daran denkt, seine Schlachtflotte einzusetzen!" schloß Dönitz die ungeschminkte Unterrichtung des Führers ab.

Großadmiral Dönitz erläuterte die Lage im italienischen Raum nüchtern und klar. Ohne jede Beschönigung legte er dar, daß Syrakus und Augusta von den Italienern kampflos dem Gegner überlassen wurden. Er erklärte abschließend folgendes: „Hier handelt es sich nicht um das Versagen einzelner kleinerer Truppenteile, sondern um den Zusammenbruch der gesamten italienischen Armee." Er zog daraus die einzige noch wirksame Konsequenz: „Ich glaube, mein Führer, entweder schreibt man die italienische Wehrmacht ganz ab, oder man versucht, sie mit deutschen Führungsspitzen und Truppen zu durchsetzen."

„Ohne die italienische Wehrmacht", entgegnete Hitler, „ist die ganze Halbinsel nicht zu halten. Wir müßten uns dann auf eine verhältnismäßig kleine Linie zurückziehen."

Als Generalfeldmarschall Rommel in dieser Phase der Besprechung hinzukam, fragte Hitler auch ihn: „Wissen Sie, Feldmarschall Rommel, Persönlichkeiten des italienischen Heeres, die wirklich tatkräftig sind und unverbrüchlich mit Deutschland zusammenarbeiten würden?"

„Ich weiß niemanden, mein Führer", lautete Rommels

Antwort. „Der einzige dafür geeignete Mann, Ferrari Orsi, ist leider gefallen. In der heutigen Lage halte ich noch Roatta für den besten, obwohl auch er verdächtig und ohne Charakter ist."

„Wenn nicht in Italien ein entscheidender Umschwung eintritt", schloß Hitler dieses Thema ab, „dann hat es keinen Sinn, neue deutsche Truppen hineinzustecken und damit unsere letzten Reserven festzulegen."

Ganze neun Tage später mußte der Ob. d. M. mit Hitler bereits über zu treffende Maßnahmen sprechen, die notwendig werden würden, wenn die Italiener umfielen. Am 26. Juli um 12.30 Uhr begann diese Besprechung.

Döntiz sah in einem Bündnisabfall Italiens eine Chance, sich der italienischen Flotte zu versichern. Dann wäre die miserable Lage im Mittelmeer im Handumdrehen ins Gegenteil umgekehrt. Er schlug vor, sich der großen Einheiten der italienischen Flotte zu bemächtigen. Falls dies nicht gelinge, sei auf alle Fälle ein Überlaufen zum Feind zu verhindern. Er schlug die Aufstellung deutscher U-Boote vor dem italienischen Hauptkriegshafen La Spezia für alle Fälle vor.

Hitler befahl, daß Kpt. z. S. Junge sofort nach Rom fliegen müsse, um GFM Kesselring zu unterrichten. Vom Ob. d. M. erhielt Junge nach Ende der Lagebesprechung mündliche Weisungen zur Weiterleitung an VAdm. Ruge, dem Dönitz ja die Führung aller Marinestreitkräfte in Italien und im Mittelmeer anvertraut hatte. Die vier Punkte dieser Weisungen zeigen die realistische Lagebeurteilung durch Dönitz. Sie lauteten:

„1. Wenn Besetzung Roms erfolgt, muß es Ziel der deutschen Kriegsmarine sein, gleichzeitig die italienischen Flotteneinheiten in La Spezia, Tarent, Genua und die italienischen Handelsschiffe in allen Häfen sicherzustellen. Hierfür vorbereitend unter Geheimhaltung eigener Absichten mit Hilfe von Grossi und Sestini zuverlässige Leute in der ital. Marine festzustellen suchen. Außerdem feststellen, welche eigenen Kräfte verfügbar sind und was vom OB Süd erbeten werden muß.

Kapitänleutnant Herbert Wohlfahrt: mit U 556 zum Ritterkreuz.

Karl Dönitz auf der Höhe seines Ruhmes.

Großadmiral Dönitz mit Mussolini und Hitler.

Im Auftrage des Führers in Rom. Empfang beim Duce.

Zu Besuch bei einer Front-Flottille.

Konteradmiral Konrad Engelhardt, Seetransportchef Ostsee, Dönitz' rechte Hand beim Rücktransport über die Ostsee.

Großadmiral a. D. Karl Dönitz anläßlich der Beisetzung von Großadmiral a. D. Erich Raeder.

Das Marine-Ehrenmal in Laboe bei Kiel.

2. FdU soll ohne Kenntnis der Italiener U-Boote vor La Spezia aufstellen. Aufgabe: Vernichtung der großen ital. Einheiten, falls sie gegen unseren Willen auslaufen.

3. Aufgabe des deutschen Marinekommandos Italien ist die Versorgung der deutschen Truppen auf den Inseln und gegebenenfalls die Durchführung der Räumung von Sardinien.

4. Für den Fall des Ausfalles der Verkehrsverbindungen in Italien vor allem Sicherung der Stützpunkte (Ladestellen), die dann evtl. über See mit Brennstoff und Betriebsmitteln versorgt werden müssen." (Siehe: Wagner, Gerhard, Lagevorträge)

Noch am Nachmittag des 26. Juli 1943 startete Kpt. z. S. Junge zum Flug nach Rom.

Am Abend dieses 26. Juli und am Mittag des 27. wurden diese Themen beim Führer weiter ventiliert. Dönitz erklärte offen, daß nach seiner Meinung die Regierung Italiens nicht mehr kämpfen werde und daß man den Engländern zuvorkommen müsse. Es sei vordringlich zu überlegen, wann man entschieden und in einem schnellen Schlag gegen die Regierung Italiens vorgehen müsse.

Auch GFM Rommel und GFM von Richthofen, die zugegen waren, sprachen sich positiv zum Dönitz-Plan aus. GenOberst Jodl hingegen erklärte, daß er zwar nichts vom Aufblühen des Faschismus halte aber auch nichts gegen die italienische Regierung unternehmen, sondern lediglich mehr Truppen nach Italien in Gang setzen würde.

Hitler erklärte nach Anhörung der verschiedenen Meinungen, man müsse sofort handeln. Er erklärte, es sei die faschistische Partei, die eindeutig auf deutscher Seite weiterkämpfen werde. Man müsse auf alle Fälle den Angelsachsen zuvorkommen. Und dies sei in erster Linie eine politische Erfahrungssache, die ein Soldat nicht beurteilen könne.

Hitler und das OKW waren auf dieser Sitzung bereits fest entschlossen, Sizilien aufzugeben. Dönitz sprach sich dagegen aus, weil man in Sizilien erhebliche Feindkräfte binde. Falls diese und die feindlichen Schiffsmassierungen frei würden, könne der Gegner damit an anderen Stellen des italienischen Festlandes landen, so daß bei der Unsicherheit des Ortes der Landung jede der feindlichen Operationen wie ein Damoklesschwert über Deutschland hänge.

„Falls wir Sizilien aufgeben, machen wir dem Gegner den Weg über Süditalien nach dem Balkan frei", warnte der Ob. d. M. „Wenn es uns hingegen gelingt, den Feind auf Sizilien zu binden, gewinnen wir Zeit zur weiteren Sicherung des Balkanraumes und für die Zuführung von Truppen nach Italien." – Hitler schob den Entschluß, Sizilien zu räumen, wieder auf.

Vizeadmiral Ruge meldete noch am 27. Juli, nachdem Kpt. z. S. Junge ihm die Weisungen des Ob. d. M. übermittelt hatte, daß die Lage in Italien, nach dem widerstandslosen Rücktritt Mussolinis am 25. Juli und dessen Verhaftung durch den italienischen König, chaotisch zu werden beginne. Die faschistische Partei Italiens breche innerlich zusammen. Allerdings erklärte er auch, daß die neue Regierung den Willen zum Weiterkämpfen auf deutscher Seite bekräftigt habe. Ruge schloß seinen Rapport:

„Zusammenfassend melde ich, daß nach meiner Auffassung die vorgesehenen Maßnahmen zu diesem Zeitpunkt den größten Teil der noch vorhandenen italienischen Kräfte gegen uns aufbringen werden und Deutschland vor der Geschichte belasten, ohne eine entsprechende Wendung der Lage herbeiführen zu können."

Hitler, dem Dönitz die Ruge-Meldung übermittelte, erklärte, daß er dessen Haltung nicht billige.

Am 28. Juli wurde der Führerbefehl mit den zu treffenden Maßnahmen durch den Ob. d. M. dem Marinekommando Italien zur Kenntnis gebracht und Ruge befohlen, den F. d. U. Mittelmeer, KAdm. Kreisch, zu unterrichten.

Die Verhaftung des Duce ließ Hitler nicht ruhen. Er hatte bereits am späten Nachmittag des 25. Juli den General der

Flieger Student ins FHQ befohlen. Dieser erhielt von Hitler in der Nacht zum 26. Juli Weisung, so schnell wie möglich mit allen verfügbaren Fallschirmtruppen nach Rom zu gehen und Rom unter allen Umständen zu halten. Danach erhielt er noch den Auftrag, „meinen Freund Mussolini aufzufinden und zu befreien.“

Mit dem SS-Obersturmführer Skorzeny flog Student am Morgen des 26. Juli nach Rom. In den nächsten 48 Stunden landeten 20000 Fallschirmjäger der 2. FJD auf dem Flugfeld Pratica di Mare südlich von Rom. Student und Skorzeny gingen auf die Suche nach dem Duce. Das Unternehmen „Eiche“ hatte begonnen.

Auch in Deutschland geisterte die Suche nach Mussolini durch die folgenden Lagebesprechungen. Deutsche Truppen rückten nach Oberitalien ein.

Am 4. Aug. 1943 erhielt der Ob. d. M. durch Kpt. z. S. Bramesfeld, den Chef des Stabes des deutschen Marinekommandos Italien, den Lagevortrag. KAdm. Meendsen-Bohlken, der vorgesehen war, für VAdm. Ruge einzuspringen, wenn dessen Nierenkrankheit sich weiter verschlechtern sollte, war ebenfalls anwesend. Es ging hier in erster Linie um die Räumung von Sizilien und Sardinien.

In zweiter Linie, aber doch gleich wichtig wurde der Fall „Achse“ behandelt. GA Dönitz wies darauf hin, daß für die Besetzung der Häfen und Kriegsschiffe, die von Heerestruppen durchgeführt werden sollte, zumindest „Pilottrupps“ der Kriegsmarine gestellt werden müßten.

„Auch die kleinsten Kommandos der Kriegsmarine“, erklärte Dönitz, „müssen sich darauf einstellen, daß sie bei ernster Entwicklung unseres Verhältnisses zu Italien selbständig das Äußerste für uns herausholen und sich bis zum letzten Mann für die Ehre der Flagge einsetzen.“

Das war die typische Haltung des Ob. d. M., und er durfte sicher sein, daß jeder Trupp diesen Befehl befolgen würde.

Am 9. und dann wieder am 11. Aug. war Dönitz Hitlers

Gast beim Frühstück. Während beim erstenmal Dr. Goebbels und von Ribbentrop dabei waren, saßen am 11. Aug. neben von Ribbentrop auch Himmler, Rommel und Jodl mit an der Tafel.

An diesem Tage wurde Dönitz auch zum Abendessen eingeladen. Im Anschluß an die darauffolgende Lagebesprechung traf sich ein kleiner Kreis von Eingeweihten, um über „Eiche“, die Befreiung Mussolinis, zu sprechen. Anwesend waren neben Hitler noch GA Dönitz, Himmler, v. Ribbentrop, Jodl, Student, Wagner, Kpt. z. S. von Kamptz, von Puttkamer und Scherf. Hitler entschied, daß General Student die Gesamtleitung der Mussolinibefreiung übernehmen solle. Die Seestreitkräfte sollte Kpt. z. S. von Kamptz führen, da man ja der Ansicht war, daß Mussolini auf einer der Inseln vor oder nördlich Neapel verborgen gehalten werde. So wurde abwechselnd Ventotene und Ponza, dann aber auch Maddalena genannt.

Diese Dinge beanspruchten Hitler stark. Anders Dönitz, der neben diesen Fakten auch die weitere U-Boot-Kriegführung, den Einsatz der Überwasserstreitkräfte und die vielen Versorgungsfahrten zu überlegen hatte. Eines seiner Anliegen in dieser Zeit war es, die durch die Terror-Luftangriffe vom 24. bis 30. Juli 1943 auf Hamburg stark bedrückten Menschen dieser Stadt und vor allem die Arbeiter in den Werften aufzumuntern.

Immerhin waren in der Operation „Gomorrha“ eine Reihe schwerster Luftangriffe gegen die Hansestadt geflogen worden, die 30482 Tote forderten, 277330 Wohngebäude völlig vernichteten und 580 Industriebetriebe zerstörten. Im Hafen waren Handels- und Hafenfahrzeuge mit 180000 Tonnen versenkt worden. 24 Krankenhäuser, 277 Schulen und 58 Kirchen waren ein Raub dieses Vernichtungsschlages geworden.

Dönitz sprach zu den Werftarbeitern. Aufgrund seines dortigen Eindrucks und der vielen ihm zugehenden Nachrichten und Meldungen drang er am 19. Aug. in Hitler, zum deutschen Volk zu sprechen, weil dies bei der augenblicklichen Krisenlage notwendig sei und das ganze deutsche Volk sich danach sehne.

Hitler erklärte sich einverstanden, nach Abschluß der schwebenden italienischen Frage im Rundfunk zu sprechen.

Die Metox-Krise

In dieser schwierigen Lage erhielt GA Dönitz die Meldung eines Funkmeß-Lehrtrupps der Marinegruppe West. Dieser hatte in Zusammenarbeit mit dem Fliegerführer Atlantik vor Bordeaux Versuche mit dem Metox-Gerät durchgeführt. Dies war ein Beutegerät aus Frankreich, das in U-Boote eingebaut wurde, mit dem Zweck, diese vor feindlicher Ortung zu warnen.

Diese Versuche waren nicht zufällig angestellt worden, sondern Dönitz waren von sachkundiger Seite Warnungen zugegangen, die Eigenstrahlung dieses Gerätes sei derart, daß beispielsweise Flugzeuge, die in 500 m Höhe flogen, das Gerät bereits aus einer Entfernung von 12 Seemeilen, bei einer Flughöhe von 2000 Meter aber schon aus 25 Seemeilen Distanz orten könnten.

Es bahnte sich die fürchterliche Erkenntnis an, daß alle U-Boot-Verluste in den vergangenen Monaten durch die Eigenstrahlung dieser Metox-Geräte entstanden sein konnten. Das Warngerät war also zur Todesfalle geworden.

Unmittelbar nach den ersten Meldungen ließ Großadmiral Dönitz auf allen U-Booten nach Metox-Geräten fahnden. Als er Sicherheit darüber hatte, daß tatsächlich auf allen verlorengegangenen Booten solche Geräte installiert gewesen waren, ließ Dönitz die Metox-Benutzung strikt verbieten. Seine Spezialisten bestätigten die Eigenstrahlung.

Dieses Metox-Gerät war ein Jahr vorher als Funkmeß-Beobachtungsgerät FuMB zum Empfang feindlicher Ortungsimpulse in die U-Boote eingebaut worden. Der Chef des Marinenachrichtendienstes, KAdm. Stummel, hatte seinerzeit erklärt, daß mit diesem Gerät, das als französisches Beutegerät verfügbar war, die Ortungsimpulse des Gegners früher von einem U-Boot empfangen würden, als dieser das Boot orten könne.

Admiral Dönitz, seinerzeit noch allein BdU, ließ nach reiflicher Überlegung zwei Tage später das FuMB als am schnellsten verfügbare Hilfe zum Einbau in U-Boote fertigmachen.

Mit dem ,,Biskayakreuz" als Antenne ausgestattet sollte nun das Metoxgerät eine Ortungshilfe für die U-Boote werden.

Offiziere meldeten Dönitz knapp ein Jahr später, daß das Gerät die reinste U-Boot-Falle sei. Dönitz wollte dies nicht glauben und wies zunächst die Anklagen, die gegen KAdm. Stummel und seine Helfer erhoben wurden, zurück. Dann erhob die Marineführung Anklage wegen Beleidigung deutscher Seeoffiziere gegen den Anzeiger. Die Forderung nach einem Gerichtsverfahren ging von Admiral Dönitz aus. Damit wollte der BdU die Sache in Gang setzen, denn anders herum wäre es zu keinem Verfahren gekommen.

Beim Kriegsgerichtsverfahren gegen den Anzeiger dieser Tragödie mußte auch KAdm. Stummel auf dem Zeugenstuhl Platz nehmen. Schließlich hatte er ja den Metox-Empfänger einbauen lassen und konnte sicherlich darüber etwas sagen. Er wurde vom Gerichtsvorsitzenden aufgefordert, die Wirkungsweise des Ortungsgerätes genau zu erklären.

Als KAdm. Stummel dem Gericht erklärte, daß das Metox-Gerät eine sog. Superhetschaltung habe, einen kleinen Sender, dessen unabänderliche Konstruktions-Frequenz sich mit derjenigen des jeweiligen Funkempfangs mische, so daß der Empfang der Differenz zwischen diesen beiden Frequenzen eine hervorragende Trennschärfe ermögliche, horchte ein Mann im Gericht auf. Es war ein Frontoffizier der U-Boot-

Waffe. Er stellte als Beisitzer dieses Kriegsgerichtes dem Zeugen die entscheidende Frage:

,,Dann war also der kleine Sender in den Geräten seiner festen Frequenz nach der gleiche wie diejenigen Sender, die in allen britischen Funkgeräten eingebaut sind. Gab es denn auch einen nicht strahlenden Sender?"

,,Nein", lautete die Antwort von KAdm. Stummel.

,,War also dann mit jedem Einschalten des Metox-Gerätes der kleine Sender zwangsläufig mit eingeschaltet?" ,,Ja, selbstverständlich!" erwiderte KAdm. Stummel. Und nun explodierte der U-Boot-Offizier.

,,Mit einem solchen Sender zur See zu fahren, haben Sie also den U-Booten zugemutet? Ist das nicht für die U-Boote das gleiche gewesen, als ob sie mit Scheinwerfern, die nach allen Seiten leuchten, zur See gefahren wären?"

Als man dann den von nun an schweigenden KAdm. fragte, ob er denn gewußt habe, daß die U-Boote mit dem Einschalten ihres Metox-Gerätes ahnungslos in den britischen Funkverkehr hineingesendet hätten und natürlich auch in die Funkmeßgeräte englischer Flugzeuge hineinstrahlten, sagte Stummel: ,,Ja, das habe ich gewußt!"

Damit hatte sich dieser Konteradmiral ohne jeden Zweifel in den Augen der Marineoffiziere des Kameradenmordes schuldig gemacht. (Siehe dazu: Jäckel, Ernst, in: Biologische Zukunft, Hamburg 1973, Folge 4, S. 2 ff.)

Die Verwendung des Metox-Gerätes, das war nun auch GA Dönitz klar geworden, hatte den Untergang vieler U-Boote herbeigeführt.

Das spurlose Verschwinden deutscher U-Boote war jetzt geklärt. In diesen Tagen der erschütternden Gewißheit wirkte GA Dönitz wie versteinert. Auch sein eigener Sohn war auf einem mit Metox ausgerüsteten U-Boot gefallen. Ebenso die vielen Kameraden, die vielen Kommandanten, die er alle persönlich kannte und die in ihm ihren Vater sahen. Aber auch diesmal, in einer der finstersten Stunden nach der ebenso dramatischen Torpedomisere vor Norwegen, war Dönitz der Mann, der Farbe bekannte. So stand er denn am 19. Aug. 1943 vor Hitler und meldete:

„Mein Führer, es ist durch die Überprüfung der vorjährigen Erprobungsergebnisse festgestellt worden, daß der Metox, jenes Gerät, das die U-Boote vor feindlicher Ortung warnen sollte, die Boote an den Gegner verriet. Der Metox besitzt, wie wir erst jetzt wissen, eine starke Abstrahlung, die wie ein Peilzeichen wirkt und vom Gegner als Wegweiser zu unseren Booten benutzt wird.

Dies ist eine traurige und für uns tief beschämende Entdekkung. Rückwirkend läßt sich hieraus all das Unheimliche und Ungeklärte erklären, z. B. das Umgehen der U-Boot-Aufstellung durch die Geleitzüge, die eigenen Bootsverluste im freien Seeraum und der Umstand, daß die Verluste an Geleitzügen trotz der U-Boot-Massierungen geringer waren. Denn am Geleitzug wurde der Metox abgestellt. Die Zukunft muß lehren, ob die Annahme gerechtfertigt ist, daß der Metox für die Mehrzahl unserer Verluste verantwortlich gemacht werden muß."

Hitler hatte den Ausführungen des Ob. d. M. mit größter Aufmerksamkeit gelauscht. „Ich glaube, Herr Großadmiral", erwiderte er nach langer Pause, „daß die Theorie, die Sie soeben vorgetragen haben, den Schlüssel für so viele unerklärbare Verluste liefert. Mit diesen Erkenntnissen sind wir aber einen großen Schritt weitergekommen. Wir müssen nun weiterforschen."

Einige Tage später befand sich Großadmiral Dönitz abermals am Atlantik. Der Führer der U-Boote West, Kpt. z. S. Rösing, dem alle im Westen stationierten Flottillen unterstanden, hatte alle Flottillenchefs zusammenrufen lassen. Ihnen berichtete Dönitz, was geschehen war. Auch hier sagte er die ungeschminkte Wahrheit. Er erklärte, daß der Metox nunmehr von der „Wanze" ersetzt werde, daß dieses Gerät nach genauesten Untersuchungen zwar nur ein Fünftel der Strahlung des Metox-Gerätes habe, daß es dennoch nur mit größter Vorsicht zu verwenden sei. Er stellte den neuen T 5-Torpedo, den Zaunkönig oder „Zerstörerknacker", in Aussicht, von dem Minister Speer 85 Stück vorab hatte fertigen lassen.

Im Anschluß daran bat Dönitz alle Kommandanten, die daheim waren, zu einem Gespräch zu sich. Er erklärte ihnen, worum es ging, und bat sie, nacheinander nach Berlin zu kommen, um mit KKpt. Heßler und Kptlt. Schnee in der Operationsabteilung des BdU in Berlin die neuen Angriffsmöglichkeiten und Taktiken zu besprechen.

Ende August liefen 1943 die ersten U-Boote mit jeweils vier Zaunkönigen in den Rohren zum Geleitzugskampf aus.

Den 31 Bootsverlusten im Juni und den noch 15 Bootsverlusten im Juli 1943 standen von nun an bis zum Mai 1944 nur jeweils zwei Verluste im Monat gegenüber. Dennoch mußte GA Dönitz Ende August 1943 eine Jahres-Verlustbilanz ziehen, die erschreckend hoch war.

Vom 1. Sept. 1942 bis zum 31. Aug. 1943 waren 239 U-Boote untergegangen. Im Jahr zuvor waren es 60 Boote gewesen und im zweiten Jahr des Krieges nur 19.

U-Boot-Einsatz in fernen Gewässern 1943

Als die großen U-Boote des Typs IX D 2, die einen Aktionsradius von 23 700 Seemeilen hatten, frontreif waren, liefen ab dem 12. Sept. 1942 die ersten drei Boote dieses Typs zur Feindfahrt zum Großraum Kapstadt-Madagaskar in den Indischen Ozean aus.

Alle drei Boote erzielten Erfolge. U 181 unter Kptlt. Lüth versenkte auf dieser Feindfahrt, die bis zum 18. Jan. 1943 dauerte, zwölf Schiffe mit insgesamt 58 000 BRT. U 177 unter Kptlt. Gysae kam auf acht Versenkungen mit runden 49 000 BRT, und U 178, Kptlt. Dommes, konnte sechs Schiffe mit 47 000 BRT versenken.

Die nächste Feindfahrt der großen Boote begann für U 181 unter seinem Kommandanten Lüth am 23. März 1943, also mitten in der Zeit der großen Geleitzugsschlachten. Der Einsatzraum war die See zwischen Südafrika und Madagaskar. Mit U 181 machten sich noch in kurzen Abständen zueinander U 177, Kptlt. Gysae, U 195, Kptlt. Steinfeld, U 196, Kptlt. Kentrat, U 197, Kptlt. Bartels, und U 198, FKpt. Hartmann, auf diese lange Reise, die die längste Feindfahrt des Zweiten Weltkrieges werden sollte.

Übrigens war U 196 bereits am 13. März 1943 von Kiel ausgelaufen.

Auf einem bestimmten Treffpunkt stand der Versorger „Charlotte Schliemann", an dem die großen Boote der Reihe nach versorgten und hier nicht nur die Ölvorräte, sondern auch Proviant und Torpedos übernahmen.

Noch früher aber war FKpt. Hartmann ausgelaufen. Von 9. März 1943 an stand er mit U 198 in See. Inzwischen zum Kpt. z. S. befördert, brachte er sein Boot nach genau 200 Seetagen mit acht Versenkungswimpeln am ausgefahrenen Sehrohr in die Heimat zurück.

Korvettenkapitän Lüth erhielt auf See am 15. April 1943 die Schwerter zum Ritterkreuz mit Eichenlaub. Mit U 196 wurde auch U 181 Ende August 1943 zur Suche nach U 197 angesetzt. Doch die beiden Boote konnten dem Kameradenboot nicht mehr helfen, denn dieses war bereits am 20. Aug. 1943 südlich Madagaskar durch britische Flieger der Geschwader 259 und 265 versenkt worden.

Als U 181 am 14. Oktober 1943 wieder in Bordeaux eintraf, hatte das Boot an 206 Tagen ununterbrochen in See gestanden, und auf dieser zweitlängsten Einsatzfahrt eines U-Bootes überhaupt zehn Schiffe mit insgesamt 45 333 BRT versenkt. Damit hatte U 181 auf seinen beiden weiten ozeanischen Feindfahrten 22 Schiffe mit 103 712 BRT versenkt, eine einmalige Leistung. Am 11. August hatte Wolfgang Lüth in See die Brillanten zum Ritterkreuz mit Eichenlaub und

Schwertern erhalten. Auf den Booten U 9, U 138, U 43 und U 181 hatte dieser U-Bootsoffizier in insgesamt 15 Feindfahrten 44 Schiffe mit 253 583 BRT sowie einen Zerstörer und ein U-Boot versenkt und zwei große Schiffe torpediert.

Als letztes Boot dieser Gruppe machte U 196 am 23. Oktober 1943 wieder in Bordeaux fest. Es hatte die längste Feindfahrt des Zweiten Weltkrieges und sicherlich auch die längste Feindfahrt der gesamten U-Bootsgeschichte unternommen und war 225 Tage in See gewesen.

Als der Autor Großadmiral Dönitz im Herbst 1962 auf diese Leistungen hin befragte, antwortete der ,,Große Löwe":

,,Was die Kommandanten und Soldaten dieser Boote für weite ozeanische Verwendung leisteten, ist heute überhaupt nicht zu ermessen. Sie nahmen das Eingeschlossensein auf engstem Raum für mehr als sieben Monate auf sich, standen in einem gnadenlosen Ringen Tag und Nacht gegen viele Feinde zu Wasser und aus der Luft, immer auf sich allein gestellt in der unendlichen Weite der See, so daß eine Rückkehr immer wieder wie ein Wunder erschien.

Wenn sie zurückkehrten, dann waren sie am Ende ihrer Kraft. Ich erinnere mich gut an den tapferen Korvettenkapitän Eitel-Friedrich Kentrat, der die längste Feindfahrt des Krieges unternahm. Nur wenige Monate später lief er mit seinem Boot zu einer weiteren Feindfahrt in den Indischen Ozean aus. Nach 130 Seetagen traf er in dem inzwischen errichteten Stützpunkt Penang ein. Der Kommandant war durch diese 375 Seetage in wenig mehr als eineinhalb Jahren am Ende seiner Kraft. Völlig nachtblind geworden, mit gefährlich gesunkenem Blutdruck und aus Erschöpfung an völliger Schlaflosigkeit leidend, hatte sich Kentrat mit unerhörter Selbstüberwindung bis zum Einlaufen in Penang aufrechterhalten.

Ich befahl eine Erholungszeit Kentrats in Japan und dann seine Rückkehr nach Deutschland. Da er aber keine Einschiffungsmöglichkeit mehr erhielt, übernahm Kentrat, notdürftig wiederhergestellt, den deutschen U-Boot-Stützpunkt in Kobe/

Japan bis Kriegsende. So wie er haben alle Kommandanten auf diesen großen Booten gekämpft und gelitten. Ehre ihrem Andenken."

Inzwischen hatte der Gegner seine Geleitzugfahrten durch das Nordmeer nach Murmansk wieder aufgenommen. Die Großkampfflotte sollte gegen diese Konvois zum Einsatz gelangen.

Inzwischen war aber der Fall „Achse" eingetreten, und alle Augen waren nach der bereits dargestellten Räumung von Sizilien auf das italienische Festland gerichtet. Vorab jedoch noch ein Wort zum Einsatz der ersten mit dem „Zerstörerknacker" ausgerüsteten U-Boote.

Mit dem „Zerstörerknacker" auf Feindfahrt

Insgesamt wurden von Juni bis Dezember 1943 im Indischen Ozean, im Roten Meer, im Persischen Golf und im Seeraum um Madagaskar, wo überall Schiffe mit wertvoller Ladung liefen, 57 Schiffe mit 337000 BRT versenkt. (Siehe Roskill, Capt.: „Royal Navy".) Der BdU konnte Ende August 1943 auch die ersten mit dem „Zerstörerknacker" ausgestatteten Boote aus den Atlantikhäfen zum Einsatz verabschieden. Diese Boote liefen getaucht aus. Boote aus Norwegen und deutschen Stützpunkten schlossen sich an. Diesmal ging kein einziges Boot in der U-Boot-Falle Biskaya verloren.

In der Nacht zum 20. Sept. wurde der erste Geleitzug gesichtet. Es war der ON 202. An diesem Konvoi entbrannte der U-Boot-Kampf mit aller Macht; er erinnerte in Ansatz und Durchführung, leider nicht im Ergebnis an die Rudelschlachten des März 1943. Kurz nach der Sichtung des ersten Konvois wurde im gleichen Seegebiet ein zweiter entdeckt; es war der ONS 18, der mit 28 Schiffen am 12. Sept. aus Milford Haven ausgelaufen war, während der bedeutend schnellere ON 202 drei Tage später Liverpool verlassen hatte. Beide Geleite standen am 20. Sept. nur noch 30 Seemeilen voneinander entfernt und boten ein ideales Doppelziel für die U-Boote.

Der Angriff begann am Morgen dieses 20. Sept. 1943 mit dem ersten Anlauf von U 270. Das Boot torpedierte die Fregatte „Lagan". Dieser Erfolg war der erste eines Zaunkönigs im Kriege. Der T 5 hatte akustisch sein Ziel gesucht und gefunden. Die „Lagan" mußte eingeschleppt werden. Als nächstes Boot griff U 260 an, doch ohne ersichtlichen Erfolg. U 238 unter Kptlt. Hepp erzielte um 9.32 Uhr dieses Tages zwei Treffer. Die 7176 BRT große „Theodore Dwight Weld" sank. Das zweite 7000 BRT große Schiff wurde eingeschleppt.

U 305 schoß auf den Zerstörer „St. Croix", der getroffen wurde. Am Abend dieses Tages schoß Kptlt. Bahr mit U 305 auf einen weiteren Zerstörer. Es war, wie sich später herausstellte, abermals die „St. Croix", die nunmehr sank. Eine Fregatte wurde von U 305 torpediert. In der Zwischenzeit hatte Oblt. d. Res. Ferro mit U 645 ebenfalls einen Dampfer von über 7000 BRT versenkt.

Die Fregatte „Polyanthus" wurde von U 952 versenkt. U 229, U 641, U 377, U 270 und U 584 kamen nacheinander mit ihren T 5 zum Schuß. Mehrere Treffer wurden gehorcht. Die nächsten zwei Tage vergingen in ständigen Angriffen. Aber erst am frühen Morgen des 23. Sept. ging die Fregatte „Itchen" durch T 5-Treffer auf Tiefe. Danach konnte U 238 unter Kptlt. Hepp in einem großartigen Anlauf die ganze Chargierung des Bootes, und zwar 2 T 3, 2 FAT und 1 T 3, als verbundene Einzelschüsse abfeuern. Vier Schiffe wurden getroffen, von denen drei mit 15780 BRT sanken. U 952 versenkte die „Steel Voyager" und torpedierte die „James Gordon Bennett."

Als nach vier Tagen des härtesten Einsatzes, bei dem die U-Boote durch den dichten Nebel heranschließen konnten, der Angriff auf diese beiden Konvois abgebrochen wurde, hatten die U-Boote sechs Dampfer mit 36422 BRT versenkt und die Vernichtung von zwölf Zerstörern oder Fregatten durch den neuen Horchtorpedo gemeldet. Die Mehrzahl dieser Versenkungsmeldungen erwies sich jedoch als Endstrekkendetonierer. Aufgrund dieser Meldungen wurde die Wirkung des „Zaunkönigs" zu optimistisch beurteilt. Drei Sicherungsfahrzeuge wurden wirklich versenkt, ein viertes, die „Lagan", so schwer beschädigt, daß sie während des Krieges nicht mehr in Fahrt kam.

U 338 unter Kptlt. Kinzel wurde durch eine Liberator versenkt. Auch U 229 unter Oblt. z. S. Scheteling ging verloren. Das Boot wurde von dem Zerstörer „Kerpel" mit Rammstoß vernichtet.

Im Monat Oktober erzielten nur einzelne Boote Erfolge. U 378 versenkte den Zerstörer „Orkan". Insgesamt wurden nur elf Schiffe versenkt.

Der November sah nur sechs Versenkungserfolge, und im Dezember kam es zu weiteren Einzeleinsätzen mit einer Reihe Versenkungen großer Schiffe über 10 000 BRT. Es waren allerdings auch nur neun Versenkungen und zwei Torpedierungen.

Der Gegner hatte zur Bekämpfung der U-Boote ein gewaltiges Aufgebot bestellt. Die Geleitträger-Gruppen und die verstärkten Luftstreitkräfte konnten im September und Oktober 1943 25 U-Boote versenken. Es erwies sich bereits jetzt, daß die Grauen Wölfe auch mit neuen verbesserten Waffen und Geräten nicht in der Lage waren, die alte Rudeltaktik fortzusetzen. Die Geleitzugbekämpfung mit U-Boot-Rudeln mußte eingestellt werden. Dazu Großadmiral Dönitz:

„Wir konnten nur noch hinhaltend und so haushaltend wie möglich weiterkämpfen, um die Kräfte des Gegners zu binden. Der Druck auf die alliierten Seeverbindungen durfte nicht nachlassen. Er mußte auch mit einer genügend hohen Zahl von U-Booten erzeugt werden, denn nur die Furcht vor einer jederzeit möglichen Konzentrierung der Boote in U-Boot-Rudeln konnte den Gegner davon abhalten, die gegen die Boote eingesetzten Flugzeuge und Seestreitkräfte nicht zu vermindern und sie für andere Aufgaben zu verwenden."

Dementsprechend mußte Großadmiral Dönitz zu folgender Entscheidung kommen: „Der U-Boot-Krieg ist mit den vorhandenen Mitteln fortzuführen. Verluste, die zu den augenblicklichen Erfolgen nicht im Verhältnis stehen, müssen in Kauf genommen werden, so bitter sie auch sind."

Es gab keine anderen Kriegsmittel, die in der Lage gewesen wären, so viele Feindkräfte zu binden wie das U-Boot. So liefen sie weiter aus und setzten sich bei jedem Einsatz unter Todesgefahr ein. Ihre Kommandanten aber warteten auf das Fertigwerden der neuen Elektroboote, mit denen sie das totale U-Boot haben würden.

Der Bau der ersten Boote des Typs XXI und XXIII lief auf Hochtouren. In neuen Konstruktionsbüros für den U-Boot-Bau in Blankenburg im Harz entstanden die Zeichnungen, und bereits im Winter 1943 gingen die Bauaufträge an die Werften hinaus. Otto Merker, der Leiter des Hauptausschusses Schiffbau, wollte zum 1. Apr. 1944 das erste XXI-er Boot ausliefern, und noch im April dieses Jahres würden auch die ersten Boote des Typs XXIII verfügbar sein. Es sollte jedoch ganz anders kommen.

Im Führerhauptquartier

Umfall der Italiener

Nach den ersten Landungen der alliierten Streitkräfte auf dem italienischen Festland, beginnend am 3. Sept. 1943 bei Reggio und S. Giovanni, und der Landung weiterer Truppen bei Pizzo und Tarent sowie der Großlandung in den frühen Morgenstunden des 9. Sept. 1943 in der 42 km breiten Bucht von Salerno, hatte die 15. alliierte Heeresgruppe unter General Alexander mit 169000 Mann das Tor zur Festung Europa weit aufgestoßen.

Fast zeitgleich mit diesen letzten Landungen wurde der Abfall Italiens vom Achsenbündnis bekannt.

Am 8. Sept. nachmittags hatte General Eisenhower in Algier den Abschluß des Waffenstillstandes mit Italien bekanntgegeben. Sofort gab die deutsche Seite das Stichwort ,,Achse" aus. Doch die vom Ob. d. M. vorgeschlagenen Vorbeugungsmaßnahmen zur Sicherstellung der italienischen Flotte waren aus Gefühlsduselei nicht konsequent genug getroffen worden. Die italienische Flotte unter Führung von Admiral Bergamini lief aus La Spezia aus. Es waren die Schlachtschiffe ,,Roma", ,,Vittorio Veneto" und ,,Italia", die Kreuzer ,,Eugenio di Savoia" ,,Duca d'Aosta" und ,,Montecuccoli" sowie acht Zerstörer. Alle wären sie bei Durchführung der Maßnahmen von GA Dönitz in deutschen Besitz übergegangen.

Diese Flotte vereinigte sich auf See mit den gleichzeitig aus Genua ausgelaufenen Kreuzern ,,Duca degli Abruzzi", ,,Garibaldi" und ,,Regolo" und dem Torpedoboot ,,Libra".

Es wurde, nachdem das Überlaufen dieser Flotte zum Feind sicher war, ein sofortiger Angriff befohlen. Am Nachmittag des 9. Sept. wurden elf Do 217 der III./KG 100 angesetzt. Von Istres bei Marseille startend, stellten sie den Schiffsverband westlich der Bonifazio-Straße und griffen diesen mit den neuen Gleitbomben FX 1400 an. Oblt. Schmetz erzielte einen Volltreffer auf dem Schlachtschiff ,,Roma". Das Prunkschiff der italienischen Marine sank. Das Schlachtschiff ,,Italia" erhielt mehrere Treffer, blieb aber schwimmfähig.

Die beiden aus Castellamare kommenden Zerstörer ,,Da Noli" und ,,Vivaldi" wurden in der San Bonifazio-Straße durch Küstenartillerie beschossen und gingen durch Artilleriefeuer und Minendetonationen unter.

Am 9. Sept. lichteten auch die in Tarent liegenden Verbände der italienischen Marine die Anker. Unter Führung von Admiral Da Zara liefen von hier aus die Schlachtschiffe ,,Andrea Doria" und ,,Caio Duilio", die Kreuzer ,,Cadorna" und ,,Pompeo Magno" sowie der Zerstörer ,,Da Recco" in Richtung Malta.

In den von deutschen Truppen besetzten Häfen wurden die dort liegenden Schiffe der Italiener durch ihre Besatzungen selbst versenkt. Allerdings konnten hier einige Torpedoboote, Torpedobootszerstörer und Kleinfahrzeuge sichergestellt werden. Doch die Absicht des Ob. d. M., sich aller Schiffe Italiens zu versichern und sie unter deutscher Flagge in Dienst zu stellen, mißlang.

Es gelang den deutschen Truppen, die italienischen Divisionen zu entwaffnen und auch Rom zu halten, was nicht ohne Komplikationen vor sich ging. Doch die 2. Fallschirmjäger-Division brachte auch dieses Kunststück fertig.

Der Befehl zum Auslaufen der Flotte aus La Spezia war von dem neuen italienischen Marineminister Admiral de Courten gegeben worden.

Alle diese Ereignisse wurden im FHQ eingehend besprochen, und GA Dönitz reiste am 10. Sept. 1943 ins Führerhauptquartier, um während der Lagebesprechungen über den ersten größeren Einsatz deutscher Schiffe Vortrag zu halten.

Es handelte sich um das Spitzbergen-Unternehmen, das vom 6. bis 9. Sept. 1943 von einer Kampfgruppe mit dem Schlachtschiff ,,Tirpitz", dem Schlachtkreuzer ,,Scharnhorst" und den Zerstörern Z 27, Z 29, Z 30, Z 31, Z 33, „Erich Steinbrinck“, „Karl Galster“, „Theodor Riedel“ und „Hans Lody“ durchgeführt wurde. Die Führung des Unternehmens hatte Admiral Kummetz. Ziel des Überraschungsschlages war die Vernichtung der englischen Stützpunkte Barentsburg, Grönfjord und Adventsbucht auf Spitzbergen und die Ausschaltung von Küstenbatterien.

Die englischen Stützpunkte wurden durch die Großkampfschiffe zerschossen, während die Zerstörer sich am Niederkämpfen der Landbatterien beteiligten und anschließend einen Kommandotrupp an Land setzten, der die Vorrats- und Versorgungslager des Gegners sprengte.

Danach referierte Dönitz über Stand und Absichten des U-Boot-Krieges. Er konnte melden, daß nach der Ausschaltung des Metox-Gerätes und Einführung des neuen Hagenuk-Gerätes die Verluste stark gesunken waren.

Am 10. Sept. sprach Dönitz mit Reichsmarschall Göring, um eine bessere Unterstützung der U-Boot-Waffe durch Luftaufklärung zu erreichen. Göring sagte den Einsatz von Ju 290 zu, sowie diese fertiggestellt seien.

Sowohl zum Mittagessen als auch zum Abendessen des 10. Sept. saß Dönitz an der Führertafel. Das Mittagessen des 11. Sept. sah ihn ebenfalls bei Hitler eingeladen, der die offene Art des Ob. d. M. sehr schätzte. Von 20 Uhr bis 23.30 Uhr war Dönitz mit seiner Begleitung, dem Chef der 1. Skl, dem Chef des Marine-Personalamtes und seinem Adjutanten Gast im Quartier des Reichsführers SS und Reichsministers Heinrich Himmler.

Um 12.30 Uhr schloß sich am 12. Sept. noch eine Lagebesprechung beim Führer an, ehe Dönitz mit seinem Stab nach Berlin flog. So erlebte er auch nicht die triumphale Heimkehr der Mussolini-Befreier, denen es gelungen war, den Duce auf dem Gran Sasso zu finden und zu befreien.

Als Großadmiral Dönitz am 24. Sept. 1943 seine Lagemeldung über die vorher geschilderten Einsätze der deutschen U-Boote im Nordatlantik abgab, wies Hitler mit bis dahin noch niemals so eindeutig vorgebrachter Entschiedenheit auf die enorme Bedeutung des U-Boot-Krieges hin, der nach seinen Worten „die einzige Entlastung der derzeitigen schwierigen Gesamtlage darstellt." Er betonte, daß man die Führung des U-Boot-Krieges mit allen Mitteln verstärken müsse. Dazu sei der U-Boot-Bau weiter hochzuziehen.

In der Wolfsschanze war GA Dönitz nunmehr ein oft gesehener Gast. Immer wieder stand er vor der Frage, wie er die bescheidenen Mittel der Kriegsmarine optimal einsetzen könnte.

Am 27. Okt. beispielsweise ging es darum, ob und wie es möglich sei, die von deutschen Truppen besetzte Krim zu räumen, und wie lange Zeit dies beanspruche.

Um diese Frage ausführlich beantworten zu können, hatte Dönitz alle Daten der im Schwarzen Meer vorhandenen leichten Seestreitkräfte zusammentragen lassen. Es waren dies acht Schnellboote, zwölf Räumboote, etwa 60 Marine-Fähr-Prähme und sechs Marine-Artillerie-Leichter. Drei U-Boote kamen hinzu, und ein viertes sollte in den nächsten Tagen einsatzbereit sein.

An der großen Karte des Seegebietes Schwarzes Meer erläuterte Dönitz die Lage. Er kannte die Zahlen der Feindflotte ebenso wie die Zahl der auf deutscher Seite für Evakuierungen in Frage kommenden Handels- und Motorschiffe. Aus alledem ergab sich für den Ob. d. M., daß bei Einsatz aller Schiffe mit einer Fahrt 20000 Menschen von der Krim evakuiert werden könnten, was bei einer dortigen Truppenstärke von 200000 Mann zehn Fahrten erforderlich mache.

Hitler betonte in seinen Ausführungen über die Krim, daß eine Aufgabe der Halbinsel schwere Zeiten für die rumänischen Erdölraffinerien bringen würde. Allerdings räumte er auch ein, daß Räumungsvorbereitungen getroffen werden müßten. Unter Einrechnung von Schlechtwetterlagen würde nach GA Dönitz eine Räumung der Halbinsel 80 Tage dauern.

Auch diesmal sah GA Dönitz seine Hauptaufgabe darin, Hitler und seinen Stab objektiv und so genau wie möglich über die Lage auf der Krim und die Möglichkeiten einer Räumung zu unterrichten.

Am 25. und 26. Nov. waren Dönitz und Göring im FHQ Wolfsschanze gemeinsam mit dem Chef des OKW, GFM Keitel, anwesend, um Hitlers Ausführungen über die Beschaffung weiterer Truppen zu hören. Während Göring erklärte, daß aus den rückwärtigen Diensten der Luftwaffe noch mehr Menschen „auszukämmen“ seien, betonte Dönitz, daß die Marine lediglich über 69000 Soldaten rückwärtiger Dienste verfüge, die größtenteils notwendig seien. Dennoch hoffe er, etwa 30000 Mann aus der Verwaltung einsparen zu können. Als Ergebnis dieser Besprechung erhielt GFM Keitel den Führerbefehl, eine entsprechende Führerweisung aufzustellen.

Am 19. Dez. traf GA Dönitz abermals in der Wolfsschanze ein. In mehreren Besprechungen und einer Unterredung unter vier Augen mit dem Führer kamen vor allem Marinefragen zur Klärung. Dönitz gab Hitler einen Überblick über die augenblickliche Lage der U-Boot-Waffe und des U-Boot-Einsatzes, wobei er wieder auf die Notwendigkeit einer weitreichenden Fernaufklärung hinwies. Der Großadmiral erklärte klipp und klar:

„Aus einem neuen U-Boot-Krieg mit den besseren Typen im Jahre 1944 kann nichts werden, wenn keine Aufklärung vorhanden ist, da ja die Taktik des U-Boot-Krieges infolge der gegnerischen Überlegenheit auf See mehr und mehr unter Wasser verlegt werden muß und die Boote demzufolge immer weniger sehen können.“

Hitler sagte zu, daß die neu gefertigten Ju 290 ausschließlich für Fernaufklärung der U-Boot-Waffe eingesetzt werden sollten. Er wolle mit Göring darüber sprechen.

Zum Abschluß seiner Besprechung meldete Dönitz: ,,Mein Führer, ich beabsichtige, mit ‚Scharnhorst' und den Zerstörern der Kampfgruppe den nächsten PQ-Geleitzug anzugreifen, wenn sich Erfolgsaussichten bieten." Hitler stimmte diesem Vorhaben zu.

Untergang der ,,Scharnhorst"

Nach dem Einsatz der beiden Schlachtschiffe und der Geleitzerstörer bei Spitzbergen hatten die Seestreitkräfte im hohen Norden weitere Minenunternehmungen durchzuführen. So lief die 4. Zerstörer-Flottille am Abend des 27. Okt. 1943 aus dem Alta-Fjord aus, um unter Führung von Kpt. z. S. Johannesson eine dreiteilige Minensperre vor Kanin Noss am Ausgang des Weißen Meeres zu legen. Am Nachmittag des folgenden Tages erhielt der Verband einen Funkspruch des Admirals Nordmeer, den Einsatz abzubrechen und in den Alta-Fjord zurückzukehren. Ein deutscher Seeaufklärer hatte in der Nähe des Einsatzgebietes zwei feindliche Kreuzer mit neun Zerstörern gesichtet, gegen die Johannessons wenige Zerstörer keine Chance hatten.

Die Kampfgruppe Nordmeer unter KAdm. Bey lag zu dieser Zeit im Altafjord. Am 17. Nov. 1943 verlegte die 6. Z.-Flot. unter Kpt. z. S. Kothe nach Süden, nur die 4. Z.-Flot. blieb zurück. Sie bestand aus den Booten Z 29, Z 30, Z 33 und Z 34. Ihr besonderer Auftrag war, die ,,Scharnhorst" zu sichern und bei einem Kampfauftrag, wie GA Dönitz ihn Hitler in Aussicht stellte, mit auszulaufen.

Dieser Auftrag erfolgte am 24. Dez. 1943. Die ,,Scharnhorst" sollte den Konvoi JW 55B angreifen und möglichst viele Handelsschiffe vernichten, die Waffen und Fahrzeuge in die UdSSR brachten.

Nachdem der Konvoi bereits am 24. Dez. von Seeaufklärern und U-Booten gesichtet worden war, lief die Kampfgruppe am 25. Dez. aus. Um 9 Uhr passierten „Scharnhorst", Kpt. z. S. Hintze, Z 38, KKpt. Brutzer, Z 29, KKpt. Mutius, und Z 34, KKpt. Hetz, die Netzsperre des Langfjords. Als sie in den Altafjord einschwenkten, schlossen sich Z 30, KKpt. Lampe, und Z 33, Kpt. z. S. Holtorf an. An Bord der „Scharnhorst" war KAdm. Bey als Kampfgruppenchef eingeschifft, während Kpt. z. S. Johannesson auf Z 29 eingestiegen war.

Über Stern-Sundet und Lapphavet erreichte der Verband die offene See. Ein aus Süd wehender Sturm mit Stärken 8 und 9 empfing ihn hier, während die See mit Stärken 7 und 8 von achtern auflief. Z 29 lief als Führerzerstörer vor der „Scharnhorst" an der Spitze des Verbandes; jeweils zwei Zerstörer standen als U-Boot-Sicherung an Back- und Steuerbord. Mit 25 Knoten Marschfahrt steuerte die KGr. dem Kollisionspunkt mit dem Geleitzug entgegen.

Die Fernsicherung dieses Geleitzuges bestand aus der britischen Force 2 mit dem Schlachtschiff „Duke of York", dem Leichten Kreuzer „Jamaica" und vier Zerstörern. Admiral Fraser, C-in-C der Home Fleet, befand sich an Bord des Schlachtschiffes.

Am Konvoi selber fuhr die Force 1 mit zehn Zerstörern und zwei Korvetten. Außerdem operierte in der Barentsee eine weitere Deckungsgruppe mit drei Kreuzern.

Am Morgen des 26. Dez. lief der deutsche Verband etwa 115 sm südostwärts der Bäreninsel. KAdm. Bey vermutete um 6.30, Uhr, daß er 30 km ostwärts vom Konvoi entfernt war.

Die Zerstörer erhielten Weisung, einzelbootweise im Aufklärungsstreifen in Richtung des Anmarschweges des Konvois zu laufen.

Um 7.30 Uhr erschollen auf der „Scharnhorst" die Alarmglocken. Es gab „Klarschiff zum Gefecht!" Die Zerstörer sichteten kurz darauf Leuchtgranaten aus Richtung des

„Scharnhorst"-Standortes. Dies wurde von dem deutschen Schlachtkreuzer bestätigt:

„Von feindlichen Kreuzern beschossen!" Es waren drei Kreuzer der Deckungsgruppe aus der Barentsee.

Mit den ersten Salven des Gegners wurde bereits das vordere Funkmeßgerät der „Scharnhorst" zerstört. Damit war das Schlachtschiff nach vorn praktisch blind.

Um 11.58 Uhr gab KAdm. Bey den Zerstörern Befehl, auf den Konvoi zu operieren. Die Zerstörer liefen in Richtung Konvoi ab, und eine halbe Stunde darauf stieß die „Scharnhorst" zum zweitenmal auf jene drei Kreuzer, die von VAdm. Burnett geführt wurden.

In dem folgenden Gefecht gelang es der „Scharnhorst", den Kreuzer „Norfolk" mit zwei schweren Treffern zu beschädigen. Sie selbst erhielt diesmal keinen Treffer und lief wenig später in der sehr früh beginnenden Winternacht in Richtung auf die norwegische Küste ab.

Die 4. Z.-Flot. erhielt um 13.43 Uhr den Befehl: „4. Z.-Flot. abbrechen!" Als Kpt. z. S. Johannesson anfragte, ob die Suche oder die gesamte Operation abgebrochen werden solle, erhielt er die Weisung: „Einlaufen!"

Mit 12 kn Fahrt ging die 4. Z.-Flot. auf Südkurs und nahm unterwegs immer neue Meldungen auf, aus denen hervorging, daß sich die „Scharnhorst" im Gefecht befand.

Der Führer der 2. Skl, KAdm. Godt, beorderte die aus acht U-Booten bestehende Gruppe „Eisenbart" in den Gefechtsraum, und wenig später unterrichtete die Marinegruppe Nord die KGr.: „U-Boote und Zerstörer sind in Höchstfahrt auf das Gefechtsfeld befohlen!"

Sofort ließ Kpt. z. S. Johannesson kehrtmachen und mit großer Fahrt, die See von querab erhaltend, die Stelle ansteuern, wo die „Scharnhorst" allein gegen eine große Übermacht kämpfte.

Um 20.13 Uhr erhielt Kpt. z. S. Johannesson einen weiteren FT-Spruch der Flotte und der Gruppe Nord: „Operation sofort abbrechen. Feindberührung vermeiden, Schären einlaufen!“

Die Zerstörer drehten abermals, sie marschierten durch die Schären und ankerten im Kaafjord nahe der „Tirpitz“. Damit war das Unternehmen für die Zerstörer beendet.

Die „Scharnhorst“ aber, die seit 16.00 Uhr wieder Kontakt mit dem Gegner hatte, wurde von einer 35,6 cm-Granate der „Duke of York“ getroffen. Kurz darauf erhielt sie den zweiten Treffer mittschiffs. Dennoch schien das Schiff das 20 Minuten dauernde Duell gut überstanden zu haben. Doch nun griffen Feindzerstörer an. Sie kamen jeweils zu zweit von achtern und von Steuerbord.

„Scharnhorst“ eröffnete das Feuer auf die beiden von achtern kommenden Zerstörer. Die beiden von Steuerbord angreifenden Zerstörer kamen derweil bis auf 1900 und 1600 m heran und schossen ihre Torpedos. Als „Scharnhorst“ jetzt auf diese feuerte, gelangten die von achtern anlaufenden Zerstörer ebenfalls noch zum Torpedoschuß. Vier Torpedos liefen auf die „Scharnhorst“ zu, alle vier trafen den deutschen Schlachtkreuzer.

Danach wurde „Scharnhorst“ noch einmal von der „Duke of York“ angegriffen und schwer getroffen. Dann fielen die Kreuzer „Belfast“ und „Jamaica“ in das Feuer ein, schossen vier weitere Zerstörer ihre Torpedos; zwei dieser Zerstörer wagten noch einen zweiten Anlauf.

Als dann schließlich auch noch der Kreuzer „Belfast“ zum Torpedoangriff herandrehte, waren an der „Scharnhorst“ bereits die Torpedotreffer aufgestiegen, die das Schiff buchstäblich durchsiebten und es rasch sinken ließen.

Die beiden Zerstörer „Matchless“ und „Scorpion“ liefen nun zur Untergangsstelle. Ersterer barg sechs Seeleute des Schlachtschiffes, letzteres deren 30.

Nach diesem Gefecht sagte Admiral Sir Bruce Fraser: „Der Kampf mit der ‚Scharnhorst‘ ist für uns siegreich beendet worden. Ich hoffe, daß meine Kommandanten in einer so verzweifelten Lage wie jener der ‚Scharnhorst' sich ebenso tapfer schlagen, wie sie dies heute im Kampf mit diesem Schiff erlebt haben."

Großadmiral Dönitz blieb nur noch die Meldung bei Hitler, daß die „Scharnhorst" gesunken sei. Dazu einer der Zeitzeugen dieser Meldung, Hitlers Adjutant im FHQ Nicolaus von Below: „Ich mußte feststellen, daß Hitler nur geringen Anteil an diesem Verlust nahm. Er hatte den Einsatz von großen Schiffen im weiteren Verlauf des Krieges schon längst als sinnlos bezeichnet." (Siehe: v. Below, Nicolaus: Als Hitlers Adjutant 1937–1945.)

Das Jahr 1943 hatte für Großadmiral Dönitz mit einem Paukenschlag begonnen, als er die Nachricht von seiner Ernennung zum Ob. d. M. erhielt. Es ging mit dem Paukenschlag der Vernichtung der „Scharnhorst" zu Ende.

Das Jahr 1944 – Jahr der Bitternis

Im Führerhauptquartier: Die Großkampfschiffe und die Elektroboote

Großadmiral Dönitz weilte vom 1. bis 3. Jan. 1944 im FHQ Wolfsschanze, um dort in Gesprächen mit einer Reihe führender Persönlichkeiten des Reiches jene Probleme zu besprechen, die sich in bezug auf die Lage im allgemeinen und jene der U-Boot-Waffe im besonderen stellten.

Noch einmal führte er Hitler den Verlauf des Kampfes der ,,Scharnhorst" vor Augen, indem er anhand einer Gefechtsskizze die gewaltige Übermacht des Gegners darstellte. Es ging wieder einmal um die Notwendigkeit, die Flotte im hohen Norden zu belassen, weil dies aus strategischen Gründen wichtig war, und englische Landungsabsichten beeinflussen mußte. Der Ob. d. M. befahl, die Frage der Verlegung des Schweren Kreuzers ,,Prinz Eugen" zur Kampfgruppe Nordnorwegen zu prüfen.

Die Fragen der Hochfrequenztechnik und die damit verbundenen Probleme der Ortung im Seekrieg wurden mit Hilfe der technischen Fachleute deutlich gemacht. Die einzige positive Meldung, die Dönitz machen konnte, war die Tatsache, daß die U-Boot-Waffe im Dezember nur neun Boote verloren hatte. Aber in bezug auf die Einsatzmöglichkeit der neuen Elektroboote konnte noch immer kein verbindlicher Termin genannt werden. Lediglich die Fertigung der U-Boot-Schnorchel entwickelte sich günstig, so daß ab Frühjahr 1944 die ersten Boote mit einem Schnorchelmast zur Unterwasserfahrt mit den Dieselmaschinen ausgerüstet werden konnten.

Am 18. Jan. 1944 brachte dann GA Dönitz den Bau von 50 Kleinst-U-Booten und Einmanntorpedos in Vorschlag. Hitler war einverstanden.

Der Vortrag am folgenden Tage war der Vorbereitung von

Maßnahmen der Kriegsmarine bei einer Invasionslandung im Westraum gewidmet. Großadmiral Dönitz gab einen Überblick über sämtliche dort stationierten Seestreitkräfte. Als Dönitz dabei die Verlegung der „Prinz Eugen“ im Februar nach Nordnorwegen erwähnte, nahm Hitler dies ohne Gegenargument zur Kenntnis.

Auch diesmal war Dönitz zum Mittagessen eingeladen. Bei Tisch hatte der Großadmiral einige Fragen Hitlers, die Kleinst-U-Boote, Einmanntorpedos und andere Kleinkampfmittel betreffend, zu beantworten. Dönitz sagte dazu auf eine Frage des Führers nach der Führung dieses Verbandes, daß KAdm. Heye in seiner Eigenschaft als Chef des Stabes der Flotte die Führung der Verbände übernehmen und diese bald als Admiral der Kleinkampfverbände führen werde, um mit seinen Einheiten die Küstenverteidigung bei Feindlandungen zu verstärken.

Am 26. und 27. Febr. 1944 kam Hitler erneut auf die Elektroboote zurück, die nach seiner Meinung den U-Boot-Einsatz wieder erfolgreicher machen müßten.

Dönitz trug jedoch zunächst erst einmal die U-Boot-Geleitzugschlacht des 18. Febr. 1944 vor. Leider war aus dem ON 224 nur ein Handelsschiff versenkt worden, während aus der Geleitsicherung der Zerstörer „Warwick“ und die Korvette „Woodpecker“ vernichtet wurden. Da die Boote bei Hellwerden tauchen mußten, weil starke Träger-Lufteinsätze am Konvoi stattfanden, war die Operation bereits zu diesem Zeitpunkt beendet.

Großadmiral Dönitz führte aus, daß man in diesem Falle beim Einsatz der Elektroboote des Typs XXI große Chancen gehabt hätte, sich in Unterwasserfahrt vorzusetzen und in der kommenden Nacht anzugreifen. Die Generaltaktik, den Einsatz unter Wasser zu verlegen, sei richtig, zumal die Abwehrwaffen des Gegners gegen reine Unterwasserboote nur begrenzt seien. Natürlich könne man durch Horchgeräte U-Boote orten, aber die Reichweite dieser Geräte sei sehr gering, viel geringer jedenfalls als die Ortungsmöglichkeiten aus Flugzeugen. Zum Schluß kam Dönitz zum Kern seines Vortrages:

,,Da nach allem Gesagten das neue U-Boot große Erfolgschancen hat, muß das vorgesehene Neubauprogramm mit allen Mitteln forciert werden.“ Dem stimmte Hitler voll zu. Aber Dönitz zeigte ihm, daß schon jetzt der Typ XXIII zwei Monate und der Typ XXI einen Monat Verzögerung habe. Dies sei durch die Luftangriffe des Gegners auf die Motorenfabrik Siemens-Schuckert hervorgerufen.

Abschließend orientierte der Ob. d. M. Hitler über die beabsichtigte U-Boot-Aufstellung zum 15. Mrz. 1944. Mit der Verteilung der Kräfte war der Führer einverstanden.

Am 20. und 31. Mrz. 1944 hatte Karl Dönitz mehrere Aussprachen unter vier Augen mit dem Führer. Er trug Hitler dabei vor, daß der Einsatz der U-Boot-Waffe wegen der hohen Verluste zurückhaltend geführt werden müsse und daß nur die Bekämpfung einer Invasion die Ausnahme bilden könne. Dann müsse alles, was fahren könne, auch eingesetzt werden. Hitler stimmte wieder voll zu.

Dönitz wußte, daß er einen schweren Stand haben würde, als er im zeitweiligen FHQ Berghof in Berchtesgaden am 12. und 13. Apr. Hitler sprach und diesem vortrug, er habe die Absicht, die ,,Tirpitz“, die am Morgen des 23. Sept. 1943 durch britische Kleinst-U-Boote beschädigt worden war und am 3. Apr. 1944 Treffer von 15 Bomben angreifender Martlet-Bomber erhalten und 600 Mann Ausfälle an Toten und Verlusten erlitten hatte, wiederherzustellen und in Nordnorwegen zu belassen. Durch ihr Vorhandensein würden in Nordnorwegen Streitkräfte des Gegners gebunden. Zwar seien keine Kampfmöglichkeiten mehr für dieses Schlachtschiff gegeben, dennoch sei ,,Tirpitz“ ein Faktor im Kalkül des Gegners. Zur Überraschung des Ob. d. M. stimmte Hitler vorbehaltlos zu.

Mit dem Beginn des sowjetischen Großangriffs auf die Krim im April 1944 war erneut das Problem der Rückführung der deutschen Truppen von dieser Halbinsel akut geworden. Am 20. Apr. befanden sich 125 000 deutsche und rumänische Soldaten im Großraum Sewastopol. In einem Großeinsatz ohnegleichen, den GA Dönitz führte und zu dem er alle Kräfte im Schwarzen Meer mobilisierte, konnten bis zum 12. Mai 1944 116 000 Soldaten an das rumänische Festland gerettet werden.

Allerdings gelang es der sowjetischen Luftwaffe, eine Reihe deutscher Schiffe zu versenken, ebenso die rumänischen Schiffe „Totila“ und „Teja“, auf denen sich Tausende deutscher Soldaten befanden, von denen ein Großteil den Tod fand. Nur wenige hundert konnten durch den pausenlosen Einsatz deutscher Räumboote gerettet werden.

Großlandung Seinebucht

Am frühen Morgen des 6. Juni 1944 gegen 3.05 Uhr erhielt GA Dönitz die Meldung von den ersten Feindlandungen in der Seinebucht. Der Marineoberbefehlshaber West war sicher, daß es sich hier um eine Invasion und nicht um einen Täuschungsangriff handelte. Er gab das Stichwort durch, und damit wurden die verfügbaren Schiffe und Boote in den Invasionsraum geschickt.

Gegen 5.30 Uhr erhielt GA Dönitz den Anruf des Marinevertreters im FHQ, KAdm. Voss. Dieser berichtete, daß man im FHQ immer noch nicht an eine Großlandung glaube. Dönitz ließ sich sofort mit GenOberst Jodl verbinden und sagte ihm, daß *dies* die Großlandung sei und daß alle Gegenmaßnahmen sofort getroffen werden müßten. Jodl widersprach, weil er andere Meldungen erhalten hatte.

Sofort flog Dönitz ins FHQ Wolfsschanze. Bei der Lagebesprechung meldete er Hitler, daß der Gegner nach seiner Ansicht nicht auch noch in der Bretagne landen werde und daß die dort aufgestellten Divisionen so rasch wie möglich in den Raum der Seinebucht entsandt werden müßten.

Doch als Ob. d. M. hatte er keinen direkten Einfluß auf die Heeresoperationen im Invasionsraum.

Was aber schwamm, war eingesetzt. Es waren dies 30 Schnellboote, vier Zerstörer und neun Torpedoboote. Auf der Gegnerseite stand eine Armada von geschätzten 800 Kriegsschiffen, darunter sechs Schlachtschiffe, 22 Kreuzer, 93 Zerstörer, 27 Geleitzerstörer, 113 Fregatten und Korvetten sowie Schnell- und Kanonenboote in großer Zahl.

Wie sich dieses Drama, an dem GA Dönitz großen Anteil nahm, im einzelnen abspielte, sei im folgenden Zwischenbericht dargestellt.

Es war zehn Minuten vor 2.00 Uhr, als Kapitän z. S. Wegener, Ia des Marinebefehlshabers West, die ersten Alarmmeldungen erhielt. Er ließ den Chef des Stabes, VAdm. Hoffmann, wecken und trug ihm vor, daß die Radarstation von Pointe de Barfleur ebenso wie die anderen Warnstellen Meldungen über Objekte durchgaben, die sich der französischen Atlantikküste näherten. VAdm. Hoffmann ließ sich mit Admiral Krancke, OB der Marinegruppe West, verbinden, der sich derzeit in Arcachon beim Kap Ferret befand. Er meldete diesem, daß die Invasion laufe, und Krancke gab das Stichwort „Großlandung Seinebucht“ aus.

Der Ob. d. M. erhielt von der 1. Skl um 3.05 Uhr diese Nachricht. Um 3.38 Uhr wurde die U-Boot-Gruppe „Landwirt“, die in den Biskayahäfen lag, alarmiert. Die acht bereits mit Schnorcheln ausgerüsteten Boote aus Brest und die weiteren Schnorchelboote aus Lorient liefen in den Raum nördlich Cherbourg. Die Boote ohne Schnorchel erhielten den Seeraum südwestlich vor England zugewiesen. Alle übrigen Boote marschierten zur Aufklärung in die Biskaya. Ihr Befehl lautete: „Letzter Einsatz! – Aufgetaucht mit Höchstfahrt marschieren! Vor angreifenden Flugzeugen nicht tauchen, abwehren!“

Die in norwegischen Häfen liegende Gruppe Mitte erhielt um 3.10 Uhr des 6. Juni den Alarmbefehl. Jene Boote, die in

See standen, bekamen Weisung, sich weiter dort aufzuhalten, wo sie sich gerade befanden, und weitere Befehle abzuwarten.

Gleichzeitig mit den U-Booten erhielten auch alle übrigen Seestreitkräfte in den Atlantikhäfen ihre Angriffsorder. So auch die 5. Torpedoboot-Flottille unter KKpt. Hoffmann.

Der Riesenzahl an feindlichen Kriegsschiffen und den hinzukommenden 4000 Landungsbooten standen auf deutscher Seite im Kanal und an der Atlantikküste von Brest bis Bayonne insgesamt fünf Zerstörer und sechs Torpedoboote, ferner 34 Schnellboote sowie insgesamt etwa 400 Minensuch-, Räum- und Vorpostenboote gegenüber.

Am frühen Morgen des 6. Juni lief bei der 5. T.-Flot. folgender FT-Spruch ein: ,,An alle: Feindlandungen in der Seinebucht zwischen Cabourg und Marcouf!"

Zwei Minuten später ließ KKpt. Hoffmann T 28, ,,Jaguar", ,,Möwe" und ,,Falke" von ihren Liegeplätzen ablegen. Um 4.42 Uhr wurde die Außenmole von Le Havre passiert. Bereits um 5.05 Uhr wurden dem Flottillenchef ,,große Schatten an Steuerbord voraus!" gemeldet.

KKpt. Hoffmann ließ darauf zuhalten. Um 5.18 Uhr wurde dieser kleine deutsche Verband von Flugzeugen angegriffen. Mit Hartruderlegen entkamen die vier T-Boote den ersten Bomben und eröffneten aus allen Waffen das Feuer auf die Flugzeuge. Der Bomberverband wurde abgedrängt.

Um 5.31 Uhr stieß ein Jabopulk auf die T-Boote herunter. Auch er wurde abgewehrt. Dann sichteten die Ausgucks auf den vier Booten einen aus Schlachtschiffen und Kreuzern bestehenden Schiffsverband. Über FT ließ KKpt. Hoffmann melden: ,,Vor Ouistreham Schlachtschiffe und Kreuzer!" Dann gab er den erwarteten Befehl ,,Torpedoangriff!"

Um 5.35 Uhr schossen alle vier Boote gleichzeitig ihre Sechserfächer. Der Gegner eröffnete ebenfalls das Feuer. Mehrere Detonationen wurden gehört, während die T-Boote mit ständig wechselnden Kursen durch den Orkan der gegnerischen Einschläge steuerten.

Ein weiterer Jaboangriff wurde um 5.45 Uhr abgewehrt. Unter starkem Beschuß durch Seeziel- und Flakartillerie, von denen die Detonationen der Flakgranaten ca. 50 Meter über den Booten lagen und diese mit Stahlsplittern überschütteten, nahmen die T-Boote ihren Weg. Hohe Wassersäulen brandeten auf sie herunter.

In dieser Situation ließ KKpt. Hoffmann einen FT-Spruch absetzen: ,,Sechs Schlachtschiffe, etwa 20 Zerstörer. Torpedos verschossen. Durch Luftangriffe starker Munitionsverbrauch. Bleibe vor Le Havre."

Die geschossenen Torpedos liefen zwischen den Schlachtschiffen ,,Warspite" und ,,Ramillies" hindurch. Das Flaggschiff von Admiral Talbot ,,Larbs" konnte ebenfalls in letzter Sekunde ausweichen. Lediglich der Zerstörer ,,Svenner" wurde schwer getroffen und sank.

Die Boote der 18. Vorposten-Flottille, die sich auf einem Aufklärungsvorstoß von Le Havre nach Westen befanden, wurden kurz nach 6.00 Uhr von britischen Deckungsstreitkräften angegriffen, die VP 1509 versenkten. Die T-Boote unter KKpt. Hoffmann liefen auf diesen Feindverband zu, um das Feuer auf sich zu ziehen und die VP-Boote zu entlasten. Danach kehrten sie nach Le Havre zurück.

In der folgenden Nacht lief die 5. T.-Flot. abermals aus Le Havre aus. KKpt. Hoffmann stieg von T 28 auf ,,Jaguar" über, da ersteres Boot ins Dock mußte. Mit ,,Jaguar" und ,,Möwe" sowie vier R-Booten als Grundminengeleit ging es dem Gegner entgegen. Um 2.38 Uhr erfolgte der erste Luftangriff, der abgewehrt wurde. KKpt. Hoffmann hatte den Befehl ,,Rücksichtsloser Torpedoeinsatz" gegeben. Als die Funkmeßgeräte ,,Feindziele voraus!" meldeten, wurden wenig später an Backbord vier Feindzerstörer gesichtet. Zweimal sechs Torpedos verließen die Rohre der beiden T-Boote. Aus einem der beiden getroffenen Zerstörer stießen Flammen gen Himmel. Daneben wurde ein zweiter gestoppt liegender Zerstörer erkannt.

Auf Ostkurs gehend trat der kleine deutsche Verband den Rückmarsch an. Zehn Minuten nach Schußabgabe erfolgte der erwartete Jaboangriff. Die ersten Bomben fielen dicht an der Steuerbordseite von „Jaguar“ in Höhe des achteren Schornsteins und genau vor „Möwe“. Doch auch diesmal kamen sie durch und machten um 4.45 Uhr in Le Havre fest.

Da inzwischen T 28 wieder klar war, liefen drei Boote um 2.10 Uhr des 8. Juni aus Le Havre aus. Sie wurden von feindlichen Schnellbooten mit Torpedos beschossen. Die S-Boote entkamen. Einem zweiten S-Boot-Rudel wurde der Kampf angetragen. Dabei liefen die T-Boote direkt auf eine neu erkannte Südgruppe zu. Diese bestand aus sechs Feindzerstörern. Auf sie erfolgte ein Torpedoangriff, als dessen Ergebnis zwar schwere Detonationen zu hören, aber nichts zu sehen war, weil der Gegner genebelt hatte. Feindliche S-Boote vor Le Havre wurden im Feuerkampf verjagt. Ihren Torpedos konnten die T-Boote entkommen.

Zwei Minenaufgaben für die 5. T-Flottille folgten in den nächsten Tagen, und als die schnellen deutschen Torpedoboote für den Gegner zu gefährlich wurden, setzte dieser einen Luftangriff auf Le Havre an.

Dieser Angriff erfolgte am Abend des 14. Juni 1944. 325 viermotorige Lancaster-Bomber warfen ihre Bomben auf die Liegeplätze der deutschen Schiffe. Pausenlos dröhnten die Detonationen. Bereits fünf Minuten nach Beginn des Bombardements hatte „Falke“ fünf und „Jaguar“ vier schwere Bombentreffer erhalten; beide kenterten. „Möwe“ erhielt eine Reihe Sprengbombentreffer.

Noch während der Rettungsaktionen erfolgte um 0.45 Uhr des 15. Juni ein zweiter Angriff, der 15 Minuten dauerte. Dabei erhielt „Möwe“ schwere Treffer und sank nach Steuerbord kenternd. Allein T 28 entging der Vernichtung. (Dieses Boot sollte noch in den letzten Kriegsmonaten in der Ostsee von sich reden machen.) Die 5. T-Flottille war nicht mehr.

Die in Brest liegenden Boote der 8. Z.-Flottille unter

Kpt. z. S. Frhr. von Bechtolsheim liefen am späten Abend des 8. Juni auf die Invasionsflotte zu. Z 32, KKpt. Ritter von Berger, ZH 1, KKpt. Barckow, Z 24, KKpt. Birnbacher und das einzige noch an der Atlantikküste vorhandene T 24, Kptlt. Meentzen, stießen vor der Bretagne nach Osten vor. Ihr Ziel war ebenfalls die Invasionsflotte. Die Zerstörer wollten einen Torpedoangriff fahren. Es war 1.23 Uhr, als dieser Verband auf acht britische Zerstörer stieß. Es handelte sich um die 10. Z.-Flot. unter Captain Jones mit den Booten „Tartar", „Ashanti", „Eskimo", „Javelin", „Haida" (can.), „Huron" (can.), „Blyskawica" (poln.) und „Pirun" (poln.).

In einem erbitterten Zerstörergefecht, bei dem beide Seiten nördlich der Insel Ouessant im Westausgang des Kanals mit letztem Einsatz kämpften, erhielt ZH 1 durch „Ashanti" einen Torpedotreffer und mußte von der Besatzung gesprengt werden. Mit dem Boot ging auch der Kommandant unter. Nur ein Kutter mit 27 Mann erreichte am nächsten Tag die bretonische Küste.

Z 32, der von „Haida" und „Huron" unter Feuer genommen wurde, konnte den Gegnern einige Treffer beibringen, ehe er selbst schwer getroffen wurde und zu sinken begann. Er mußte von seinem Kommandanten auf Strand gesetzt werden. Um das Boot nicht in die Hände des Gegners fallen zu lassen, wurde es ebenfalls gesprengt.

T 24 und Z 24 kehrten ebenfalls beschädigt nach Brest zurück. Auf britischer Seite hatten alle Boote Treffer erhalten, „Tartar" wurde schwer beschädigt und fiel aus. Der Versuch, einen Torpedoangriff gegen die Invasionsflotte zu starten, war fehlgeschlagen. Der Kampf der Zerstörer und Torpedoboote im Westraum hatte damit praktisch aufgehört.

Anders bei den Schnellbooten. Diese begannen mit der 5. S.-Flottille am Abend des 6. Juni 1944 die Angriffe gegen den Feind. KKpt. Klug führte seine Boote von Cherbourg aus zum Einsatz. Durch Minentreffer verlor die Flottille S 139. Sie wurde von den Zerstörerrudeln, die die feindlichen Großkampfschiffe umkreisten, in ein schweres Gefecht verwickelt, dem sie nur nebelnd und Zickzackkurse steuernd entkommen konnte.

Am Abend des 7. Juni lief die 4. S.-Flot. unter KKpt. Fimmen zum Vorstoß gegen die Invasionsflotte aus. Starke Abwehr empfing die Boote. Sie blieben dran und vernichteten die US LST 376 und 314 (Tank-Landungsschiffe).

Die Boote der von KKpt. Frhr. von Mirbach geführten 9. S.-Flot. versenkten in dieser Nacht westlich Fécamp die britischen Landungsboote LCI 105 und LCT 875.

Immer wieder verlegten feindliche Zerstörer, deren Zahl stets mehrstellig war, den deutschen Schnellbooten den Weg. So auch in den späten Abendstunden des 9. Juni, als sie einem Angriffsversuch der 5. und 9. S.-Flot. von Cherbourg aus bereits bei Kap Barfleur ein Ende bereiteten.

In dieser Nacht gelangen allerdings der 2. und 4. S.-Flot., die in der nördlichen und mittleren Seinebucht feindliche Schiffsansammlungen angriffen, einige Erfolge. Die 2. S.-Flot. meldete zwei Schiffe versenkt, und die S-Boote S 188, S 172 und S 187 der 4. S.-Flot. versenkten jeweils ein Schiff. Das war der bedeutendste Erfolg deutscher S-Boote vor der Invasionsküste. Bei einem Mineneinsatz der 8. S.-Flot. in der kommenden Nacht liefen S 180 und S 190 auf Minen und wurden schwer beschädigt. Der Einsatz mußte abgebrochen werden.

Am Abend des 10. Juni gelang es den Booten der 5. und 9. S.-Flot., den Sicherungsriegel der Feindzerstörer bei Barfleur zu durchbrechen. Sie kamen zum Schuß und versenkten den Schlepper „Partidge" und schossen dem Zerstörer „Halsted" den Bug weg. Das britische Landungsboot LST 538 wurde versenkt.

In dem daran anschließenden Gefecht gegen drei Zerstörer und eine Korvette kam es zu dramatischen Duellen, bei denen S 136 und S 137 zusammengeschossen wurden und sanken.

In dieser Nacht legte die 4. S.-Flot. westlich Le Havre Minen. Die 2. S.-Flot. versenkte aus einem Konvoi südlich der

Isle of Wight die Frachter „Brackenfield“, „Ashanti“ und „Dungrange“.

Am späten Abend des 11. Juni liefen die Boote der 5. und 9. S.-Flot. zum Angriff gegen die englische Zerstörersicherung vor Barfleur aus. In das aufflammende Abwehrfeuer hineinlaufend schossen die S-Boote ihre Torpedos. Der britische Zerstörer „Nelson“ wurde voll getroffen und sank. Der Schlepper „Sesame“ sank ebenfalls.

Während die Boote dieser beiden Flottillen abdrehten, stießen von Osten her die Boote der 4. S.-Flot. auf die leichten britischen Einheiten. Bei dem nun entbrennenden Gefecht versenkte S 171 das britische MGB (Motor-Gun-Boat) 17. Die 2. S.-Flot. legte in dieser Nacht Minen. Mehrere weitere Vorstöße erbrachten keine zählbaren Erfolge, wohingegen S 149 auf eine Mine lief und sank.

Britische Beaufighter der RAF-Squadrons 143 und 236 konnten in dieser Nacht die Boote der 2. S.-Flot. stellen und in mehreren Anflügen S 178, S 179 und S 189 versenken. Die zur Hilfeleistung und zur Rettung der Schiffbrüchigen eingesetzten Räum- und Minensuchboote verloren am anderen Morgen R 97, während M 402 schwer beschädigt einlaufen konnte.

Da die Schnellboote für die Alliierten ein Angstgegner waren, mußten diese durch Luftangriffe ausgeschaltet werden. Am 14. und 15. Juni waren bei dem vorher bereits geschilderten Angriff auf die deutschen Torpedoboote auch die Schnellboot-Flottillen in Le Havre erklärtes Ziel. In diesem mörderischen Bombardement, das drei T-Boote und zwei Geleitboote sinken ließ, verlor die Schnellbootwaffe die Boote S 66, S 84, S 100, S 138, S 142, S 143, S 169, S 170 und S 172. Dies war der größte Verlust, den die Schnellbootwaffe jemals hinnehmen mußte und nicht mehr ersetzen konnte.

Dennoch gingen die Feindfahrten weiter. Bei Vorstößen der 2. S.-Flot. in den Nächten zum 23. und 24. Juni ging bei einem Einsatz in der Seinebucht S 190 verloren, S 175 wurde im Gefecht mit Zerstörern schwer beschädigt.

Ein letzter großer Einsatz brachte die 6. S.-Flot., Kptlt. Matzen, Ende Juni an den Feind. Dicht unter der englischen Südküste fingen die Boote einen englischen Konvoi ab und schossen ihre Torpedos. Insgesamt sanken in diesem Husarenstreich sieben englische Handelsschiffe durch Torpedoschüsse dieser Flottille.

Den ganzen Juli hindurch liefen die überlebenden Schnellboote weiter aus. Mehrere Schiffe wurden versenkt. S 182 ging im Gefecht verloren. Die Schnellboote gaben den Kampf nicht auf. Was aber war mit den alarmierten und in See stehenden U-Booten? Hatten sie Feindziele gefunden?

Aus Brest waren am 6. Juni 1944 nach der Alarmierung 17 U-Boote ausgelaufen. St. Nazaire stellte 14 Boote, La Pallice war mit vier Booten und Lorient mit einem Boot am Invasionseinsatz der U-Boot-Waffe beteiligt. In einem dramatischen Ringen wurde Boot um Boot von einer vielfachen Übermacht der Gegner erfaßt und versenkt.

In der ersten Nacht empfing die Befehlsstelle des BdU in Berlin 56 Angriffsmeldungen feindlicher Flugzeuge. Sechs der aus Brest ausgelaufenen U-Boote mußten noch in dieser Nacht mit schweren Beschädigungen wieder einlaufen.

Als diese gewaltigste U-Bootverfolgung bekannt wurde, ließ der BdU durch einen KR-Funkspruch an alle den „Angriff nur in den Nachtstunden" freistellen, womit der Befehl „Letzter Einsatz" aufgehoben war.

U 970 und U 955 gingen auf dem Rückmarsch vom Einsatzgebiet am frühen Morgen des 7. Juni verloren, als sie in den Bereich der Invasionsstreitkräfte gerieten. Die Boote U 629, U 373, U 740, U 821, U 767, U 441, U 971, U 1191, U 269 und U 988 sanken in den nächsten Tagen; U 256, U 413, U 415, U 671, U 963 und U 989 mußten beschädigt umkehren.

Die beiden Schnorchelboote U 214 und U 218 legten vor Plymouth Minen. Bis zum 30. Aug. 1944 kamen U 621, U 667, U 480, U 989 zu Erfolgen. U 480 versenkte zwei Geleitfahrzeuge und zwei Transportschiffe. Insgesamt wurden 64 alliierte Feindschiffe und Boote von Schnellbooten, Torpedobooten, Zerstörern und U-Booten versenkt. 110 weitere Fahrzeuge wurden getroffen und beschädigt. Der Erfolg war gegenüber den etwa 4200 Landungsfahrzeugen aller Art und den 850 Kriegsfahrzeugen, die in den ersten acht Tagen am Invasionseinsatz beteiligt waren, unwesentlich.

Die Landung von 427 000 Mann, 62 000 Fahrzeugen und 105 000 Tonnen Material allein in der ersten Invasionswoche konnten die wenigen leichten deutschen Einheiten nicht verhindern.

Als den Alliierten am 4. Aug. 1944 bei Avranches der Ausbruch aus der Halbinsel Cotentin gelang, waren auch die U-Boot-Stützpunkte in der Biskaya für die deutschen U-Boote verloren. Von Ende August bis Ende September 1944 wurden die Front-Flottillen nacheinander nach Norwegen verlegt.

Die U-Boot-Waffe, das sei an dieser Stelle notiert, verlor vom 1. Sept. 1943 bis zum 31. Aug. 1944 248 Boote, zehnmal soviel wie im ersten bzw. zweiten Kriegsjahr. Das war für die U-Boot-Führung und vor allem für Großadmiral Dönitz ein alarmierendes Zeichen.

Kehren wir zum Hauptquartier des Ob. d. M. nach Berlin zum Steinplatz zurück, wo GA Dönitz mit immer neuen Hiobsnachrichten und Anforderungen aller Art eingedeckt wurde.

Ist der Gegner in seinen Brückenköpfen zu isolieren?

Zu einer persönlichen Besprechung mit Hitler in dessen Hauptquartier Berghof weilte Großadmiral Dönitz am 12. Juni 1944 in Berchtesgaden. Nach dem Lagevortrag um 13 Uhr wurde der Ob. d. M. zum Frühstück eingeladen. Danach schloß sich eine persönliche Besprechung mit Hitler an, in der Dönitz erklärte, er sehe keine Möglichkeit, gegen diese überwältigende Übermacht feindlicher Kriegsschiffe bestehen zu können. Die wenigen kleinen Einheiten seien bereits in den ersten Gefechten dezimiert worden, die U-Boote habe es besonders hart getroffen.

An diese Besprechung schloß sich eine Unterredung mit Reichsleiter Bormann an, in der es um die gleichen Fragenkomplexe ging. Um 17.30 Uhr war dann GA Dönitz mit KAdm. Voss und dem Stab der 1. Skl bei GFM Keitel und GenOberst Jodl zur Besprechung gebeten worden. Auch die beiden obersten Repräsentanten der Wehrmacht fanden die Lage an der Invasionsfront sehr ernst. Sie sahen jedoch im Gegensatz zu Dönitz noch eine Chance, den Brückenkopf mit etwas Glück zu isolieren.

Während dieser Besprechung kam auch der Einsatz des Fernbeschusses von London mit der V 1 zur Sprache, der in der Nacht zum 13. Juni erstmals erfolgen sollte. Allerdings wurde nicht verheimlicht, daß Frankreich verlorengehen müsse, falls es dem gelandeten Gegner gelänge, die operative Freiheit zum Bewegungskrieg zu erlangen.

Dieser Besprechung schloß sich am 29. Juni eine zweite im FHQ Berghof an, bei der sich jedoch für die Kriegsmarine keine Besonderheiten ergaben. Als dann um 20 Uhr über die Lage im Invasionsraum gesprochen wurde, faßte Hitler vor einem größeren Kreis seine Überlegungen zusammen. Er erklärte, daß ein eigener Großangriff gegen den Brückenkopf durch die erdrückende Luftüberlegenheit und das wirksame Eingreifen der schweren Schiffsartillerie der Alliierten nicht möglich gewesen sei. Er verhehlte nicht seine Sorge über die Zukunft, falls es dem Gegner gelänge, zum Bewegungskrieg in Frankreich überzugehen. Es müsse eine starke Abschließungsfront gebildet werden, um den Feind in seinem großen Brückenkopf zu halten. Damit sei auch der Zeitpunkt des Einsatzes der inzwischen aufgestellten Kleinkampfverbände der Kriegsmarine gekommen.

Zum Einsatz der Kleinkampfmittel erklärte GA Dönitz,

daß dieser unmittelbar bevorstehe. Allerdings seien diese winzigen Boote sehr wetterabhängig. Über die Erfolgsaussichten könne er nichts sagen; das müsse der Einsatz erbringen. Dönitz forderte vor allem die dichte Verminung der Seinebucht.

„Dies ist das wirksamste Mittel, die Gefahr des überlegenen feindlichen Nachschubs zu bannen", erklärte er. Hitler fiel sofort ein:

„Ja, wir müssen stur wie die Bulldoggen Minen und immer wieder Minen in die Seinebucht werfen und auch alle vorhandenen Mittel gegen den Nachschub des Feindes einsetzen. Es ist unvergleichlich viel wirkungsvoller, eine ganze Schiffsladung zu versenken als nachher an Land das ausgeladene Personal und Material einzeln zu bekämpfen. Auch die feindlichen Kriegsschiffe müssen bekämpft werden, insbesondere die Schlachtschiffe. Wenn der Gegner in der Seinebucht 6 bis 8 Schlachtschiffe verliert, dann hat dies die größten strategischen Auswirkungen."

Am Abend des 1. Juli 1944 flog GA Dönitz wieder in das Lager des OKM Koralle zurück.

Neun Tage später stand er in der Wolfsschanze Hitler wieder gegenüber. Thema war die Ostfront, und neben Dönitz waren auch GFM Model, General Frießner und GenOberst Ritter von Greim zu dieser Mittagsbesprechung hinzugezogen worden. Es ging dabei um die Bereinigung der dramatisch zugespitzten Lage im Mittelabschnitt der Ostfront, wo die Rote Armee am 22. Juni 1944 zu ihrer großen Sommeroffensive „Bagration" angetreten war und bereits in den ersten zwei Wochen gewaltige Erfolge errungen hatte. Es schien so, als würde nach dem Desaster von Stalingrad hier ein noch viel größeres stattfinden: die Vernichtung der gesamten Heeresgruppe Mitte.

„Wenn es der Roten Armee gelingt, ihren Siegeszug fortzusetzen, dann kann sie in kurzer Zeit zur Ostseeküste durchbrechen", erklärte GFM Model.

Hitler forderte GA Dönitz auf, die Folgen eines Sowjet-Durchstoßes zur Ostsee darzulegen. Der Ob. d. M. wies in seiner Antwort darauf hin, daß die Ostsee für die Einfuhr des schwedischen Erzes von entscheidender Bedeutung sei. Darüber hinaus sei die Ostsee vor allem für die U-Boot-Ausbildung notwendig. Er sagte abschließend:

„Die westlichste Position, die es uns erlaubt, den Finnischen Golf gegen die russische Flotte abzuschließen, liegt ostwärts von Reval. Der Besitz der Baltischen Inseln ist in gleicher Weise für diesen Zweck von Wichtigkeit. Sollte jedoch der Feind weiter südlich bis zur Ostsee durchbrechen, zum Beispiel in Ostpreußen oder Litauen, so würden der Finnische Golf und die Baltischen Inseln für die Seelage wertlos werden."

Großadmiral Dönitz fuhr abschließend fort: „Der Kernpunkt, dem sich alles andere unterordnen muß, ist die Verhinderung des Durchstoßes der Russen an die Ostsee. Nach erfolgtem Durchstoß ist eine Versorgung der Heeresgruppe Nord und Finnlands über See nicht mehr durchführbar."

Auf der Lagebesprechung am Nachmittag berichtete Dönitz auch über den Einsatz der Kleinst-U-Boote „Neger" gegen die Invasionsflotte. 26 Einmann-Torpedofahrer „Neger" waren gestartet. Sie versenkten die Minensucher „Cato" und „Magic". Neun „Neger" gingen verloren.

Der nächste Einsatz in der Nacht zum 8. Juli sah 21 „Neger" am Start. Der polnische Kreuzer „Dragon" wurde so schwer getroffen, daß er aufgesetzt werden mußte. Das M-Boot „Pylades" wurde versenkt. Am 20. Juli versenkten Neger noch den britischen Zerstörer „Isis". Diese Art der Bekämpfung von Großkampfschiffen durch Einmann-Torpedofahrer hatte nicht den erhofften Erfolg gebracht. Auch die übrigen Kleinkampfverbände waren nicht so erfolgreich, wie man es sich vorgestellt hatte.

Vom 11. bis 13. Juli weilte GA Dönitz wieder im Berghof. Hier war er zugegen, als Hitler dem Kpt. z. S. Petersen, dem Führer der Schnellboote, KKpt. Hoffmann, dem Chef der 5. T.-Flot. und dem Kptlt. von Mirbach, dem Chef der 9. S.-

Flot., das Eichenlaub zum Ritterkreuz verlieh. Dönitz lud die neuen Eichenlaubträger und Kpt. z. S. Aßmann zum Essen nach Hintersee ein.

Am nächsten Tage war der Großadmiral auch Gast des Reichsführers SS Himmler. Als Dönitz bereits aufbrechen wollte, um nach Berlin zurückzukehren, lief ein Fernschreiben des Ob. HGr. Nord ein, das alarmierend war und Dönitz zum Bleiben zwang. Als einziger Teilnehmer der Kriegsmarine nahm er an der 13-Uhr-Lagebesprechung teil. Nach Ende dieser Besprechung flog GA Dönitz um 16.20 Uhr zum Lager Koralle zurück.

Der 20. Juli aus der Sicht des Ob. d. M.

Großadmiral Dönitz hatte ursprünglich die Absicht gehabt, am 20. Juli ins FHQ Wolfsschanze zu fliegen, um an der Führerlagebesprechung teilzunehmen. Als er am 19. Juli einen Anruf des Admirals FHQ erhielt, daß Mussolini am 20. Juli im FHQ erwartet würde, entschloß sich Dönitz, erst am 21. dorthin zu fliegen.

Es war genau 13.15 Uhr, als Dönitz am 20. Juli einen Anruf aus dem Stab des Admirals FHQ erhielt, daß er sofort in die Wolfsschanze kommen müsse. Die Gründe dafür könnten nicht am Telefon genannt werden.

Dönitz startete um 14.50 Uhr und landete um 16.45 Uhr auf dem Flugplatz von Rastenburg, wo er von FKpt. Meyer empfangen wurde, der ihm die erste Nachricht über den Anschlag auf Hitler gab.

Im FHQ selber erhielt GA Dönitz detailliertere Meldungen über das Attentat. Der Marineadjutant Hitlers, KAdm. von Puttkamer, meldete ihm, daß einige Generalstabsoffiziere des Ersatzheeres ein Attentat auf den Führer unternommen hätten.

Dazu Dönitz: „Umfang und Zusammensetzung des Widerstandskreises und seine Motive waren mir völlig unbekannt.

Verschwörung und Attentat überraschten mich daher sehr. Es schien mir unfaßbar, daß sich Offiziere im Kriege zu solch einer Tat entschließen konnten."

Wie stellte sich GA Dönitz die Lage dar? ,,Die Front stand in schwerem Ringen gegen den äußeren Feind. Im Osten, Süden und Westen waren die deutschen Kräfte bis zum Zerreißen angespannt. Im Osten vor allem, um ein Überfluten Osteuropas und Deutschlands durch die sowjetische Übermacht zu verhindern. Nur die Haltung der Soldaten an der Front konnte diese im Osten noch halten.

Im Seekrieg ging die U-Boot-Waffe unter großen Verlusten einem bewußten Opfergang entgegen.

So glich Deutschland einer belagerten Festung, die mit Mühe den äußeren Feind abwehrte. Ein Krieg innerhalb dieser Festung mußte wahrscheinlich den Krieg nach außen stören, wahrscheinlich die Front ganz auflösen und in Kürze die totale Niederlage herbeiführen.

Das Gelingen des Attentats bedeutete ohne Zweifel Bürgerkrieg. –

Die Offiziere der Wehrmacht mußten von ihren Soldaten im Kriege immer wieder den Einsatz des Lebens fordern. Konnten sie die Hand zu einer Tat reichen, die die Kampfkraft der Front zum mindesten schwächen, das Leben der Soldaten also in erhöhtem Maße gefährden mußte?

So stellte sich mir die Lage dar, und entsprechend handelte ich als Oberbefehlshaber meines Wehrmachtsteiles am 20. Juli 1944". (Siehe: Karl Dönitz, a. a. O.)

In seiner Rundfunkansprache am Abend des 20. Juli 1944 an die Kriegsmarine sagte Großadmiral Dönitz entsprechend seiner damaligen Kenntnis der Lage:

,,Soldaten der Kriegsmarine! Der heimtückische Mordanschlag auf den Führer erfüllt einen jeden von uns mit heiligem Zorn und erbitterter Wut gegen unsere verbrecherischen Feinde und ihre gedungenen Helfershelfer.

Die Vorsehung bewahrte das deutsche Volk und seine

Wehrmacht vor unvorstellbarem Unglück. Wir sehen in der Errettung des Führers eine weitere Bestätigung für die Gerechtigkeit unseres Kampfes.

Wir werden uns nur noch enger um den Führer scharen, wir werden nur noch härter kämpfen, bis der Sieg unser ist. Großadmiral Dönitz."

Hier in Rastenburg erfuhr Dönitz auch, daß KAdm. Voss und Kpt. z. S. Assmann bei dem Bombenanschlag verletzt worden waren und sich im Lazarett von Rastenburg befänden. Fünf Teilnehmer der Führerlage fanden dabei den Tod.

Nach dem Kriege erklärte Großadmiral Dönitz zum 20. Juli 1944: ,,Das Offiziers- und Beamtenkorps der Kriegsmarine hat bis auf zwei Ausnahmen mit der Widerstandsbewegung keine Berührung gehabt. Es wußte auch nichts von den Mißständen und Geschehnissen. Wenn im Gegensatz dazu deutsche Männer und Frauen nach tiefer Gewissensprüfung und in dem Glauben, ihr Volk dadurch vor dem Untergang zu retten, den Weg des Widerstandes bis zum Hochverrat beschritten, so kann ich ihnen die sittliche Berechtigung hierzu nicht absprechen, zumal sie von den Untaten wußten, die wir jetzt alle kennen.

Wenn sie sich auf diesem Wege sogar zum Attentat, also zum politischen Mord entschlossen, so habe ich auch dafür Verständnis unter der Voraussetzung, daß sie bereit waren, dabei ihr eigenes Leben darzubringen. –

Ob das Attentat des 20. Juli politisch richtig war und ob es im Erfolgsfalle vor der Geschichte hätte bestehen können, das ist eine zweite Frage." (Siehe: Dönitz, Karl: a. a. O.)

Die Lagebesprechung am anderen Mittag sah Hitler wieder dabei. Er war mit leichten Verletzungen davongekommen. Das Attentat hatte sein Ziel nicht erreicht.

Um 14.15 Uhr konnte Großadmiral Dönitz die am Vortage angeordnete Alarmbereitschaft aufheben lassen. Nach einem Besuch seiner verletzten Offiziere im Lazarett Rastenburg flog Dönitz nach Berlin zurück.

Der Kampf in der Ostsee

Kampfgruppen der Kriegsmarine im Einsatz

Als die Rote Armee im Nordabschnitt der Ostfront am 15. Aug. 1944 mit der 2. Baltischen Front bei Bauske angriff, war es die Sturmgeschütz-Brigade 912 unter Hptm. Karstens, die mit dem Abschuß von 40 Feindpanzern den ersten Ansturm der 6. Garde-Armee stoppte. Am folgenden Tage griffen die Sowjets abermals die Stellungen der hier verteidigenden 81. und 290. ID an. Riga war das Ziel dieser sowjetischen Operation.

Das ausgeblutete I. AK hielt weitere zwei Tage den Angriffen stand. Am Morgen des 19. Aug. aber ging der letzte Brükkenkopf vor Erreichen der Ostsee, Bauske, verloren.

Als die Sowjets an diesem 19. Aug. bei Tukkum die Ostsee erreichten, erhielt die Kampfgruppe 2 mit dem Schweren Kreuzer „Prinz Eugen“, den Zerstörern Z 25, Z 28, Z 35, Z 36 und den T-Booten T 23 und T 28 den Befehl, zu einer Beschießung der sowjetischen Panzerverbände gegen die Küste hin zu drehen und die zeitweise verlorengegangene Verbindung zwischen der HGr. Nord und der HGr. Mitte wiederherstellen zu helfen.

In den Morgenstunden des 20. Aug. begann das Schiffsgeschützfeuer. VAdm. Thiele, der Verbandsführer, legte das Feuer aller Einheiten auf die erkannten Feindstellungen. Die Granaten des Schweren Kreuzers und jene der Zerstörer hämmerten auf den Gegner ein. Der geriet ins Laufen.

Um 7.15 Uhr gab GenMaj. Graf Strachwitz dann für seine Panzer-Kampfgruppe den Angriffsbefehl. Tukkum wurde zurückerobert und die Verbindung zur 3. PzArmee wiederhergestellt.

Am 2. Sept. 1944 kündigte der finnische Ministerpräsident Hackzell den Abbruch der diplomatischen Beziehungen zum

Deutschen Reich an und forderte den Abzug aller deutschen Truppen aus Finnland.

Nunmehr waren wieder einmal mehr die in der Ostsee befindlichen Leichten und Schweren Seestreitkräfte gefordert. Am 4. Sept. 1944 stellte die finnische Wehrmacht an der gesamten Front gegen die Sowjetunion den Kampf ein. Es galt, in raschen Evakuierungsaktionen die deutschen Soldaten aus den finnischen Ostseehäfen abzutransportieren und sie dem Zugriff der Roten Armee zu entziehen. Dies war nur mit der Kriegsmarine möglich.

Wieder trugen die Torpedoboote einen großen Anteil am Kampf. Hinzu kamen die Zerstörer der 6. Zerstörer-Flottille, die im Sommer 1944 in den Raum Reval-Baltischport verlegt worden war. Die Flottille bestand zu dieser Zeit aus den Booten Z 25, Z 28, Z 35 und Z 36. Später kamen noch Z 43 hinzu.

Neben den deutschen Truppen mußten auch Arbeiter der OT und Verwundete aus Finnland abtransportiert werden.

Der Kommandierende Admiral Östliche Ostsee, der diese Rückführungsfahrten leiten sollte, hatte folgenden Befehl des Großadmirals erhalten: „Voller Einsatz zur Rettung aller deutschen Menschen aus Finnland!"

Fünf Boote der 6. Z.-Flot. und die neuaufgestellte 5. T.-Flot. mit drei einsatzbereiten und zwei in der Ausbildung befindlichen Flotten-Torpedobooten, ferner die 3. T.-Flot. mit bis zu acht Torpedobooten des Typs 37 standen ihm zur Verfügung.

Vom 15. bis zum 17. Sept. führte KKpt. Verlohr mit drei Booten der 3. T.-Flot. einen Aufklärungsvorstoß in die Ålandsee durch. Auf dem Rückmarsch wurde T 18, das nördlich von Reval bei einem mit estnischen Flüchtlingen vollgestopften Dampfer zur Untersuchung längsseits gegangen war, von Sowjet-Bombern angegriffen. Zwei Maschinen trafen T 18 voll. Das Boot sank. Die Besatzung konnte teilweise gerettet werden.

Die Geleitfahrten wurden fortgesetzt. Die schnellen Boote karrten bis zum 23. Sept. 4049 deutsche Soldaten, 3336 Verwundete, 332 Evakuierte, 746 Fahrzeuge und 42 144 Tonnen Wehrmachtsgut aus finnischen Häfen heimwärts.

Das letzte Geleit, das am 23. Sept. aus Reval auslief, bestand aus vier Dampfern und einem Lazarettschiff. Auf ihnen wurden 9000 deutsche Soldaten zurückgeschafft. Die Boote T 20, T 13 und T 17 und T 19 sicherten diesen Geleitzug. Sie wehrten, aus allen Rohren feuernd, zwei sowjetische Luftangriffe ab.

In derselben Nacht warfen die Minenschiffe „Brummer" und „Linz" Minen auf den bisherigen Wegen im Finnischen Meerbusen. Als Sicherung standen T 23 und T 28 bei den Minenschiffen.

Nach dem Wegfall von Reval zogen sich die Flottillen nach Windau, Libau und Gotenhafen zurück.

Die ersten Sowjet-U-Boote tauchten wenig später in der Ostsee auf, und am 26. Sept. 1944 kündigte Schweden dem Reich die Erzlieferungen.

Die deutschen U-Boote, die nach dem Ausfall der finnischen Häfen nunmehr unter ihrem Einsatzleiter KKpt. Brandi von Danzig und Gotenhafen aus operierten, legten im September und Oktober 1944 vor den Eingängen des Finnischen Meerbusen Minen. Eine Reihe von Schiffen und Schleppern, Wachbooten und Motor-Gun-Boats wurden von diesen wenigen deutschen U-Booten versenkt.

Am 14. Sept. 1944 begann das deutsche Landungsunternehmen „Tanne-Ost" gegen die finnische Insel Suursaari. Es gelang den Minenschiffsverbänden und Leichter-Flottillen, 1231 Soldaten zu landen, die jedoch am 15. Sept. aufgeben mußten.

Die sowjetischen Angriffe gegen die Baltischen Inseln, die am 29. Sept. begannen, gewannen mit weit überlegenen Kräften in den nächsten Tagen Raum. Die deutschen Verteidiger mußten sich nach Ösel zurückziehen. Dagö mußte nach weiteren Landungsoperationen der Sowjets bis zum 3. Okt. geräumt werden.

Am 5. Okt. landeten sowjetische Kräfte auf Ösel. Die 218. ID wich kämpfend auf die Halbinsel Sworbe zurück. Sworbe aber mußte so lange wie möglich gehalten werden, um den Transportweg nach Riga noch weiter offenzuhalten.

Wieder befahl Großadmiral Dönitz den Einsatz der schweren Kriegsmarine-Einheiten. In der Zeit vom 6. bis 13. Okt. beschossen „Prinz Eugen“ unter Kpt. z. S. Reinicke, „Lützow“, Kpt. z. S. Knoke, und die 6. Z.-Flot. unter Kpt. z. S. Kothe die Sowjets auf den Inseln und ebenso sowjetische Bereitstellungen bei Memel.

Die Rote Armee hatte am 10. Okt. nördlich von Memel zum zweitenmal die Ostsee erreicht. Nunmehr setzte der umfangreiche Nachschubverkehr über See ein. Der sowjetische Vorstoß, das sei vorab gesagt, kam noch einmal zum Stehen.

Die 3. T.-Flot. sicherte mit ihren Booten, die beiden Schweren Kreuzer und T 23 und T 28 liefen am 22. Okt. noch einmal dicht unter die Küste von Sworbe und beschossen die erkannten Feindstellungen.

Auch die Kampfgruppe 2 unter VAdm. Thiele griff mit „Lützow“ und sieben Zerstörern bzw. Torpedobooten in diese Küstenbeschießung ein.

Durch sowjetische Bombenangriffe, bei denen am 24. Okt. drei Flugzeuge abgeschossen wurden, erhielt Z 28 einen Bombentreffer. Das Boot erreichte mit eigener Kraft Gotenhafen. Die Sowjets stellten den Angriff auf Sworbe ein.

Bereits um diese Zeit war es Großadmiral Dönitz klar, daß er alles versuchen mußte, die Hunderttausende Soldaten, Verwundeten und Flüchtlinge aus diesem östlichsten Teil Deutschlands über See zu retten. Er bereitete sich bereits innerlich auf diese Anforderungen vor. Vor allem galt es, die Heizölfrage vorab bestmöglich zu klären, um alle fahrbereiten Schiffe auch zur Rückführung aus der Ostsee einsetzen zu können.

Am Abend des 14. Okt. 1944 erklärte der Ob. d. M. auf der im kleinsten Kreis stattfindenden Führerlage, daß die Halbinsel Sworbe weiter gehalten werden müsse, so lange jedenfalls, wie mit einer Möglichkeit der Rückführung der HGr. Nord über See zu rechnen sein würde.

Dies wurde allgemein anerkannt, und Großadmiral Dönitz traf seine weiteren diesbezüglichen Entscheidungen.

Trotz der starken Unterstützung durch die Torpedoboote ging auf Sworbe am 18. Okt. der Leoriegel verloren, als die Rote Armee mit starken Kräften antrat. Die Boote T 23 und T 28, die zwei Minensucher der Fugasklasse in Brand schossen, sechs Fliegerangriffe und einen Angriff von MGB abwehrten, liefen am 19. Okt. auf die Westseite der Halbinsel und eröffneten auch hier das Feuer.

Am 20. Okt. mußte dann auch wieder die Kampfgruppe „Prinz Eugen" mit vier T-Booten von Westen her eingreifen. Vom 22. bis 24. Okt. löste „Admiral Scheer", Kpt. z. S. Thienemann, mit zwei Zerstörern und sechs Booten der 2. T.-Flot. KKpt. Paul, die „Prinz Eugen" ab. Durch diese tatkräftige Unterstützung konnten in der Nacht zum 25. Okt. die 4491 letzten Soldaten von Sworbe geborgen werden und auf 18 MFP ans Festland übersetzen.

Vom 31. Okt. bis zum 2. Nov. 1944 befand sich Großadmiral Dönitz im FHQ Wolfsschanze. Der Admiral z. b. V. KAdm. Wagner und Kptlt. Lüdde-Neurath, Hitlers persönlicher Adjutant, sowie der Marine-Verbindungsoffizier, Kpt. z. S. von Conrady, waren anwesend, als letzterer Dönitz die Heereslage auf dem Ostkriegsschauplatz darlegte. An der Führerlage im kleinen Kreis um 15 Uhr nahmen nur GA Dönitz und der Admiral FHQ teil.

Diesmal ging es um eine mehr politische Frage denn um konkrete Anlässe, und GA Dönitz äußerte, als er zur Möglichkeit eines Landungsunternehmens der Engländer in Nordnorwegen gefragt wurde, daß er dies für ausgeschlossen halte, da es ja auf der Konferenz in Moskau offensichtlich nicht zu einer Einigung zwischen Stalin und Churchill gekommen sei, wie man der letzten Churchillrede einwandfrei entnehmen könne. Dönitz war der Meinung, daß Churchill alles, was Stalin Sorge bereiten könnte, vermeiden müsse, um nicht in Gegensatz zu diesem zu gelangen. Eine Initiative gegen Nordnorwegen durch England könnte von Stalin als Bedrohung der Sowjetunion aufgefaßt werden.

Im Gegensatz dazu vertrat Hitler die Ansicht, daß die Lage zwischen Churchill und Stalin ohnehin ernst sei und daß England einem Vordringen der Sowjets bis in den Raum Narvik hinein, wie er dies für möglich halte, nur durch den eigenen Einmarsch und die Besetzung dieses Gebietes begegnen könne.

Als der Chef des Wehrmachtsführungsstabes, Generaloberst Jodl, den Einsatz von U-Booten gemeinsam mit Flugzeugen gegen die im Bereich der nordnorwegischen Küste auftretenden feindlichen Flugzeugträger anregte, lehnte Dönitz dies mit dem Bemerken ab, daß er einen solchen Einsatz für aussichtslos halte. Hitler unterstrich diese Ausführungen von Dönitz, so daß der Einsatz unterblieb.

Um 20 Uhr waren im Haus der Marine, einem Bunkergebäude im FHQ Wolfsschanze, das dem Ob. d. M. während seiner Besuche als Unterkunft diente, der Chef des OKW, GFM Keitel, FKpt. Meyer, Major von Schimonski, Major von John und Kptlt. Bebermeier Gäste des Großadmirals.

Die Führerlage am 1. Nov. um 15.30 Uhr fand wiederum im kleinsten Kreise statt. Dönitz meldete, daß er in Hinblick auf den drohenden Verlust der Insel Walcheren, die für die Absperrung der Schelde und eine Verhinderung der Nutzung des Hafens von Antwerpen durch den Gegner entscheidend wichtig war, die Kleinkampfmittel im Großraum Holland verstärkt habe. Sie sollten nunmehr schwerpunktmäßige Einsätze gegen die Schelde fahren. Auch die im niederländischen Raum vorhandenen Schnellboote müßten dagegen eingesetzt werden.

Der 2. Nov. sah eine Reihe Besprechungen, die durch eine Unterredung zwischen Dönitz und dem Reichsminister für Rüstung und Kriegsproduktion, Speer, um 11.30 Uhr eröffnet wurde. Zwischen Speer und Dönitz bestand seit dem Amtsantritt Speers als Reichsminister im Juni 1942 ein sehr enges kameradschaftliches Verhältnis.

Dazu Speer: „Der damalige Befehlshaber der U-Boote empfing mich im Sommer 1942 in Paris in einem einfachen, für damalige Begriffe ultramodernen Appartementhaus. Die schlichten Verhältnisse wirkten auf mich um so sympathischer, als ich von einem opulenten Mittagessen mit vielen Gängen und kostbaren Weinen kam, das Feldmarschall Sperrle, Befehlshaber der in Frankreich stationierten deutschen Luftstreitkräfte, gegeben hatte. –

Die gemeinsamen Aufgaben beim Bau der großen U-Boot-Bunker am Atlantik führten Dönitz und mich während der nächsten Monate zusammen. Raeder schien das nicht gern zu sehen. Kurzerhand untersagte er Dönitz, technische Fragen mit mir direkt zu besprechen. –

Dönitz verstand es, durch fachmännische Entschiedenheit und technische Argumentation bis zum Ende des Krieges die Marine vor der Sprunghaftigkeit Hitlers zu bewahren. Ich traf mich häufig mit ihm, um die Probleme des U-Boot-Baus zu besprechen. –

Wir stimmten bald überein, die Marinerüstung meiner Organisation zu übertragen. Ich übernahm dabei die Garantie, das von Dönitz geforderte Flottenprogramm durchzuführen. –

Unser Versprechen, monatlich 40 U-Boote zu liefern, hätten wir in den ersten Monaten des Jahres 1945 trotz der inzwischen katastrophalen Umstände erreicht, wenn nicht durch die Fliegerangriffe ein Drittel der Boote auf den Werften zerstört worden wäre. –

Meine Arbeit hatte mir kameradschaftliche Kontakte zur Führung der Armee vermittelt; zu Guderian, Zeitzler und

Fromm, zu Milch und nun zu Dönitz." (Siehe: Speer, Albert: Erinnerungen.)

Bei dem Gespräch am Vormittag des 2. Nov. 1944 ging es zum xtenmal um die neuen Elektroboote. Der Wettlauf mit der Zeit schien verlorenzugehen. Während im Atlantik, im Nordmeer und im Mittelmeer, in den entfernten Ozeanen der Erde die alten U-Boote versuchten, die Versenkungstonnage so hoch wie möglich zu schrauben, wurden sie immer wieder gebombt und versenkt.

Bereits im April 1944 hatte GA Dönitz im FHQ erneut die Forderung auf rascheste Fertigstellung der Elektroboote gestellt. Er war zugunsten des Jägerstabes vertröstet worden. Rechsminister Speer konnte Dönitz versichern, daß in den nächsten Wochen die ersten Boote des Typs XXIII, also die Serie der kleinen Küsten-Elektroboote, fertig sein werden und daß der Typ XXI bald ausgeliefert werde. Das hatte Dönitz seinen U-Boot-Leuten allerdings bereits zum November 1944 versprochen.

Nach der Unterredung mit Speer folgte um 15.30 Uhr die Führerlage im kleinen Kreis; anschließend sprach Dönitz mit Hitler, um abschließend noch SS-Gruppenführer Fegelein zu empfangen, ehe der Ob. d. M. um 20 Uhr wieder nach Berlin flog.

Wenige Tage darauf sollte die Kriegsmarine ein schwerer Schlag treffen.

Der Untergang der „Tirpitz"

Das Schlachtschiff „Tirpitz", das nach dem Willen von Großadmiral Raeder als „Fleet in being" im hohen Norden eine ganze britische Flotte binden, darüber hinaus gegen die Nordmeerkonvois operieren sollte, war am 16. Jan. 1942 zu seiner ersten Fahrt ankerauf gegangen und nach Norwegen marschiert, wo es im Faetten-Fjord festgemacht hatte. Das

Schlachtschiff sollte durch einige weitere Großkampfschiffe verstärkt werden, doch es blieb, durch verschiedene Ereignisse verursacht, allein in Norwegen.

Beim ersten großen Einsatz, der am 4. März 1942 begann und gegen den Konvoi PQ 12 gerichtet war, sollte dieser durch rasches Zuschlagen schneller Verbände vernichtet werden.

Doch die deutschen Suchflugzeuge verloren die Fühlung am Geleitzug. Am fünften Tag nach Einsatzbeginn wurde ein Feindflugzeug gesichtet. Kurz darauf gab es den erwarteten Fliegeralarm.

Swordfish-Flugzeuge des Trägers „Victorious“ wollten die „Tirpitz“ vernichten. 22 dieser Maschinen warfen insgesamt 44 Lufttorpedos. Kpt. z. S. Topp, der Kommandant der „Tirpitz“, rettete das Schlachtschiff, indem er mit Hartruder Backbord allen Torpedos entging.

Alle Geschütze mit Ausnahme der 38-cm-Türme eröffneten das Feuer. Aus 132 Rohren peitschte den angreifenden Flugzeugen ein Feuerorkan entgegen. Granaten von 2 bis 15 cm-Kaliber hämmerten in die Swordfishes hinein. Vorn und achtern, an Backbord und an Steuerbord der „Tirpitz“ stürzten abgeschossene und brennende Maschinen in die See. Noch einmal griffen sechs Torpedomaschinen an. Auch diese Torpedos gingen vorbei, der letzte Aal nur 20 Meter hinter dem Heck des Schlachtschiffes. Neun Minuten dauerte der Kampf. Sieben Feindflugzeuge wurden abgeschossen. Weitere flogen schwer beschädigt zum Träger zurück, erreichten ihn aber nicht, sondern stürzten vorher ab.

Der PQ 12 aber kam unbehelligt in Murmansk an und brachte den Sowjets weiteres US-Kriegsmaterial, vor allem Panzer und Lastwagen.

Im Drontheimfjord, dicht unter Land, von einer doppelten Netzsperre umgeben, ankerte die „Tirpitz“ nach diesem erfolglosen Angriff auf sie. Feindliche Aufklärer spürten sie auf. Großadmiral Raeder suchte einen anderen Liegeplatz für die

,,Tirpitz" zu erhalten, aber es war im Moment nicht genügend Treiböl vorrätig.

Die Besatzung der ,,Tirpitz" wartete auf einen neuen Einsatzbefehl, denn nach wie vor liefen die Nordmeer-Geleitzüge. Am Nachmittag des 2. Juli 1942 lief dann die Kampfgruppe I unter GenAdm. Schniewind mit ,,Tirpitz", ,,Admiral Hipper", vier Zerstörern und zwei Torpedobooten von Drontheim nach Nordnorwegen zur Ausgangsposition für den Einsatz ,,Rösselsprung". Es ging dabei um einen vernichtenden Angriff auf den PQ 17.

Der 1. britische Seelord, Admiral Pound, der einen Überwasserangriff der beiden deutschen Großkampfschiffe erwartete, ließ am Abend des 4. Juli 1942 den Konvoi auflösen und den Kreuzerverband, der ihn deckte, nach Westen ablaufen. Damit überließ er die Handelsschiffe ihrem Schicksal, einzig weil die ,,Tirpitz" in See stand und er Schlimmes befürchtete.

Großadmiral Raeder befahl wenig später den Abbruch des Flottenunternehmens, weil er eine Führerweisung erhalten hatte, kein Risiko einzugehen.

,,Tirpitz" lag nun im Drontheimfjord, und erst im September 1943 lief sie zum Angriff auf Spitzbergen aus, der bereits vorab geschildert ist.

Elf Tage nach der Meldung über den ,,Tirpitz"-Einsatz im Wehrmachtbericht wurde das deutsche Schlachtschiff von Kleinst-U-Booten der Engländer angegriffen, die von anderen U-Booten ins Schlepp genommen und zum Einsatzort gebracht worden waren. Es waren die drei Kleinst-U-Boote X 5, X 7 und X 6, von denen X 6 und X 7 ihre Sprengladungen unter der ,,Tirpitz" und in Höhe des Turmes Berta anbringen konnten. Die Detonationen der Sprengladungen erschütterten das Schiff. Die Operation ,,Source" war erfolgreich verlaufen, aber die ,,Einsame Königin des Nordens", wie die ,,Tirpitz" genannt wurde, schwamm noch. Sechs Monate war sie allerdings außer Gefecht gesetzt, und erst Ende März 1944 war sie wieder für 27 Knoten Fahrt auslaufbereit.

Am 3. Apr. 1944 wurde die ,,Tirpitz", im Alta-Fjord liegend, von Martlet-Bombern angegriffen. Nicht weniger als 15 Bomben von 500 kg-Gewicht schlugen in den Schiffsriesen ein. 168 Besatzungsmitglieder fielen, über 430 wurden verwundet. Aber die ,,Tirpitz" schwamm immer noch.

Die Angriffe auf dieses Superschlachtschiff wurden fortgesetzt. Am 24. Aug. 1944 griffen Bomber mit 750-Kilo-Bomben an. Auch diesmal erlitt die ,,Tirpitz" keine schweren Schäden, weil ein Bomben-Volltreffer nicht krepiert war.

Am 15. Sept. 1944 griffen viermot. Lancaster-Bomber an. Sie trugen zum erstenmal 6 Tonnen Blockbrecher-Bomben. Eine dieser Bomben riß das ganze Vorschiff auf. Die ,,Tirpitz" schwamm, aber sie war erledigt. Sie wurde drei Meilen von Tromsö entfernt nahe der kleinen Insel Hakoya dicht unter Land verankert.

Hier griffen am 22. Okt. 1944 40 Lancaster-Bomber das Schlachtschiff an. Auf 20 km Distanz wurde der Verband bereits beschossen, vier Bomber zerplatzten. Der Verband barst förmlich auseinander. Die Bomben wurden im Notwurf in freies Wasser geworfen.

Erst am 12. Nov. 1944 sollte sich das Schicksal der ,,einsamen Königin des Nordens" erfüllen. Es wurde Luftalarm gegeben, und um 8.45 Uhr eröffnete die schwere Artillerie der ,,Tirpitz" das Feuer auf den anfliegenden Gegner. Es waren wieder Lancaster-Bomber. Die ersten Bomben schmetterten wenig später in das Schlachtschiff hinein. Grelle Stichflammen blafften in die Höhe. Der schwere Turm Dora wurde in die Luft geschleudert. Die ,,Tirpitz" legte sich nach schweren Treffern weit über und lag schließlich mit 70 Grad Schlagseite auf der glatten See. Plötzlich kenterte sie, und ihr roter Kiel ragte mit einem schmalen Stück des Schiffsbodens aus dem Wasser empor. Diejenigen Seeleute, die nicht mehr von ihren Stationen hatten kommen können, waren im stählernen Bauch des Schiffes gefangen.

Die Sechs-Tonnen-Blockbrecher hatten dem Schlachtschiff den Rest gegeben. Die ,,Tirpitz" war nicht mehr.

Bergungstrupps waren fieberhaft bei der Arbeit, die eingeschlossenen Kameraden freizuschweißen. Nach 30 Stunden mitten im eisigen Wasser wurden noch Menschen geborgen. 48 Stunden arbeiteten die Bergungstrupps ohne Pause. Aber sie fanden bis auf 82 lebende Besatzungsmitglieder nur noch Tote. 1204 Besatzungsmitglieder blieben in dem Stahlsarg, der einmal die einsame Königin des Nordens gewesen war. 806 Männern war es gelungen, sich in Sicherheit zu bringen. Der Kommandant, sein Stab und auch Bordpfarrer Dr. Seegeberg blieben im Schiff.

,,Ensom Dronning – Die einsame Königin" war mit dem Großteil der Besatzung auf letzte Fahrt gegangen.

,,Die ,Tirpitz', das war für uns so etwas wie ein Wahrzeichen unerschütterlichen Stehvermögens", sagte Großadmiral a. D. Dönitz dem Verfasser anläßlich eines seiner Besuche. ,,Als sie unterging, da ging es wie ein Schock durch die ganze Marine. Sie hatte so vielen Angriffen getrotzt, und nun war sie nicht mehr. Der Ausfall der ,Tirpitz' bedeutete aber auch, daß nunmehr die Nordmeergeleitzüge nur noch von den U-Booten und einigen Kampffliegerverbänden bedroht werden konnten. Damit war dem Gegner aber der Abzug seiner in Nordschottland liegenden schweren Seestreitkräfte möglich. Das war neben den schweren Verlusten, die uns tief schmerzten, die Folge der Vernichtung dieses Schlachtschiffes."

Der Endkampf in der Ostsee

Vom 1. bis zum 3. Jan. 1945 weilte Großadmiral Dönitz zu Besprechungen im Führerhauptquartier ,,Adlerhorst" bei Bad Nauheim. Die Schlacht in den Ardennen, die am 16. Dez. 1944 begonnen hatte, war zu diesem Zeitpunkt bereits gescheitert. Nun kam es darauf an, den Rückzug der an der

Westfront zurückweichenden eigenen Truppen im Westwall zu stoppen und eine Abwehrlinie zu errichten.

Im Osten herrschte die berüchtigte Stille vor dem Sturm. Wenn die erwartete sowjetische Winteroffensive losbrach, konnte dies für die Nordabschnitte der Ostfront das Ende bedeuten.

Überlegungen der Seekriegsführung sahen nun keine weiträumigen Operationen mehr vor, sondern nur Kleineinsätze, wie beispielsweise den Versuch, 6 Biber-Kleinst-U-Boote durch U-Boote zum Kola-Fjord zu schaffen und sie auf das dort festgestellte Schlachtschiff anzusetzen. Auch der Einsatz der Kleinkampfmittel im Schelderaum, wo die ersten 18 neu fertiggestellten Kleinst-U-Boote „Seehund" angreifen sollten, stand zur Debatte.

Am 2. Jan. 1945 mußte GA Dönitz auf die angespannte Minenlage in der Ostsee hinweisen. Nach einer weiteren Führerlage am späten Nachmittag des 3. Jan. sprach GA Dönitz um 19 Uhr mit Hitler unter vier Augen. Er trug diesem über den Stand des Tonnagekrieges vor und betonte besonders die Erfolge der Schnorchelboote und die Möglichkeit, von nun an je Monat 50 „Seehunde" mit jeweils zwei Torpedos zum Einsatz zu bringen. Dies müsse nach den Erfahrungen bei 20 Prozent Trefferquote eine Versenkungsziffer von 100000 Tonnen ergeben.

„Die Sorge um die Weiterführung des U-Boot-Krieges, vor allem nach dem ersten Auftreten der neuen U-Boottypen, die von der Wasseroberfläche verschwinden werden, wird in der Bedrohung der Heimatbasen durch die feindliche Luftwaffe liegen."

Hitler versprach, die Flak für alle U-Boot-Stützpunkte zu verstärken.

Die militärpolitische Lage der deutsch-sowjetischen Front war Anfang 1945 für die Rote Armee so günstig wie nie zuvor. Durch die Großoffensive „Bagration" im Sommer 1944 war die Heeresgruppe Mitte zerschlagen worden und die Rote

Armee weit nach Westen an die Grenze Ostpreußens vorgedrungen.

Die nunmehr von der Roten Armee geplante strategische Winteroffensive mit fünf Fronten auf einer Angriffslinie zwischen der Ostsee und den Karpaten in zwei getrennt beginnenden, aber zusammenhängenden Operationen, von denen die erste gegen Ostpreußen, die zweite gegen den Weichsel-Oderabschnitt gerichtet war, begann am 12. Jan. 1945.

Im ersten Abschnitt der Winteroffensive der Roten Armee vom 12. bis 17. Jan. 1945 wurde die deutsche Verteidigungsfront auf einer Breite von 360 Kilometern durchbrochen; die Hauptkräfte der HGr. A, der vormaligen HGr. Mitte, waren nach ein paar Tagen zerschlagen.

In der zweiten Phase vom 18. Jan. bis zum 3. Febr. 1945 wurde das schlesische Industriegebiet und gleichzeitig auf breiter Front die Oder zwischen Bielsko-Biala im Süden und Zehden im Norden erreicht und durch Einschwenken nach Ostnordosten der Raum Marienburg und die Ostsee gewonnen.

Im Norden eröffneten die 3. Belorussische Front und die 2. Belorussische Front, die sich nach Süden anschloß, den Angriff auf Ostpreußen mit dem Ziel der Abtrennung Ostpreußens und der Einschließung der in diesem Raum stehenden deutschen Kräfte. Darüber hinaus sollte dieser sich bildende Kessel durch einen direkten Stoß in Richtung Königsberg gespalten werden.

Diese Offensive der 3. Belorussischen Front wurde am 13. Jan. 1945 eröffnet; tags darauf trat auch die 2. Belorussische Front an. Zwischen Pillkallen und Gumbinnen wurde die deutsche HKL im ersten Ansturm erschüttert. Gumbinnen fiel am 21. Jan., am nächsten Tag befand sich auch Insterburg in sowjetischer Hand. Der Weg nach Königsberg öffnete sich. Nun hieß es die Rettungsmaßnahmen forcieren. Dies war dem Oberbefehlshaber der Kriegsmarine klar:

„Die Rettung der deutschen Ostbevölkerung hielt ich unter

diesen Umständen für die erste Pflicht, die der deutsche Soldat noch zu erfüllen hat", sagte Großadmiral Dönitz. „Wenn wir zu unserem Schmerz den Ostdeutschen ihr Heimatland nicht erhalten konnten, so durften wir sie bei der Rettung ihres nackten Lebens keinesfalls im Stich lassen. Allein dafür bereits mußte der Soldat an der deutschen Ostfront weiterkämpfen.

Der U-Boot-Krieg war damit nicht mehr die Hauptaufgabe der Kriegsmarine. Ich stellte große Teile von ihr auf die Unterstützung der Ostfront und die Rettung deutscher Menschen um. Aus der Nordsee und dem Norwegenraum wurden Streitkräfte für die Ostsee abgezogen. Sie wurden hier dringend zur Sicherung der Seewege und der Handelsschiffe gebraucht, die für die Ostfront und den Flüchtlingstransport eingesetzt waren." (Siehe: Dönitz, Karl: a. a. O.)

Als Großadmiral Dönitz sich zu diesem Entschluß durchgerungen hatte, befahl er dem Seetransportchef der Wehrmacht, KAdm. Engelhardt, die Ostseetransporte zu forcieren.

An Zerstörern und Torpedobooten als Sicherung für die Transporte und die Kampfschiffe standen in der östlichen Ostsee folgende Verbände und Boote zur Verfügung:

6. Z.-Flot.: mit Z 25, Z 28, Z 43, „Karl Galster" und „Paul Jacobi".
5. T.-Flot.: mit T 23, T 28, T 35 und T 36.
2. T.-Flot.: mit T 1, T 3, T 4, T 5, T 8, T 9, T 11 und T 12.
4. Z.-Flot.: mit Z 34 und Z 38 (erst vom 1. Febr. 1945 an).

Weitere Zerstörer und Tropedoboote traten in der Schlußphase noch hinzu.

Als die Rote Armee südlich an Königsberg vorbeistoßend bis Ende Januar an das Frische Haff gelangte und die Landverbindung zwischen Pommern/Westpreußen und Ostpreußen unterbrach, wurde abermals durch GA Dönitz die Kampfgruppe unter VAdm. Thiele eingesetzt. Sie bestand aus der „Prinz Eugen", zwei Zerstörern und zwei Torpedobooten.

Die KGr. lief am 29. Jan. aus und beschoß nördlich Königsberg die ins Samland vordringenden sowjetischen Truppen, um den Aufmarschraum des deutschen XXVIII. AK bei Cranz zu decken.

,,Admiral Scheer“ stand mit drei T-Booten weiter auf See hin abgesetzt in Bereitschaft. Mit Hilfe dieser schweren Einheiten wurde die Landverbindung zwischen Pillau und Königsberg wieder freigekämpft.

Inzwischen waren aber auch die Handelsschiffe mit den Flüchtlingen in Fahrt gekommen. Die großen Wohnschiffe aus Gotenhafen, die ,,Pretoria“, ,,Duala“, ,,Robert Ley“, ,, Wilhelm Gustloff“, ,,Cap Arkona“, ,,Hansa“, ,,Hamburg“, ,,General San Martin“ und viele andere mehr waren darunter.

In Eberswalde hatte sich KAdm. Engelhardt, der Seetransportchef, mit seinem Stab eingerichtet. Bis dahin hatte er den Rücktransport deutscher Divisionen aus Nordnorwegen geleitet. Nun aber erhielt er von Großadmiral Dönitz die größte Aufgabe seines Lebens.

Von Pillau aus liefen ,,Robert Ley“, ,,Duala“ und ,,Pretoria“ in der Nacht zum 25. Jan. 1945 nach Westen. Alle drei Schiffe waren mit Flüchtlingen vollgestopft, die in Stettin von Bord gegeben wurden. In Gotenhafen wurden noch weitere 2000 Flüchtlinge und 1000 Verwundete an Bord genommen.

In Königsberg begann die Einschiffung am 24. Jan. 1945 bei 20 Grad unter Null. Die ,,General San Martin“ wurde im Hafenbecken IV mit 3000 Flüchtlingen vollgestopft.

Auf der halbwracken ,,Emden“, die in Königsberg in der Werft gelegen hatte, wurden 1300 Flüchtlinge eingeschifft und dann mit Eisbrecherhilfe nach Pillau geschleppt. Vorher aber waren noch die Särge des Generalfeldmarschalls von Hindenburg und seiner Frau aus dem Tannenbergdenkmal geholt und an Bord gebracht worden, ehe die ,,Emden“ mit einem einsatzklar gemachten Marschmotor mit 7 kn Fahrt den Marsch nach Westen antrat. In Pillau wurden die Särge auf die ,,Patria“ gegeben, die sie Anfang Februar in Stettin auslud.

Von hier aus wurden sie auf Lastwagen nach Merseburg gefahren und im dortigen Dom aufgestellt.

Der erste Ansturm der Flüchtlinge wurde durch die genannten Schiffe und weitere Einheiten vom Tankdampfer bis zum Flugsicherungsschiff, vom Munitionstransporter bis zum Walfangboot aufgenommen. Bis zum 27. Jan. waren aus Pillau bereits 37 800 Flüchtlinge, 7090 Verwundete und 4487 Soldaten nach Westen verschifft worden. Doch der Strom der Menschen versiegte nicht, sondern schwoll weiter und weiter an.

Aus Ostpreußen, wo zunächst die Gauleitung die Evakuierung verboten hatte, schleppte sich nunmehr ein dichter Strom Menschen zur Küste, die allein Rettung bot. Über das Eis suchten die Menschen Pillau zu erreichen.

Am Morgen des 29. Jan. 1945 war Königsberg von der Roten Armee eingeschlossen. General Lasch übernahm in der zur Festung erklärten Stadt das Kommando. 50 000 Flüchtlinge gingen und fuhren auf allen möglichen Wegen und Gefährten nach Pillau. Aber noch befanden sich 100 000 Zivilisten in Königsberg.

Seetransportführer KAdm. Engelhardt erhielt von GA Dönitz alle Hilfe. Er bekam Treiböl und Kohlenzuteilungen, und nur so konnte jede Tonne Schiffsraum genutzt werden. Da war beispielsweise die 5266 BRT große „Gotenland" unter Kapitän Vollmers, die als halbes Wrack mit fehlender Back, ohne Winden und Anker nach Pillau lief und dort 3500 Mütter und Kinder übernahm und nach Swinemünde brachte. Ende Januar galt es, die 50 000 im Raume Danzig-Gotenhafen liegenden Verwundeten zurückzubringen. In das KTB der Seekriegsleitung schrieb Karl Dönitz folgende Worte:

„Es muß *alles* geschehen, um zu helfen!"

Nach diesen Worten handelte er und setzte dies auch gegenüber der Obersten Führung durch. In diesen hektischen Operationen ging fast unter, daß einige U-Boote vor Gibraltar, vor der USA-Küste und in der Nordsee wieder Erfolge errangen. Dies war vor allem aufgrund der Schnorchel möglich gewesen.

In einigen Vorträgen vor Hitler gelang es Dönitz, die Kohlenfrage zufriedenstellend zu lösen. Bereits am 23. Jan. 1945 unterrichtete der Ob. d. M. den Chef des OKW über die von KAdm. Engelhardt gemeldete Kohlenlage an der Küste und forderte die raschestmögliche Zuführung weiterer Vorräte, um allen Transportaufgaben gerecht werden zu können. Es galt ja, nicht nur Flüchtlinge und Verwundete zurückzubringen, sondern auch den militärischen Seetransport sicherzustellen und die Sicherungsaufgaben der Kriegsmarine beizubehalten.

Nach einer Rücksprache am 26. Jan. 1945 mit Reichsminister Speer trug Dönitz die Lage des U-Boot-Neubaues vor. Es könnten, so führte er aus, nach Verlust des oberschlesischen Industriegebietes einschließlich der bisher gelieferten Boote noch 170 Boote vom Typ XXI und 50 Boote vom Typ XXIII fertiggestellt werden. Der Großadmiral stellte bei Hitler den Antrag, daß dieser U-Boot-Bau durchgeführt werde. Hitler genehmigte den Antrag und gab Weisung, daß Reichsminister Speer die weiteren Dinge veranlassen solle.

Am 28. Jan. 1945 trug Kpt. z. S. Aßmann im FHQ vor, daß das erste Boot des Typs XXIII am 29. Jan. 1945 aus Oslo auslaufen und zur Feindfahrt vor die englische Küste marschieren werde. Dies bedeutete, daß seit dem Herbst 1942, als Admiral Dönitz den Bau durchgesetzt hatte, weit über zwei Jahre vergangen waren, ehe das totale U-Boot in Dienst kam. Dies war angesichts der sich ergebenden Schwierigkeiten eine knappe Zeitspanne, die aber in der gegenwärtigen Situation zu lange währte.

Die Führerlage am 30. Jan. 1945 sah GA Dönitz beim Vortrag über die Bedeutung der Häfen Stettin und Swinemünde für die Aufgaben des Seekrieges und insbesondere für die Transportaufgaben von und nach dem Ostraum.

Inzwischen war in der Ostsee ein Ereignis eingetreten, das wie ein schwerer Schock auf allen Beteiligten lastete, ohne daß sie es hätten verhindern können.

Das Ende der ,,Wilhelm Gustloff"

Am 30. Jan. verließ das KdF-Schiff ,,Wilhelm Gustloff" mit etwa 6100 Menschen an Bord zum erstenmal seit fünfeinhalb Jahren des Herumgammelns Gotenhafen. Die 2. U-Boot-Lehrdivision war auf diesem großen Motorschiff eingeschifft worden. Hinzu kamen Flüchtlinge und Zivilisten. Begleitet wurde der 25 000-Tonner von dem Beute-Torpedoboot ,,Löwe". Beide Einheiten strebten dem Treffpunkt mit der ,,Hansa" entgegen. Auf der ,,Hansa" aber war in Höhe von Hela ein Hauptdampfrohr gebrochen. Das Schiff mußte Hela anlaufen. Kapitän Petersen, Chef auf der ,,Gustloff", entschloß sich nach einem Gespräch mit KKpt. Zahn, dem Kdr. der 2. U-Boots-Lehrdivision, den Marsch allein fortzusetzen.

Zwischen Rixhöft und Stolpmünde wurde das Schiff von dem sowjetischen U-Boot S-13, Kpt. 3. Ranges Marinesco, mit einem Torpedo-Viererfächer angegriffen. Drei Torpedos trafen die ,,Wilhelm Gustloff." Das Boot ,,Löwe" warf Wasserbomben. Von der Brücke der ,,Wilhelm Gustloff" wurden rote Sterne geschossen und mit den Scheinwerfern geleuchtet.

Es war T 36, Kptlt. Hering, das mit hoher Fahrt auf das sinkende Schiff zulief. Kptlt. Hering ließ trotz Ortung zweier U-Boote stoppen und die Rettungsmaßnahmen einleiten. Er übernahm bis an die äußerste Grenze des Möglichen 564 Schiffbrüchige. Er hatte außer seiner Besatzung schon 250 Flüchtlinge an Bord. ,,Löwe" barg 252 Schiffbrüchige.

,,Admiral Hipper", die 1500 Verwundete an Bord hatte und inzwischen nahe herangekommen war, nahm wieder

Fahrt auf, weil neue U-Boot-Ortungen gemeldet wurden und der Kommandant die 1500 Verwundeten nicht gefährden durfte.

M 341 kam noch heran und übernahm 37 Menschen; schließlich konnte der Dampfer ,,Göttingen" noch 28 Menschen bergen.

Das Torpedofangboot TF 19 und das Schulboot TS 2 bargen 22 Menschen. Insgesamt wurden von den 6100 Menschen, die sich offiziell an Bord der ,,Wilhelm Gustloff befanden, nur etwa 900 gerettet.

Am 9. Febr. sichtete S-13 die ,,Steuben", die von T 196 und TF 10 geleitet wurde. Die ,,Steuben" hatte 3500 Menschen an Bord. S-13 versenkte auch dieses Schiff durch einen Treffer seiner beiden geschossenen Hecktorpedos. Nur 300 Menschen konnten von den Begleitbooten aus dem eisigen Wasser geborgen werden.

Bei der Führerlage am Nachmittag des 31. Jan. 1945 erklärte Großadmiral Dönitz, daß das ungestörte Auftreten sowjetischer U-Boote nur durch das Fehlen deutscher Flugzeuge für die U-Boot-Jagd möglich sei. Auf die Frage, warum denn die Marine nicht selbst diese U-Boot-Jagd übernehme, erwiderte Dönitz:

,,Die Kriegsmarine muß sich wegen des Mangels an eigenen Sicherungsstreitkräften auf die unmittelbare Sicherung der Geleite beschränken und kann deshalb keine flächenmäßige U-Boot-Jagd durchführen. Das hierfür allein geeignete Mittel ist das mit Ortungsmitteln ausgerüstete Flugzeug, das ja auch auf seiten des Gegners unseren U-Boot-Krieg lahmgelegt hat."

In dieser Besprechung ordnete Hitler an, daß die Flüchtlingsschiffe auf ihrem Rückmarsch nach Osten Lebensmittel für die Flüchtlinge mitnehmen sollten.

Nachdem Großadmiral Dönitz die Verstopfung von Swinemünde schon an den Vortagen zur Kenntnis gebracht hatte, meldete er am 3. Febr. 1945, daß sich die Verstopfung Swine-

Generaladmiral von Friedeburg (mit Tasche) und GenLt. Kinzel (rechts) treffen im HQ von Feldmarschall Montgomery ein.

GenLt. Kinzel unterzeichnet am 4. 5. 1945 die Teilkapitulation an der brit. Front; neben ihm Feldmarschall Montgomery.

Die Marineschule in Flensburg-Mürwik, Sitz des deutschen Oberkommandos unter Großadmiral Dönitz.

Reichsminister Arthur Seyss-Inquart wird in Hamburg verhaftet.

Die entscheidende Phase der Verhaftung: (von links oben) Dolmetscher, General Rooks, GenMaj. Truskow, Brigadier Foord, Generaloberst Jodl, Großadmiral Dönitz und Generaladmiral von Friedeburg auf dem Wohnschiff „Patria" am 23. 5. 1945.

Die Reichsregierung wird verhaftet.

Generalmajor Dethleffsen verläßt das Befehlsgebäude am 23. 5.

Reichsminister Albert Speer, Großadmiral Karl Dönitz und Generaloberst Jodl auf dem Wege in die Gefangenschaft.

mündes mit Flüchtlingen weiter verstärkt habe. Es seien zur Zeit bereits 35 000 Flüchtlinge dort, und 22 000 weitere seien nach Swinemünde unterwegs.

Auch die schwierige Lage der Versorgung der Kampfgruppen in der Ostsee mit 20,3-cm- und 28-cm-Granaten wurde von Dönitz gemeldet. Was aber war mit den Einsätzen der Kriegsschiffseinheiten in der Ostsee?

„Lützow“ und „Admiral Scheer“ im letzten Einsatz

Beginnend mit dem 9. Febr. 1945 setzten die beiden Schweren Kreuzer „Lützow“ und „Admiral Scheer“ die Beschießung der sowjetischen Stellungen in Samland fort. Ihnen beigestellt waren zwei Zerstörer und sechs Torpedoboote.

Mit dem Beginn des sowjetischen Angriffs auf Hinterpommern wurden „Admiral Scheer“, drei Zerstörer und ein T-Boot zur Deckung des deutschen Brückenkopfes gegenüber Wollin eingesetzt.

Währenddessen hatten die Transportschiffe den ganzen Februar hindurch ihre Tätigkeit fortgesetzt. Ununterbrochen fuhren alle fahrbaren Untersätze Menschen nach dem Westen, und als am 12. Febr. 1945 GA Dönitz von Hitler nach dem Untergang der „Steuben“ gefragt wurde, warum er denn so große Schiffe einsetze, deren Vernichtung so schwere Verluste hervorrufe, erklärte der Ob. d. M., daß er einfach nicht auf die Benutzung dieser großen Schiffe verzichten könne, weil beim Verzicht auf sie der Abtransport der Verwundeten sich um 40 000 Mann im Monat verringern müßte. Die zur Verfügung stehenden kleinen Schiffe könnten nur 17 000 Verwundete im Monat befördern. Dönitz erklärte:

„Es ist richtiger, alle verfügbaren Mittel zum Abtransport von Verwundeten einzusetzen und dabei hin und wieder Verluste in Kauf zu nehmen, als von vornherein auf den Abtransport so großer Zahlen von Verwundeten zu verzichten. Bis zu diesem Zeitpunkt sind immerhin 76 000 Verwundete auf dem Seewege aus dem Ostraum nach dem Westen transportiert worden, so daß die Verluste nur einen niedrigen Prozentsatz ausmachen."

Hitler stimmte diesen Ausführungen zu, und so fuhren alle Schiffe weiter.

Am 1. Febr. 1945 war auch das Lazarettschiff ,,Monte Rosa", aus Norwegen kommend, in Pillau eingetroffen. Über 3000 Verwundete wurden übernommen und nach Kiel geschafft. Von dort lief die ,,Monte Rosa" direkt nach Pillau zurück. Hier kamen weit über 4000 Menschen im Bombenhagel sowjetischer Flugzeuge an Bord und wurden nach Swinemünde geschafft. Von dort aus lief die ,,Monte Rosa" am 15. Febr. wieder in Richtung Pillau aus. Am frühen Morgen des folgenden Tages erhielt das Schiff einen Minen- oder Torpedotreffer. Das Sanitätspersonal und ein Teil der Besatzung mußte in die Boote. Das Schiff wurde nach Gotenhafen eingeschleppt.

Damit war das Kapitel der ,,Monte Rosa" jedoch noch nicht abgeschlossen. Dieses unverwüstliche Schiff lief mit Hilfe von drei Schleppern in höchster Gefahr mit 5600 Verwundeten, Kranken und Flüchtlingen an Bord, noch einmal aus Gotenhafen aus und erreichte wohlbehalten Kopenhagen.

In Hamburg in der Alte Rabenstraße, wohin der Seetransportchef verlegt hatte, war KAdm. Engelhardt die Seele des Ganzen. Von ihm hat der Autor die Unterlagen für seinen Report über die ,,See des Schicksals", wie viele der Geretteten die Ostsee nannten.

Da tauchten Namen von Schiffen auf, die in aller Stille Geschichte gemacht haben. So die ,,Deutschland", die 12 000 Flüchtlinge nach dem Westen brachte, und die ,,Cap Arcona" mit 14 000 Menschen an Bord.

Bis zum 15. Febr. 1945 waren bereits 204 000 Menschen aus Pillau evakuiert. Hinzu kamen 60 000 Soldaten. In der Festung Kolberg strömten die Flüchtlinge aus Pommern zusammen, die vor den Truppen der Roten Armee flohen und in dieser Stadt ihre letzte Zuflucht sahen. Von hier aus ging es in vielen Zügen nach dem Westen. Am 1. März 1945 wurden nicht weniger als 22 Züge gezählt; sie waren bis auf den letzten Platz mit Flüchtlingen vollgestopft, die vor den Greueln der sowjetischen Eroberung flohen.

Als alles verloren schien, als Panzerkolonnen der Roten Armee dicht hinter den Trecks den Ostseestrand erreichten, ihnen folgten und das Feuer auf sie eröffneten, brachten wieder die Zerstörer, die Torpedoboote und die schweren Artillerieträger, die aus allen Rohren auf die Verfolger einhämmerten, die Sowjets zum Stehen.

Am 7. März 1945 befanden sich noch 75 000 Flüchtlinge und 3300 Soldaten in Kolberg. Die Rote Armee hatte die Stadt jetzt eingekreist. Nunmehr konnten Rettungsaktionen nur noch über See erfolgen. Z 34 und Z 43 liefen bis auf die Reede, schossen in die sowjetischen Angriffskeile hinein und wehrten diesen Gegner ab. In der Nacht zum 12. März gelang es zwei Marine-Fähr-Prähmen vollbesetzt mit Flüchtlingen auszulaufen. Sie hielten auf die beiden Zerstörer zu. Dort wurden im Feuer des Gegners 800 Flüchtlinge auf die Zerstörer übernommen. Weitere Boote kamen heran, und als Z 34 auslief, hatte der Zerstörer neben seiner Besatzung noch rund 1000 Flüchtlinge an Bord.

Am 14. März standen Oberst Fullriede, dem Kommandanten von Kolberg, nur noch 2200 Soldaten zur Verfügung. Mit ihnen schlug er die Rote Armee aus den Vororten hinaus. Im Kampf um die Waldenfelsschanze griff Z 43 von See her ein und schoß eine Reihe Feindpanzer in direktem Beschuß ab.

Fregattenkapitän Halbe hatte im Hafen längst alle Boote zusammengefaßt. Küstenmotorschiffe und Kutter kamen hinzu. Sie liefen vollbesetzt mit Flüchtlingen zu den beiden Zerstörern. Z 34 nahm in der Nacht 1700 Menschen auf. 250 Schwerverwundete waren schon vorher übernommen worden. Z 43 barg ebenfalls ungezählte Verwundete. In großer Fahrt wurden diese zurückgebracht; dann trat der Zerstörer sofort wieder den Rückweg auf die Reede von Kolberg an.

Am Nachmittag des 17. März trafen beide Zerstörer abermals dort ein. Im Hafen befanden sich jetzt die letzten Soldaten unter Oberst Fullriede. Sie verteidigten einen 400 m tiefen und 2000 m breiten Streifen. Die Zerstörer schossen auf die erkannten Feindstellungen und verschafften den Soldaten jene Luft, die sie zum Einschiffen brauchten.

In der Nacht wurden alle Soldaten, die Verwundeten zuerst, auf die beiden Zerstörer geschafft. Im Morgengrauen ging Oberst Fullriede als letzter an Bord. Er gab Kolberg entgegen dem Führerbefehl auf und rettete damit 70000 Flüchtlinge, 2000 Verwundete sowie 5500 Soldaten und Volkssturmmänner. Hitler anerkannte dies und verlieh Oberst Fullriede am 23. März 1945 das Eichenlaub zum Ritterkreuz des Eisernen Kreuzes.

Während der Kampf um Kolberg tobte, gingen die übrigen Rettungsaktionen weiter. Am 12. März 1945 wurde der Dampfer ,,Androß" von Sowjet-Bombern versenkt. Von den an Bord befindlichen 2500 Flüchtlingen kamen nur 200 mit dem Leben davon.

Der große Marinetanker ,,Sassnitz", der am 26. März aus Pillau zur Versorgung der Kurlandarmee auslief, um Libau mit Treibstoff zu versorgen, wurde von roten Torpedofliegern in Brand geworfen. Dennoch blieb er in Fahrt. Immer wieder angegriffen und von neuen Treffern durchgeschüttelt, ging die ,,Sassnitz" schließlich unter. Ihre Geleitsicherung, bestehend aus vier Räumbooten, wurde bis auf R 69, das schwer beschädigt Libau erreichte, ebenfalls vernichtet.

Ein Boot aber sei noch besonders erwähnt. Es war der Schwere Artillerieträger ,,SAT Soemba". Dieses Boot lief am 25. März nach Gotenhafen, das schon völlig eingeschlossen war, und übernahm binnen 50 Minuten 600 Flüchtlinge. Diese wurden nach Hela gebracht. Sofort wieder auslaufend, holte

,,Soemba" noch in derselben Nacht weitere 600 Flüchtlinge aus Gotenhafen heraus.

Während des folgenden Tages brachte das Schiff alle diese Flüchtlinge zur auf der Reede liegenden ,,Potsdam" hinüber, einem Wohnschiff der 2. U-Boot-Lehrdivision.

In Hexengrund an einer provisorischen Landestelle übernahm ,,Soemba" mit zwei weiteren SAT Soldaten und Verwundete. Hexengrund, das war der Strand der letzten Hoffnung für alle, die ihr Heil auf Königsberg gesetzt hatten. Immer wieder nahmen die Funker auf den kleinen Booten folgende Hilferufe auf: ,,Holt uns! Flüchtlinge, Verwundete und Soldaten warten in Hexengrund!"

Die SAT karrten die Geborgenen zur ,,Charlotte" hinüber, die draußen auf See wartete, und liefen wieder nach Hexengrund zurück. Fünf Tage und Nächte nahmen die Boote den gefährlichen Weg. Dann ging dieser letzte Stützpunkt nahe Danzig verloren.

Nur Danzig hielt sich noch. Die schweren Kriegsmarine-Einheiten zerschlugen den sowjetischen Umklammerungsring. Hier gelang es ,,Prinz Eugen" unter VAdm. Rogge am 14. März einen rollenden sowjetischen Panzervorstoß zusammenzuschießen. Z 34 stieß nach Zoppot vor und feuerte mit dem vorderen Doppelturm 15-cm-Granaten in direktem Beschuß auf rote Panzer, die vernichtet wurden. So konnte noch am Nachmittag des 23. März die ,,Walter Rau" mit Flüchtlingen vollgepackt werden. Über drei Landungsbrücken schoben sich Tausende Schritt für Schritt vorwärts. Als 6000 Menschen an Bord waren, legte die ,,Walter Rau" überfüllt ab.

Am Palmsonntag, dem 25. März wurde auch die 9. Sicherungs-Division wieder eingesetzt. Sie karrte mit allem, was schwamm, 35 000 Menschen nach Hela. Am 26. März waren es weitere 40 000, und in der Nacht zum 5. Apr. 1945 wurden die Reste von drei Panzer-Divisionen des VI. PzK abgeholt.

Die 10 000 Tonnen große ,,Ubena" lief noch einmal nach Danzig-Neufahrwasser ein. Die Stellungen der Roten Armee lagen ganze 1500 Meter entfernt. 4000 Flüchtlinge wurden eingeschifft. Von hier aus waren bis zum 25. März 1945 über 500 000 Flüchtlinge nach dem Westen verschifft worden.

In der Nacht des 1. Apr. liefen zwei große Schiffe aus Hela aus. Es waren die 21 000 BRT große „Deutschland“ und die 16 600 BRT große „Pretoria“. An Bord befanden sich 18 000 Menschen, darunter 1500 Schwerverwundete und 2700 Leichtverwundete. Dies war der erste Transport im April 1945 nach dem Westen. Auf ihrer letzten Rückfahrt nahm die „Cap Arcona“, die bereits in drei Fahrten 30 000 Flüchtlinge in die Heimat geschafft hatte, mit 4000 Verwundeten und 5000 Flüchtlingen eine Rekordzahl nach Westen. Die „Mars“, die „Askari“, „Minden“, „Urundi“, „Walter Rau“ und viele andere Schiffe nahmen den Kampf gegen die große See und die aus der Luft und von See angreifenden Feinde auf. Die „Wangoni“ und „Eberhard Eßberger“, die „Neidenfels“ und die „Potsdam“ kamen hinzu.

Am 9. Apr. traf es die zum Glück noch unbeladene „Albert Jensen“ auf Hela-Reede tödlich. Zwei Tage darauf wurde die „Moltkefels“ mit 4500 Flüchtlingen an Bord durch Bomber versenkt. 3500 Menschen fanden den Tod. Am selben Tage wurde auch die „Posen“ versenkt. Die kleine „Karlsruhe“ befand sich mit 1000 Flüchtlingen an Bord noch vor der pommerschen Küste, als sie durch Bomben und Lufttorpedos versenkt wurde. 850 Menschen konnten aus der See geborgen werden.

Die Schweren Kreuzer und ihr Geleitschutz mußten in diesen Apriltagen nach Swinemünde zurückgezogen werden. Für sie gab es keinen Brennstoff mehr. Mit Flüchtlingen beladen waren „Hipper“ und „Leipzig“ nach Westen gelaufen. Im April fielen insgesamt zwölf Schiffe, die Flüchtlinge transportierten, den Bomben- und Torpedoangriffen des Gegners zum Opfer.

Am 16. Apr. verließ ein Konvoi, bestehend aus acht Handels- und Geleitschiffen, Hela. Unter ihnen auch die 5230

BRT große „Goya". 60 Seemeilen westlich von Stolp vor Rixhöft wurde dieses Geleit von einem sowjetischen U-Boot angegriffen. Die „Goya", mit 60 Schwerverwundeten, 325 Leichtverwundeten, 1500 Soldaten des VII. PzKorps und 3500 Flüchtlingen beladen, wurde von zwei Torpedos eines Dreierfächers dieses U-Bootes getroffen. Die anschließende Kesselexplosion ließ das Schiff auseinanderbrechen und binnen weniger Minuten sinken.

Schnellboote und Sicherungsfahrzeuge bemühten sich um die Bergung der Schiffbrüchigen. Ein Geleitfahrzeug barg 94 Soldaten, Schnellboote bargen 82 Menschen. 5305 Menschen aber gingen mit der „Goya" unter.

Am 25. März wurde die „Emily Sauber" auf Hela-Reede durch Bomben und Artilleriefeuer versenkt. 50 der 2000 Flüchtlinge konnten nicht geborgen werden.

Was aber war im FHQ geschehen, welche Maßnahmen wurden von Großadmiral Dönitz getroffen, um so viele Menschen wie möglich zu retten?

Welche Einsätze der Kriegsmarine konnten noch Erfolge versprechen, und wie waren diese Erfolge zu beurteilen?

Die letzten Einsätze der U-Boot-Waffe

Bereits auf der großen Konferenz in Jalta vom 4. bis 12. Febr. 1945 hatte Winston Churchill von den Sowjets gefordert, so rasch wie möglich Danzig zu erobern, weil dort etwa 30 % der deutschen U-Boote gebaut würden. Auf dieser Konferenz wurde kein Zweifel darüber gelassen, daß es den alliierten Streitkräften kaum gelingen würde, die neuen wirklichen Unterwasser-Boote wirksam zu bekämpfen, weil diese infolge ihrer langen Unterwasserausdauer und ihrer großen Unterwassergeschwindigkeit nicht mehr zu packen waren. Im Schlußbericht von Jalta heißt es zu diesem Problem:

„Die Möglichkeit, daß deutsche U-Boote wieder eine ernste Gefahr für unsere Schiffahrt im Nordatlantik werden könnten, erregt unsere Besorgnis.“ (Siehe: Offizielle Jalta-Dokumente des US State Department.)

Die in japanischen Stützpunkten in Ostasien stehenden deutschen U-Boote erhielten im Januar 1945 den Rückmarschbefehl. Sie sollten in den Heimatstützpunkten mit Schnorcheln ausgerüstet werden. U 861, KKpt. Oesten, gelang es, im Frühjahr 1945 den Stützpunkt Drontheim zu erreichen. Die übrigen, die es versuchten, kamen nicht durch.

Vor Neufundland griff U 1202, Kptlt. Thomsen, einen Konvoi an und versenkte daraus zwei Schiffe und einen Zerstörer. Trotz aller positiven Zeichen ging der U-Boot-Krieg zu Ende. Daran änderten alle Anstrengungen der U-Boot-Führung nichts.

Vorerst jedoch sahen die Zeichen gut aus; GA Dönitz konnte Hitler am 17. Febr. 1945 melden, daß in den letzten Tagen sieben deutsche U-Boote aus dem Operationsgebiet um England zurückgekehrt seien, die auf engstem Seeraum mittels Schnorchels operieren und Erfolge erzielen konnten. Dönitz meldete weiter, daß bis zu diesem 17. Febr. allein im Februar 35 U-Boote auf Feindfahrt gegangen waren und daß 23 weitere bis zum Schluß des Monats nachfolgen würden.

Als Hitler nach den Elektrobooten fragte, konnte Dönitz melden, daß sich bereits zwei Boote des Typs XXIII im Einsatz vor der englischen Ostküste befänden und daß die ersten Boote des Typs XXI Ende Februar oder Anfang März in das Operationsgebiet US-Ostküste auslaufen würden.

Zum Schluß dieser Lagebesprechung betonte auch Hitler, daß die Wiedergeburt der U-Boot-Waffe für die Gesamtkriegslage von großer Bedeutung sei. Dönitz berichtete, daß die Boote des Typs XXI, ohne auch nur einmal auftauchen zu müssen, von Deutschland bis nach Japan laufen könnten und daß damit eine grundsätzliche Umwälzung in den Begriffen der Seekriegsführung eingetreten sei.

„Allerdings“, führte der Ob. d. M. abschließend aus, „ist

die Intensivierung des U-Boot-Krieges weitgehend eine Werftfrage.“

Hitler anerkannte die sich daraus zwingend ergebende Forderung des Ob. d. M. nach Erhaltung allen Werftpersonals und der Sicherung der Energie- und Kohlenversorgung der Werften. Er erkannte die Bedeutung dieser völligen Umstellung des U-Boot-Krieges ausdrücklich an.

Wenige Tage später mußte Dönitz auf der Nachmittags-Lagebesprechung des 26. Febr. 1945 melden, seine Befürchtungen, daß die Werften das nicht leisten könnten, was sie müßten, hätten sich bewahrheitet. Die Weserwerft in Bremen war am Vorabend zum fünftenmal seit dem 17. Febr. durch Bombenangriff verwüstet worden. Fünf Boote des neuen Typs XXI waren bei diesen Angriffen verlorengegangen.

Neben der Rückführung der Flüchtlinge und Verwundeten aus dem Osten hatte Großadmiral Dönitz nun mehr und mehr mit Wehrmachttransporten zu tun. Auch diese forderten den vollen Einsatz allen Schiffsraumes. So mußte der Nachschub für die 4. Armee der HGr. Nord mit 2000 Tonnen täglich ebenfalls durch den Seetransportchef KAdm. Engelhardt auf dem Wege Pillau-Rosenberg transportiert werden. Hinzu kam die Versorgung Königsbergs und des Samlandes. Pillau und die Beherrschung des Seekanals waren die Voraussetzung für die weitere Durchführung dieser Aktionen.

Zu allem Übel mußte GA Dönitz auch noch bei der Rückführung der Flüchtlinge gegen Gauleiter Koch in Königsberg einschreiten, als dieser den Abfluß zu stoppen versuchte.

Die U-Boot-Einsätze gingen inzwischen weiter, wenn auch die feindlichen Luftangriffe große Lücken in den Bestand rissen. So wurden vom 30. März bis zum 12. Apr. 1945 insgesamt 24 U-Boote auf den deutschen Werften durch Luftangriffe zerstört.

Von den im Februar 1945 vorhandenen 130 Front-U-Booten für den Atlantikeinsatz waren im Durchschnitt ständig 64 in See, von ihnen aber nur 17 im Einsatzgebiet, weil der

Marsch aus der Heimat in die Operationsgebiete im Durchschnitt 24 Tage dauerte. Aus den Biskayahäfen hätten diese Distanzen in vier Tagen überwunden werden können.

Am 16. März meldete Dönitz Hitler, daß das erste XXIer Boot in den nächsten Tagen auslaufen werde und daß im April sechs weitere Boote dieses Typs folgen würden. Diese geringen Zahlen sagten dem Ob. d. M. deutlich, daß eine Wiederbelebung des U-Boot-Krieges in dieser Untergangssituation mit der Vernichtung der halbfertigen und fertigen Boote auf den Werften nicht mehr möglich war.

„Wir hielten eine Fiktion aufrecht", erklärte er dem Autor nach dem Kriege. „Aber wir hofften auf ein Wunder; dies völlig grundlos, denn die Fakten zeigten das Ende an, das unausweichlich näherkam. Wir versuchten nur, es noch so lange wie möglich hinauszuschieben, um aus dem Osten zu retten, was zu retten war. Unsere tapferen Besatzungen, ob Soldaten oder Handelsmariner, wußten, warum sie bis an die Grenze des physischen Zusammenbruchs fahren mußten, und sie wußten auch, daß jede ihrer Fahrten Tausende Menschen vor dem sicheren Untergang rettete. Darum fuhren sie weiter."

Das erste Boot des Typs XXI, U 2511 unter KKpt. Adalbert Schnee, einem alten, erfahrenen, mit Ritterkreuz und Eichenlaub ausgezeichneten U-Boot-Kommandanten, lief erst am 30. Apr. 1945 aus Bergen aus, denn die Bombenangriffe auf die Werften dieser Boote hatten weitere Zeitverluste gekostet. Dieses Boot lief einen schulmäßigen unerkannten Angriff auf feindliche Kriegsschiffe, ohne zu schießen, weil Großadmiral Dönitz am 4. Mai 1945 für alle in See stehenden U-Boote ein Angriffsverbot erlassen hatte.

Im April 1945 griffen 13 U-Boote aus Narvik einen nach Murmansk gehenden Geleitzug an. U 294 und U 997 meldeten Erfolge gegen Bewacher. U 711 kam auf einen Dampfer zum Schuß, und U 968 versenkte einen vor der Einfahrt von Murmansk stehenden Sowjet-Zerstörer. U 711 drang in den

Hafen von Murmansk ein und torpedierte einen Frachter. Wenig später traf Kptlt. Lange einen Zerstörer mit dem letzten Torpedoschuß seines U 711.

Die deutsche U-Boot-Waffe hielt bis zum bitteren Ende aus. Winston Churchill schrieb über sie: „Mit erstaunlicher Standhaftigkeit und ungeachtet aller Verluste harrten sechzig bis siebzig U-Boote bis fast ganz zum Schluß an der Front aus. Ihre Erfolge waren nicht mehr bedeutend, aber sie trugen in der Brust unbeirrbar die Hoffnung auf einen Umschwung im Seekrieg. –

Die Endphase des Kampfes lag in den deutschen Küstengewässern. Alliierte Luftangriffe vernichteten deutsche U-Boote, aber als Dönitz die Kapitulation anordnete, standen immer noch 49 Boote in See. So groß war die Hartnäckigkeit des deutschen Widerstandes, so unerschütterlich die Tapferkeit deutscher U-Boot-Fahrer."

Dönitz in Gesprächen mit Hitler

Im Anschluß an die Führerlage des 27. März 1945 kam es zu einem ausführlichen Gespräch des Ob. d. M. mit Hitler über die Zweckmäßigkeit des Aufbaus der Kriegsmarine vor dem Kriege. Dönitz vertrat hier, wie auch vor dem Kriege gegenüber seinem Vorgesetzten Großadmiral Raeder, den Standpunkt, daß der Bau von Schlachtschiffen anstelle des Baues der von ihm geforderten Zahl von 300 U-Booten ein Fehler war. Er sagte darüber später:

„Mit unserem Schlachtschiffbau konnten wir den Vorsprung, den unsere Gegner auf diesem Gebiet hatten, niemals aufholen. Eine überragende U-Boot-Waffe hingegen, die hätte aufgebaut werden können, besaß beträchtliche Aussichten, den Krieg in kurzer Zeit zu unseren Gunsten zu entscheiden.

Hitler stimmte nicht direkt zu, aber ich merkte, daß er jetzt doch auch zu dieser Überzeugung gekommen war. Insbesondere, als ich ihn daran erinnerte, daß wir im Winter 1940–41 nur jeweils zwischen drei und sechs Booten anstelle der von mir geforderten 100 Boote im Operationsgebiet stehen hatten."

In einem anderen Lagebericht am 1. Apr. 1945 ging es um die großen Leistungen im Abtransport der Verwundeten und Flüchtlinge, die von Gauleiter Forster in einem Funkspruch an den Ob. d. M. besonders gewürdigt wurden. Als die Frage der Versenkung der Flüchtlingsdampfer durch den Gegner aufgeworfen wurde, erklärte Dönitz hierzu:

„Das Risiko bei solchen Transporten mit überfüllten Schiffen und teilweise unzureichender Sicherung ist außerordentlich hoch, es muß aber getragen werden, wenn wir überhaupt Menschenleben retten wollen."

Hitler dazu: „Ich bin auch dieser Auffassung und meine, daß 10 Prozent Verluste auf dem Marsch nach Deutschland noch immer besser sind, als 90 Prozent Verluste auf dem Marsch nach Sibirien."

Dabei sollte hervorgehoben werden, daß die Verluste, so herb sie im einzelnen auch waren, nicht einmal ein Prozent der Gesamt-Rettungszahlen erreichten.

Einen entscheidenden Vorstoß machte der Oberbefehlshaber der Kriegsmarine Hitler gegenüber am 12. Apr. 1945 vor der allgemeinen Lagebesprechung. Unter vier Augen schlug Großadmiral Dönitz vor, daß er im Falle der Notwendigkeit, Berlin zu verlassen, in den Nordraum verlegen müsse, um von dort aus weiter zu evakuieren. Hitler stimmte Dönitz zu, denn dessen Aufgaben lagen im Nordraum.

Darüber hinaus trug Großadmiral Dönitz Hitler vor, daß die Soldaten der Kriegsmarine bewaffnet werden müßten, falls durch die erzwungene Stillegung der schwimmenden Streitkräfte ihr Einsatz in der Verteidigung der Häfen notwendig werden sollte. Es gelte, für 163 000 Mann Handwaffen zu beschaffen. Hitler erklärte, daß er mit allen Mitteln versuchen werde, diese Waffen bereitzustellen.

Eindeutig wies Großadmiral Dönitz darauf hin, daß die Transporte von Hela und Pillau diese Häfen zu Schwerpunkten feindlicher Luftwaffeneinsätze gemacht hätten und daß aus diesem Grunde die Beladung der großen Schiffe nicht mehr in den Häfen, sondern draußen auf Reede vorgenommen werden müsse. Zur Konsequenz dieser Meldung Dönitz:

„Dies bedeutet, daß Abtransport von Panzern und Fahrzeugen aller Art aus Ostpreußen nicht mehr möglich ist. Die Gefahren für den Nachschubverkehr liegen nicht auf See, sondern in den Häfen. Die Verstärkung des Jagdschutzes ist die einzige Möglichkeit der Sicherung eines wirksamen Abtransportes.“

Dazu meldete der Chef des Generalstabes der Luftwaffe, daß die beiden Flugplätze auf der Halbinsel Samland, Brüsterort und Neutief, unter feindlichem Artilleriebeschuß lägen. Neue Flugplätze seien bei Pillau und auf der Halbinsel Hela im Ausbau.

Durch das Vordringen des Westgegners bis zur Elbe war die Brennstoffzufuhr für die Kriegsmarine aus dem mittel- und süddeutschen Raum abgeschnitten. Dazu meldete Großadmiral Dönitz, daß das Auslaufen der U-Boote nur noch bis zum 20. Apr. gesichert sei, daß es danach, falls keine anderen Brennstoffquellen erschlossen werden könnten, beendet und daß im Laufe des April dann sogar jede Art von Seefahrt unmöglich gemacht sei.

Am 13. Apr. meldete der Chef des Generalstabes des Heeres, daß von der Kriegsmarine vom 21. März bis zum 10. Apr. 157 270 Verwundete aus dem Ostraum über See nach Westen befördert worden seien.

Diese Meldung ließ Großadmiral Dönitz mit noch verstärktem Elan an die weiteren Rückführungsfahrten herangehen. Alles, was er aufbieten konnte, wurde zu diesem Zweck eingesetzt.

Am 15. April 1945 verkündete Hitler den überrascht aufhorchenden Anwesenden, daß im Falle einer Trennung von

Nord- und Süddeutschland durch Feindoperationen Großadmiral Dönitz für den Nordraum und Generalfeldmarschall Kesselring für den Südraum den Befehl übernehmen sollten. Er befahl die Aufstellung einer Außenstelle A für den Nordraum und B für den Südraum. Großadmiral Dönitz, der auf dieser Führerlage nicht anwesend war, erhielt die Nachricht durch den Admiral im FHQ übermittelt.

Die letzten Rückführungsoperationen

Am 3. Mai 1945 funkte VAdm. Thiele, der als neuer Admiral Östliche Ostsee einige Tage zuvor in Hela eingetroffen war, an die Regierung Dönitz nach Flensburg: „Infolge gänzlichen Aufhörens des Ostgeleitverkehrs auf Hela in Kürze über 200 000 Menschen massiert. –

Erbitte sofort großzügige Inmarschsetzung von Schiffsraum für den Abtransport. Am 2. und 3. Mai nur jeweils ein Dampfer nach Westen gelaufen. Abhilfe zwingend erforderlich."

Aus dem Bereich des AOK Ostpreußen waren noch 225 000 Soldaten zurückzuschaffen. 25 000 Flüchtlinge kamen hinzu. Von ihnen befanden sich bereits 175 000 auf Hela.

Aus Swinemünde liefen am Abend des 4. Mai die letzten noch fahrbereiten Kriegsschiffe aus. Es waren die Torpedoboote und Zerstörer unter dem Befehl des Führers der Zerstörer, VAdm. Leo Kreisch. Sie liefen Kopenhagen an und brachten Tausende Flüchtlinge in Sicherheit.

Der auf der Reede von Swinemünde liegende Hilfskreuzer „Orion" erhielt, vollbeladen mit Truppen, mehrere Bombentreffer und brannte lichterloh. An diese loderne Fackel, die jeden Augenblick auseinanderbrechen oder kentern konnte, liefen die MFP, Minensuch- und Vorpostenboote heran und bargen die Menschen. Sie harrten so lange aus, bis der letzte

Kamerad gerettet war. Dann gab T 35 der ruhmreichen „Orion“ den Fangschuß, damit sie nicht in die Hand des Feindes falle.

Als Admiral von Friedeburg nach seiner Mission bei den Westalliierten Großadmiral Dönitz meldete, daß diese sich auch nach der Kapitulation weiteren Rückführungen aus dem Osten nicht in den Weg stellen würden, ließ der Ob. d. M. den unter dem Stichwort „Regenbogen“ gegebenen Selbstversenkungsbefehl für die Flotte und die U-Boote widerrufen und befahl:

„Keine Zerstörungen! Schiffsversenkungen verhindern! In See befindliche Transporte laufen weiter!“

Gleichzeitig damit erhielt auch VAdm. Kreisch, dessen Zerstörer auf dem Ankerplatz „Nanny“ vor der Einfahrt des Drogden-Sundes lagen, Befehl, wieder nach Osten zu laufen. Die letzten Brennstoffreserven wurden gebunkert, und am Morgen des 5. Mai liefen die fünf Zerstörer und vier Torpedoboote aus Kopenhagen aus.

Von britischen Flugzeugen überflogen, wurden sie zum erstenmal seit dem 4. September 1939 nicht gebombt. Minenschiff „Linz“ und Hilfskreuzer „Hansa“ schlossen sich an. Sie erreichten in der Nacht zum 6. Mai Hela. Unmittelbar vorher war hier auch mit S 217 der Kommandierende Admiral Östliche Ostsee aus Libau eingetroffen.

In der Nacht wurden alle Einheiten bis in den hintersten Winkel beladen. „Hansa“ übernahm 12 000 Menschen, jeder Zerstörer 1500, „Linz“ und die T-Boote jeweils 700. Die Mahalla lief unangefochten nach Kopenhagen zurück. 43 000 Menschen waren in diesem Einsatz geholt worden.

Um alle vorhandenen schwimmenden Einheiten noch einmal darauf aufmerksam zu machen, daß die Rettungsaktionen weitergehen würden, wurde am 7. Mai 1945 ein KR-Blitz-Fernschreiben aus dem Hauptquartier von GA Dönitz an die Marine-Nachrichten-Abteilung und die Seekriegsleitung abgesetzt. Gleichzeitig damit ging ein Funkspruch auf allen Ostseewellen durch den Äther: ,,An alle! Transport deutscher Menschen aus dem Osten mit höchster Beschleunigung durchführen."

Am 8. Mai folgte ein weiterer offener Funkspruch nach. Er hatte den Wortlaut:

,,An alle!

8.5. Vorläufige Unterzeichnung Kapitulation in Reims.

8.5. Unterschreiben Keitel, Stumpff, Friedeburg in Berlin endgültige Kapitulation. Danach Waffenruhe an allen Fronten ab 9. 5. 1945, 00.00 Uhr. Ob. d. M. 1. Skl."

(Siehe 1. Skl Teil D PG 31798 und PG 31801 a, 1 & m; übergeben durch GA Dönitz.)

Ergänzend zum ersten Funkspruch wurde um 22.15 Uhr des 7. Mai ein weiterer Funkspruch abgesetzt. Er ging an alle in der Ostsee befindlichen Schiffe, an die 9. und 10. Sicherungs-Division, an die Nachrichtenabteilung Flotte und an den Admiral Östliche Ostsee. Sein Wortlaut war:

,,Rot – Geheim – Verschlußsache:

1. Infolge der durch die Kapitulation veränderten Lage müssen sämtliche See- und Sicherungs-Streitkräfte sowie alle Handelsschiffe bis zum 9. Mai 01.00 Uhr die Häfen in Kurland und auf Hela verlassen haben. Schiffe und Boote sind bis an die Grenze ihres Fassungsvermögens mit Menschen und kleinstem Gepäck zu beladen. Zielhäfen Kiel, Eckernförde, Neustadt. Zwischenlaufen dänischer Häfen auf Grund der Lageentwicklung ausgeschlossen. –

2. Kriegs- und Handelsschiffe auf dem Ostmarsch, deren Wiederauslaufen aus den Ostseehäfen nach dem Anbordnehmen der Menschen bis 01.00 Uhr 9. 5. nicht gewährleistet ist, kehrtmachen und Flensburg anlaufen.

3. In Marsch gesetzte Geleite mit Menschenzahl, getrennt nach Truppen, Verwundeten und Flüchtlingen, zeitgerecht melden. – MOK Ost, Führungsstab F eins 68 OP."

Diese Dokumente zeigen auf, daß Großadmiral Dönitz, der nunmehr die Verantwortung für ganz Deutschland übernommen hatte, vor allem der Flüchtlinge gedachte und daß es sein Bemühen war, sie nach ihrem Eintreffen in den freien Häfen des Westens auch versorgen zu können. Immerhin mußten weit über zwei Millionen Menschen bei der angespannten Versorgungslage im freien Teil Deutschlands zusätzlich versorgt und trotz der zerbombten Städte untergebracht werden.

Was die Handelsschiffsbesatzungen leisteten, wie sie alle ihnen anvertrauten Verwundeten und Flüchtlinge versorgten, das grenzt an das Wunderbare. Hier taten Männer bis an die Grenze ihrer physischen Leistungskraft ihre Pflicht. Sie sollten nie vergessen werden.

In Kopenhagen ließ VAdm. Kreisch noch einmal alle Kommandanten zu sich rufen. „Kameraden", sagte er, „die Kapitulation tritt am 9. Mai um 1.00 Uhr in Kraft. Bis dahin können wir noch einmal Hela anlaufen. Wer wagt es?"

Wie ein Mann traten alle vor. Das war für jeden einzelnen Kommandanten Ehrensache. Am Morgen des 7. Mai 1945 trafen die Boote in Hela ein. An diesem Tage – die beiden großen Dampfer fehlten – wurden dennoch 20000 Flüchtlinge aufgenommen; am Abend des 8. Mai erreichten die Schiffe mit ihnen Glücksburg. Hier ließ „Pappa Kreisch", wie der Vizeadmiral von seinen Männern genannt wurde, noch einmal in die Hölle zurücklaufen. Nicht ein Wort des Murrens wurde laut, kein einziger Protest. Die drei fahrbereiten Zerstörer „Karl Galster", „Friedrich Ihn" und Z 25 machten sich mit T 23 und T 28 auf den Weg. Am Abend des 8. Mai fuhren sie bis zur Mole des ehemaligen Kriegshafens heran. Der alte Bäderdampfer „Rugard" hinkte hinterher. Sein Kapitän sagte:

„Was die Kriegsmarine kann, das werden wir auch versuchen." Auf seinen alten Eimer, der „nur noch aus Versehen schwamm", übernahm er 1500 Soldaten. Die Zerstörer und Torpedoboote nahmen weit mehr auf, als möglich schien. Unterwegs mußten sie immer wieder von leckgeschlagenen Kähnen Landser aufnehmen. Einige schwammen sogar auf Flößen. Sie hatten die Ungewißheit in der See der Gewißheit des Todes in Sibirien vorgezogen.

Trotz aller Bemühungen blieben auf Hela 60 000 Menschen zurück. Sie hatten nicht mehr gerettet werden können, denn nun war es zu Ende.

Die letzten Einheiten der 9. Sicherungs-Division liefen zum gleichen Zeitpunkt am Morgen des 8. Mai nach Libau ein. Sie nahmen 11 400 Männer auf. In Windau übernahmen sie weitere 5500.

Schließlich liefen drei Geleite nebeneinander aus Windau aus. Um 23 Uhr verließ das 5. Geleit mit 6300 Menschen Windau. Wenig später folgte das sechste nach. Es bestand aus zwei Kriegsfischkuttern und 45 Pionier-Landungsbooten, die 5000 Menschen an Bord hatten. Anstatt der vorgesehenen 16 900 Mann wurden 25 700 zurückgefahren.

Der Krieg war auch hier zu Ende. Von Danzig, Gotenhafen und Hela waren insgesamt 1 347 000 Menschen, darunter 300 000 Verwundete und Soldaten zurücktransportiert. Von Kolberg erreichten 77 500 den rettenden Westen. Aus Libau und Windau gelangten 100 000 Verwundete und Soldaten in die Freiheit. Von Swinemünde konnten 70 000 gerettet werden. Hinzu kommt, daß allein im März 1945 100 000 Soldaten von Kurland nach Hela verschifft werden mußten. 265 000 Soldaten mußten aus den Brückenköpfen der Danziger Bucht nach Hela geschafft und von dort nach dem Westen gebracht werden.

Fehladditionen können dadurch entstanden sein, daß z. B. Flüchtlinge und Soldaten aus Pillau in Hela umgeladen wurden und demzufolge doppelt gezählt sein können.

Die amtlichen Zahlen, die dem Autor durch Großadmiral a. D. Dönitz nach dem Kriegstagebuch der 1. Skl. Teil D, PG 31798 a, 1 & m 1. bis 31. Mai 1945 zugeleitet wurden, sind:

1. Nach Westen: aus den Häfen Königsberg, Pillau, Danzig, Gotenhafen und Hela:

Flüchtlinge:	Verwundete:	Soldaten:
679 541	345 477	181 775

2. Im Pendelverkehr: Königsberg nach Pillau, von Pillau nach Gotenhafen, von Kahlberg nach Danzig, von Schievelhorst nach Hela:

Flüchtlinge:	Verwundete:	Soldaten:
494 485	154 291	79 355

3. Transport Pommernküste: nach Rügenwaldermünde, Stolpmünde, Kolberg, Swinemünde:

Flüchtlinge:	Verwundete:	Soldaten:
136 579	10 340	35 634

4. Abtransport Vorpommern-Mecklenburg: (ab 29. Apr.)

Flüchtlinge:	Verwundete:	Soldaten:
25 000	7000	30 000

5. Abtransport Libau: (ab 1. Mai)

Flüchtlinge:	Verwundete:	Soldaten:
keine	7000	18 000

Gesamttransportleistung vom 23. Jan. bis 8. Mai 1945:
2 022 602 Menschen.
I f, I Ost, Ib An Los“

Doch zurück zum Geschehen der letzten Tage des Krieges im FHQ, im HQ von Großadmiral Dönitz und an der Front, besonders im Kampf um die Reichshauptstadt.

Die Regierung Dönitz

Verlegung nach Plön

Aus seinem HQ in Bernau nördlich Berlin fuhr der Ob. d. M. am 16. Apr. 1945 zur Lagebesprechung ins FHQ. Hier erfuhr GA Dönitz, Hitler habe am Vortage angeordnet, daß er im Falle einer Trennung von Nord- und Süddeutschland Kesselring für den Südraum und ihm, Dönitz, für den Nordraum Vollmachten erteilt habe. Allerdings hatte Hitler sich die Befehlsgewalt für die Führung der Operationen an allen Fronten vorbehalten.

Zwei Tage darauf, am 18. Apr., war GA Dönitz abermals bei der Lagebesprechung zugegen. Der sowjetische Durchbruch auf Berlin war noch immer nicht erfolgt. Am 19. Apr. kehrte der Ob. d. M. ins Lager „Koralle" nach Bernau zurück und befahl zu 23.30 Uhr die Verlegung seines Stabes nach Dahlem.

Am Morgen des 20. Apr. fuhr Dönitz in Begleitung seines Adjutanten, KKpt. Lüdde-Neurath, von seiner Dienstwohnung in Bernau aus zur Führerlagebesprechung in den Führerbunker der Reichskanzlei. An diesem Abend setzte Hitler übrigens den Befehl über die Verteidigung des Nordraumes in Kraft.

Am Nachmittag des 21. Apr. 1945 fand ein letztes Treffen zwischen Hitler und Dönitz statt. Da Berlin in den nächsten 24 Stunden völlig eingeschlossen sein würde, entließ Hitler GA Dönitz zur Durchführung seiner Aufgaben als Befehlshaber des Nordraumes.

Um 2 Uhr des 22. Apr. wurde die Verlegung des Stabes des Ob. d. M. durchgeführt; durch eine Lücke im derzeit noch lokkeren Umklammerungsring der Roten Armee verließ der Truppenkonvoi in nordwestlicher Richtung Berlin und erreichte gegen 11 Uhr Plön in Holstein, das neue HQ von Dönitz.

Hier hatte die Seekriegsleitung seit Wochen alles vorbereitet. In diesem Barackenlager verfügte GA Dönitz über gute Funk- und Drahtverbindungen und konnte von hier aus sämtliche Befehlsstellen im Nordraum sofort erreichen.

Für die Aufgaben zu Lande wurde Dönitz als Reichskommissar Gauleiter Wegener, für die militärischen Landoperationen GenLt. Kinzel zugeteilt.

„Daß die in der Anordnung Hitlers vorgesehene Verteidigung des Nordraumes praktisch nicht durchführbar war, erkannte ich bald in aller Klarheit aufgrund der in Plön sofort angestellten Untersuchungen. Aber meine Ernennung versetzte mich doch in die Lage, auch die zivilen Dienststellen und Staatsorgane, soweit erforderlich, für die Weiterleitung der über Land aus Ostpreußen und ganz Deutschland kommenden Flüchtlingstrecks zu koordinieren."

Am 23. Apr. bat GA Dönitz die Gauleiter von Mecklenburg, Schleswig-Holstein und Hamburg zu sich nach Plön. Der Gauleiter von Hamburg, Kaufmann, erschien nicht. Er strebte, was sehr bald klar wurde, eine eigenmächtige Übergabe der Stadt an die Engländer an.

„Dies war jedoch zu dem Zeitpunkt, da die Flüchtlinge über See zu Zehntausenden nach dem Westen kamen, unmöglich. Für sie waren Schleswig-Holstein und auch Hamburg Ziele ihrer Flucht. Kiel lag in Schleswig-Holstein und war zugleich auch Stützpunkt und Ausgangsort beinahe aller Transportdienste der Kriegsmarine in der Ostsee und zugleich Sitz der dazu gehörenden Befehlsorganisation. Wenn Hamburg fiel, dann würden englische Truppen auch Schleswig-Holstein in den Griff bekommen. Dadurch aber würden jene Häfen verlorengehen, die für alle Rückzugsbewegungen unentbehrlich waren." (Karl Dönitz auf eine Frage des Autors.)

In seinem Werk „Zehn Jahre und zwanzig Tage" führte GA Dönitz dazu weiter aus: „Demnach konnte eine vorzeitige selbständige Kapitulation von Hamburg nur mit dem Verlust einer nicht abschätzbaren Zahl an Flüchtlingen und deutschen Soldaten aus dem Ostraum bezahlt werden."

Diesen Preis konnte und wollte GA Dönitz nicht leisten. Deshalb erteilte er dem Kampfkommandanten von Hamburg, GenMaj. Wolz, den Befehl, die Stadt zu halten, und stellte ihm dazu ein Panzervernichtungs-Bataillon unter der Führung von KKpt. Peter Erich Cremer zur Verfügung. Die Soldaten dieser Einheit, die binnen weniger Tage an die fünfzig Feindpanzer abschossen, waren U-Boot-Männer, die kein Boot mehr bekommen hatten.

Am 23. Apr. wurde GA Dönitz darüber informiert, daß Reichsmarschall Göring einen Putschversuch unternommen habe. Hitler habe ihn daraufhin sofort seines Postens enthoben. GenOberst Ritter von Greim sei zum neuen OB der Luftwaffe vorgesehen. Dieser werde in Berlin erwartet.

Am Morgen des 25. Apr. 1945 erhielt Dönitz Nachrichten aus Berlin, die besagten, daß die Rote Armee den Sturmangriff auf das Stadtzentrum mit der Reichskanzlei begonnen habe. Am Abend hielt in der Reichskanzlei der KommGen. des LVI.PzK., General Weidling, Hitler Vortrag. Danach sprach Hitler und erklärte, daß nach dem Fall von Berlin die Niederlage von Deutschland besiegelt sei und daß er aus diesem Grunde hierbleiben und siegen oder untergehen wolle.

Mitten in dieser Besprechung wurde der Wehrmachtsbericht im Rundfunk verlesen, und auch GA Dönitz hörte, wie es um Berlin stand:

„In der Schlacht um Berlin wird um jeden Fußbreit Boden gerungen. Im Süden drangen die Sowjets bis in die Linie Babelsberg-Zehlendorf-Neukölln vor. Im südlichen und nördlichen Stadtgebiet dauern heftige Kämpfe an. Westlich der Stadt erreichten feindliche Panzerspitzen den Raum von Nauen und Ketzin. Nordwestlich Oranienburg wurde das Nordufer des Stettiner Kanals gegen heftige Angriffe gehalten. Wiederholte Angriffe des Feindes auf Eberswalde führten zu Einbrüchen."

Der Untergang Berlins stand unmittelbar bevor. Am Morgen des 26. Apr. wurden die Verteidigungsabschnitte A und B im Ostteil der Stadt mit einem gewaltigen Trommelfeuer belegt. Sowjetische Sturmtruppen brachten bis zum 28. Apr. den deutschen Widerstand zu Fall und stießen am Morgen desselben Tages durch. Zu gleicher Zeit arbeitete General Weidling einen Ausbruchsplan vor und beschwor Hitler am Abend dieses Tages, den Ausbruch zu genehmigen und sich selbst den ausbrechenden Truppen anzuvertrauen.

„Mein Führer", sagte Weidling, „ich beschwöre Sie, dem Ausbruch stattzugeben und den Truppen den Ausbruch aus Berlin zu befehlen. Er macht dem furchtbaren Leiden der Bevölkerung ein Ende.

Ich verpflichte mich mit meinem Kopf dafür, daß Sie gesund und wohlbehalten aus Berlin herauskommen. Geben Sie den Befehl zum Ausbruch! – Sie retten damit Berlin!"

Hitler entschied nach langem Nachdenken: „Wenn schon das Ende kommt, dann in der Reichskanzlei. Es gibt für mich keinen Kompromiß. Eine Gefangennahme schon gar nicht. Ich bleibe in Berlin!"

Kurz nach Mitternacht heiratete Hitler seine Verlobte Eva Braun, und in der Nacht zum 29. Apr. berieten anschließend Goebbels, Bormann und Hitler über die Zusammensetzung einer neuen Reichsregierung, denn Hitler hatte sich entschlossen, mit seiner Frau aus dem Leben zu scheiden. Hitler bat Goebbels, das Amt des Reichskanzlers zu übernehmen. Dann ließ er die Bombe platzen, und verfügte, daß Großadmiral Karl Dönitz mit den Geschäften des Reichspräsidenten beauftragt werden sollte. Diese entscheidende Sitzung war im Morgengrauen des 30. Apr. 1945 zu Ende.

Hitler hatte bereits in dieser Nacht sein Testament geschrieben. Der Vertreter des Reichspressechefs, Lorenz, Oberst von Below und SS-Standartenführer Zander, Bormanns Adjutant, erhielten jeweils ein Exemplar des Testamentes mit der Weisung, den Ausbruch aus Berlin zu wagen und zu versuchen,

Großadmiral Dönitz zu erreichen und diesem die Dokumente zu übergeben.

Am Morgen des 30. Apr. stürmten die sowjetischen Schützen-Regimenter 380, 674 und 756 durch die Trümmer der Innenstadt zur Reichskanzlei. Die Sergeanten Jefgorow und Kantarija erkletterten deren Kuppel und hißten um 14.25 Uhr die Rote Fahne. Der Kampf um das Reichstagsviertel und die Regierungsgebäude war in vollem Gange.

Nach dem Mittagessen rief Hitler seinen Adjutanten Günsche zu sich und befahl diesem, genügend Benzin zur Verbrennung seiner eigenen und der Leiche seiner Frau bereitzustellen. Dazu bemerkte er: „Ich wünsche nicht, nach meinem Tode in einem russischen Panoptikum ausgestellt zu werden." (Siehe: Kempka, Erich: Die letzten Tage mit Adolf Hitler.)

Gegen 14.30 Uhr erschoß sich Hitler und zerbiß gleichzeitig eine Zyankalikapsel. Seine Frau Eva starb durch Zyankali.

Im Artilleriefeuer der Russen wurden die beiden Leichen neben dem Bunkerausgang verbrannt.

Zwei Tage zuvor war GA Dönitz nach Rheinsberg gefahren, wohin das OKW verlegt worden war. Er wollte sich über die Lage an der Ostfront orientieren. Dort traf er mit Himmler zusammen. Dieser brachte nach der Lagebesprechung in einem Gespräch mit Dönitz die Nachfolgeschaft Hitlers zur Sprache. Himmler, der gerade seine Geheimverhandlungen mit dem Grafen Bernadotte geführt hatte und an diesem 28. Apr. entlarvt wurde, fragte Dönitz, ob er ihm zur Verfügung stehen werde, wenn er als Hitlers Nachfolge ihn, Dönitz, mit einer Staatsfunktion betrauen würde. Dönitz erwiderte:

„Es kommt jetzt vor allem darauf an, ein Chaos zu vermeiden, das nur weiteres Blutvergießen kosten würde. Ich werde mich jeder legalen Regierung zur Verfügung stellen."

Am 30. Apr. 1945 meldete dann jener von Dönitz nach Berlin in Marsch gesetzte Marine-Funktrupp, der mit völlig neuem, nicht zu knackendem Codematerial ausgerüstet worden war, dem Großadmiral:

„Neuer Verrat im Gange. Laut Feindrundfunk hat Reichsführer SS Himmler über Schweden Kapitulationsangebot gemacht. Führer erwartet, daß Sie gegen alle Verräter blitzschnell und stahlhart vorgehen. – Bormann."

Himmler, das wußte Dönitz, konnte ein Chaos heraufbeschwören. Deshalb bat der Großadmiral den Reichsführer SS um ein Treffen. Himmler stimmte zu. Er warte in der Polizeikaserne von Lübeck auf den Großadmiral.

Als Dönitz am Mittag des 30. Apr., nur von seinem Schäferhund begleitet, dorthin fahren wollte, wurde er von Admiral Meisel, dem Chef der Seekriegsleitung, und von Gauleiter Wegener bestürmt, eine Wache mitzunehmen, weil die Polizeikaserne in Lübeck von der SS umstellt sei.

GA Dönitz erklärte sich mit einer Wache aus U-Boot-Männern des Bataillons Cremer einverstanden.

In der Polizeikaserne, in der sich Himmler bereits eingerichtet hatte, als sei er der kommende Chef vom Ganzen, ging Dönitz schnurgerade auf sein Ziel los. Er fragte Himmler, ob dieser insgeheim Verbindung mit dem Grafen Bernadotte aufgenommen habe. Dieser verneinte entschieden. Gegen 18 Uhr kehrte Dönitz nach Plön zurück.

Dort erstattete der Marine-Oberbefehlshaber Ostsee, Generaladmiral Kummetz, ihm Bericht über die Lage der laufenden Seetransporte. Anschließend hatte Dönitz eine Besprechung mit Reichsminister Speer. Gegen Abend legte KKpt. Lüdde-Neurath dem Großadmiral einen soeben eingegangenen Funkspruch vor:

„FFR Großadmiral Dönitz.

Anstelle des bisherigen Reichsmarschall Göring setzt der Führer Sie, Herr Großadmiral, als seinen Nachfolger ein. Schriftliche Vollmacht unterwegs. Ab sofort sollen Sie sämtliche Maßnahmen verfügen, die sich aus der gegenwärtigen Lage ergeben. Bormann."

Als Karl Dönitz diesen Funkspruch gelesen hatte, war er bereits sicher, daß er diesen Auftrag übernehmen werde. Er schrieb über diese Minuten, die über sein ferneres Leben entschieden:

„Ich hatte in den letzten Tagen befürchtet, daß das Fehlen einer verantwortlichen zentralen Befehlsinstanz ein Chaos herbeiführen würde, welches noch Hunderttausende von Menschen ohne Sinn und Zweck ins Verderben stürzen könnte. Ich glaubte diesem Zustand durch schnelles Handeln und durch Anordnungen, die für alle verbindlich waren, zu steuern."

Die erste Gefahr, das war Karl Dönitz klar, war Heinrich Himmler. Es galt, diesen Mann unschädlich zu machen. Lüdde-Neurath wurde beauftragt, Himmler nach Plön zu bitten. Himmler sagte ab. Nun ließ sich Dönitz mit Himmler verbinden und erklärte diesem, daß sein Kommen notwendig sei. Diesmal sagte Himmler zu.

Gegen Mitternacht traf der Reichsführer SS, von sechs schwerbewaffneten SS-Offizieren begleitet, in Plön ein. Während die Bewaffneten draußen bleiben mußten, bat Dönitz Himmler in sein Arbeitszimmer. Er selbst setzte sich hinter seinen Schreibtisch, auf dem unter Papieren verborgen eine geladene und entsicherte Pistole lag. Dönitz war entschlossen, Himmler zu töten, sobald dieser zu erkennen gab, daß er ein Chaos verursachen wollte, indem er die Macht an sich zu reißen versuchte.

„Bitte lesen Sie!" Mit diesen Worten reichte Dönitz dem Reichsführer SS den Funkspruch mit seiner Ernennung zum Staatsoberhaupt. Als Himmler gelesen hatte, stand er auf und legte den Funkspruch auf den Tisch.

„Lassen Sie mich in Ihrem Staate der zweite Mann sein!" bat er. Doch Dönitz hatte anders beschlossen: „Das kommt nicht in Frage! Ich habe keine Verwendung für Sie!"

„Ich hatte nun die Freiheit zu weiterem Handeln", sagte Dönitz nach dem Kriege. „In dieser Nacht noch bekamen GFM Keitel und GenOberst Jodl Befehl, zu mir nach Plön zu kommen. Für meine weiteren Maßnahmen wollte ich mir so schnell wie möglich ein persönliches Bild von der Lage machen.“ (Siehe: Dönitz, Karl: a. a. O.)

Am Vormittag des 1. Mai 1945 ging ein zweiter Funkspruch aus der Reichskanzlei in Plön ein. Er war nur sehr kurz:

„FFR Großadmiral Dönitz (Chefsache).

Testament in Kraft. Ich werde so schnell wie möglich zu Ihnen kommen. Bis dahin m. E. Veröffentlichung zurückstellen. Bormann.“

Am Nachmittag des 1. Mai traf dann ein dritter Funkspruch ein:

„FFR Großadmiral Dönitz (Chefsache).

Führer gestern 15.30 Uhr verschieden. Testament vom 29. Apr. überträgt Ihnen das Amt des Reichspräsidenten, Reichsminister Dr. Goebbels das Amt des Reichskanzlers, Reichsminister Bormann das Amt des Parteiministers, Reichsminister Seyss-Inquart das Amt des Reichsaußenministers. Das Testament wurde auf Anordnung des Führers an Sie, Feldmarschall Schörner und zur Sicherstellung für die Öffentlichkeit aus Berlin herausgebracht. Reichsleiter Bormann versucht noch heute, zu Ihnen zu kommen, um Sie über die Lage aufzuklären. Form und Zeitpunkt der Bekanntgabe an Truppe und Öffentlichkeit bleibt Ihnen überlassen. Eingang bestätigen. Goebbels-Bormann.“

Großadmiral Dönitz hatte bereits zwischen dem zweiten und dritten Funkspruch eine Rundfunkansprache und einen Tagesbefehl an die Wehrmacht aufgesetzt. Am Abend des 1. Mai 1945 um 22.30 Uhr meldete dann der Rundfunk:

„Aus dem Führerhauptquartier wird gemeldet, daß unser Führer Adolf Hitler heute nachmittag in seinem Befehlsstand in der Reichskanzlei, bis zum letzten Atemzug gegen den Bolschewismus kämpfend, für Deutschland gefallen ist. Am 30. April hat der Führer Großadmiral Dönitz zu seinem Nachfolger ernannt.

Die Rundfunkansprache von Großadmiral Dönitz am selben Abend hatte folgenden Wortlaut:

„Der Führer hat mich zu seinem Nachfolger bestimmt. Im Bewußtsein der Verantwortung übernehme ich die Führung des deutschen Volkes in dieser schicksalsschweren Stunde. Meine erste Aufgabe ist es, deutsche Menschen vor der Vernichtung durch den vordrängenden bolschewistischen Feind zu retten. Nur für diesen Zweck geht der militärische Kampf weiter. Soweit und so lange die Erreichung dieses Zieles durch die Briten oder Amerikaner behindert wird, werden wir auch gegen sie weiter verteidigen und weiter kämpfen müssen. Die Angloamerikaner setzen dann den Krieg nicht für ihre eigenen Völker, sondern allein für die Ausbreitung des Bolschewismus in Europa fort."

In seinem Tagesbefehl an die deutsche Wehrmacht sagte Großadmiral Dönitz:

„Der Führer hat mich zu seinem Nachfolger als Staatsoberhaupt und Obersten Befehlshaber der Wehrmacht bestimmt. Ich übernehme den Oberbefehl über alle Teile der deutschen Wehrmacht mit dem Willen, den Kampf gegen die Bolschewisten so lange fortzusetzen, bis die kämpfende Truppe und die Hunderttausende von Familien des deutschen Ostraumes vor der Versklavung oder der Vernichtung gerettet sind. Gegen Engländer und Amerikaner muß ich den Kampf so lange fortsetzen, wie sie mich in der Durchführung des Kampfes gegen den Bolschewismus hindern."

Als KKpt. Lüdde-Neurath im Auftrage von Dönitz nach dem ehemaligen Außenminister Frhr. von Neurath suchte, weil dieser das Außenministerium übernehmen sollte, meldete sich am 1. Mai Reichsaußenminister von Ribbentrop, der sich in der Nähe von Plön aufhielt, bei Dönitz und erklärte, daß er der rechtmäßige und durchaus auch geeignetste Außenminister sei. Dönitz lehnte von Ribbentrop ab, bat Graf Schwerin-Krosigk zu sich, und legte ihm nahe, sich als Vorsitzender eines neu zu bildenden Kabinetts zur Verfügung zu stellen. Dieser bat um 24 Stunden Bedenkzeit, ehe er sich am 2. Mai bereiterklärte, das Amt anzunehmen.

In der Nacht zum 1. Mai waren auch GFM Keitel und GenOberst Jodl in Plön eingetroffen. Ebenfalls in das HQ des Großadmirals nach Plön wurde GFM Schörner, der Reichsprotektor für die Tschechoslowakei, Frank, Reichskommissar Dr. Seyss-Inquart für die Niederlande, der Reichsbevollmächtigte für Dänemark, Dr. Best, der OB für Dänemark, Generaloberst Lindemann, Reichskommissar Terboven und Gen. d. Art. Boehme für Norwegen gebeten.

Es kam Großadmiral Dönitz vor allem in bezug auf die besetzten Fremdgebiete darauf an, jedes unnötige Blutvergießen zu verhindern und alle Kriegshandlungen dort zu vermeiden. Dies ist ihm auch hundertprozentig gelungen.

Die Teilkapitulation

Über den Rundfunk erfuhren GA Dönitz und die neue provisorische Reichsregierung am 2. Mai 1945 von der Kapitulation der Truppen in Italien. Am selben Tage war es den englischen Truppen gelungen, ganz Schleswig-Holstein in ihre Hand zu bekommen. Dies zwang Großadmiral Dönitz – falls er weitere Rettungsaktionen für die Deutschen und die Truppen im Osten starten wollte –, sofort zu handeln.

Er gab den vorbereiteten Befehl zur Aufnahme von Verhandlungen über eine Teilkapitulation heraus. Dazu wurde Generaladmiral von Friedeburg ins HQ von Feldmarschall Montgomery entsandt. Er sollte die Teilkapitulation für den nordwestdeutschen Raum anbieten. In seiner Begleitung befanden sich KAdm. Wagner und GenLt. Kinzel.

Durch das OKW erhielt GenMaj. Wolz, der bis dahin hartnäckig und erfolgreich in alter Afrikanermanier Hamburg verteidigt hatte, Weisung, am 3. Mai um 8 Uhr einen Parlamentär zu den Engländern zu entsenden, der die Übergabe von Hamburg vereinbaren und das Nahen der Delegation von Friedeburgs ankündigen sollte.

Am Abend des 2. Mai 1945 bestellte GA Dönitz Generaladmiral von Friedeburg zur Levensauer Hochbrücke über den Kaiser-Wilhelm-Kanal nahe Kiel. Als Dönitz mit seinem Adjutanten, KKpt. Lüdde-Neurath, und Reichsminister Graf von Schwerin-Krosigk dort eintraf, war von Friedeburg gerade angekommen. Dönitz forderte ihn auf, General Montgomery die rein militärische Teilkapitulation für den gesamten norddeutschen Raum anzubieten, dies unter besonderem Hinweis auf die Flüchtlings- und Rückführungsprobleme. Es sollte erreicht werden, daß durch diese Teilkapitulation unter keinen Umständen die Rückführungen aus dem Osten zu Lande und über See behindert werden durften.

Mit seiner Begleitung fuhr GA Dönitz nach Flensburg-Mürwik weiter. Hier erhielt er am Morgen des 3. Mai einen Funkspruch von GFM Kesselring, daß dieser – entgegen anfänglicher Widerstände – die von der HGr. Südwest, GenOberst von Vietinghoff, erklärte Kapitulation mit seinem Namen decke und um Dönitz' Zustimmung dazu bitte.

Diese Zustimmung wurde sofort erteilt, ,,weil man über jeden Raum, in den die westlichen Alliierten einmarschierten und nicht die Russen, erfreut sein" müsse.

In Mürwik wurde GA Dönitz von Kpt. z. S. Wolfgang Lüth, dem letzten Kommandeur der dortigen Marineschule, begrüßt und zum Wohnschiff ,,Patria" geleitet, wo Dönitz den Reichsminister für die besetzten Ostgebiete, Rosenberg, sprach.

Kapitän zur See Wolfgang Lüth, einer der erfolgreichsten U-Boot-Kommandanten und Träger der höchsten deutschen Tapferkeitsauszeichnung, räumte am 3. Mai sein eigenes Standortgebäude. Dort wurden die Arbeitsräume für den Reichspräsidenten, für die Regierung Dönitz und das OKW eingerichtet.

Hier wartete Dönitz mit seinem engsten Stab den ganzen Tag auf die Rückkehr von Friedeburgs. Dieser traf erst gegen Mitternacht in Mürwik ein und meldete GA Dönitz, daß Montgomery die Teilkapitulation nicht abgelehnt habe.

Am anderen Morgen um 9 Uhr hielt Generaladmiral von Friedeburg allen führenden Persönlichkeiten des Reiches, die hiergeblieben waren, Vortrag. Anwesend waren auch GFM Keitel und GenOberst Jodl. Von Friedeburg erklärte, daß General Montgomery die Teilkapitulation annehme, wenn auch Dänemark und Holland darin eingeschlossen würden. Er fordere, daß keine deutschen Kriegsschiffe versenkt werden dürften. Aber er habe auch zu erkennen gegeben, daß er den Übertritt von Soldaten und Flüchtlingen nach dem Westen nicht verwehren werde. Da die Forderungen von Montgomery die Kompetenzen des Generaladmirals überstiegen, habe dieser darum gebeten, zuerst GA Dönitz Bericht zu erstatten.

Am Ende dieser Besprechung befahl GA Dönitz dem OKW, ein Verbot der Vernichtung von Waffen aller Art zu erlassen. Der Chef der Skl erhielt Weisungen, das Stichwort „Regenbogen", mit dem alle Schiffe der Kriegsmarine versenkt werden sollten, nicht in Kraft treten zu lassen. Generaladmiral von Friedeburg erhielt nunmehr alle Vollmachten, die Forderungen Montgomerys anzunehmen und die Teilkapitulation zu unterzeichnen.

GenAdm. von Friedeburg flog nun in das HQ Montgomerys und unterzeichnete dort am 4. Mai 1945 um 18.30 Uhr die Kapitulationsurkunde „der gesamten deutschen Streitkräfte in Holland, Nordwestdeutschland einschließlich aller Inseln und Dänemark".

Auf britischer Seite unterzeichnete Feldmarschall Montgomery, auf deutscher Seite neben von Friedeburg GenLt. Kinzel und die Generalmajore Wagner, Poleck und Friedel. Die Kapitulation sollte am 5. Mai 1945 um 8.00 Uhr in Kraft treten. Um dies sicherzustellen, erging ein Befehl des OKW an die Truppe im Nordraum:

„Ab dem 5. Mai 1945, 8.00 Uhr deutscher Sommerzeit, Waffenruhe gegenüber den Truppen des Feldmarschalls Montgomery. Sie umfaßt alle Verbände des Heeres, der Kriegsmarine, der Luftwaffe und der Waffen-SS im Bereich der Niederlande, Friesland einschließlich der westfriesischen und ostfriesischen Inseln und Helgoland, Schleswig-Holstein und Dänemark. Sofort an alle unterstellten Truppen bekanntgeben. –

In See befindliche Transportbewegungen der Kriegsmarine laufen weiter. Keinerlei Zerstörungen, Schiffsversenkungen und Kundgebungen. Sicherung aller Vorräte, Gehorsam und Disziplin mit eiserner Strenge aufrechterhalten. Weitere Befehle folgen. gez. Keitel." (Siehe: OKW FührStab B. Nr. 003007/46.)

Generaladmiral von Friedeburg flog aus dem HQ von Montgomery direkt nach Reims in das HQ von General Eisenhower weiter, um auch im Westen, gegenüber den US-Truppen, eine solche Teilkapitulation zu erzielen. Wenn dies erreicht war, war sichergestellt, daß so lange gegen die Rote Armee gehalten werden konnte, bis *alle* deutschen Soldaten und *sämtliche* Flüchtlinge aus dem Osten zurückgeschafft worden waren. Dies würde nach den Berechnungen von KAdm. Engelhardt, dem Seetransportführer Ostsee, am 15. Mai der Fall sein. Bei Stehenbleiben an den westlichen Fronten konnte noch einmal für diese Zeit ein Schutzwall errichtet werden, hinter dem weitere Millionen deutscher Soldaten und alle Truppen der 1. Panzerarmee aus der Tschechoslowakei in die Heimat gerettet werden konnten.

Aber von Friedeburg predigte in Reims tauben Ohren. General Eisenhower beharrte auf einer sofortigen absoluten und bedingungslosen Kapitulation an *allen* Fronten.

Generalleutnant Kinzel traf am Morgen des 6. Mai in Mürwik ein und erstattete GA Dönitz Bericht über diese mit General Eisenhower geführten Besprechungen und deren niederschmetternde Ergebnisse. Eisenhower habe gefordert, daß alle Truppen dort stehenzubleiben hätten, wo sie sich derzeit befänden. Alle Kriegs- und Handelsschiffe sollten dies ebenfalls ab sofort tun. Ein Eingehen auf diese Forderungen Eisenhowers am Mittag des 6. Mai 1945 hätte das gesamte deutsche

Heer im Osten sofort den Sowjets ausgeliefert. Die Truppen im Osten hätten einem solchen Befehl, stehenzubleiben und sich freiwillig in die Hände der Sowjets zu begeben, nicht befolgt. Sie hätten den Versuch unternommen, nach Westen durchzubrechen. Damit wären sie Freiwild für die Rote Armee geworden und hätten einfach erschossen werden können.

Dönitz bat GenOberst Jodl, nach Reims zu fliegen und zu versuchen, Eisenhower noch einmal klarzumachen, warum eine Teilkapitulation auch gegenüber den Amerikanern angestrebt wurde.

Jodl erhielt Weisungen, im Falle einer abermaligen Weigerung des amerikanischen Oberbefehlshabers eine Gesamtkapitulation in zwei Etappen vorzuschlagen. Der erste Termin sollte als Datum für die Feuereinstellung dienen und der zweite erst das Recht auf freie Bewegung beenden. Die Zeitspanne zwischen diesen beiden Terminen sollte so groß wie möglich angestrebt werden; jeder Tag rettete Zehntausende Soldaten und Menschen aus dem Osten.

GenOberst Jodl erhielt auch Vollmachten, die Gesamtkapitulation zu unterzeichnen. Dies allerdings erst dann, wenn die Teilkapitulation nicht erreicht werden konnte und GA Dönitz über den Inhalt der Gesamtkapitulation unterrichtet war.

Am 6. Mai flog GenOberst Jodl nach einer letzten Besprechung mit GA Dönitz und Graf Schwerin-Krosigk nach Reims. Er verhandelte dort den ganzen Tag und ließ gegen Mitternacht zum 7. Mai einen FT-Spruch nach Mürwik absetzen, in dem er Reichspräsident Dönitz folgende Unterrichtung gab:

„General Eisenhower besteht darauf, daß wir heute noch unterzeichnen. Andernfalls werden die alliierten Fronten auch gegenüber denjenigen Personen geschlossen werden, die sich einzeln zu ergeben versuchen, und alle Verhandlungen abgebrochen. Ich sehe keinen Ausweg als Chaos oder Unterzeichnung. Erbitte sofortige drahtlose Bestätigung, ob ich Vollmacht habe, die Kapitulation zu unterzeichnen. Sie kann sofort wirksam werden. Die Feindseligkeiten werden dann am 9. Mai um 00.00 Uhr aufhören. – Jodl."

Gemäß dieser Benachrichtigung standen GA Dönitz nach der Unterzeichnung der Kapitulationsurkunde in den ersten Stunden des 7. Mai 1945 noch etwa 48 Stunden Zeit zur weiteren Rettung zur Verfügung. Er ließ daher gegen 1.00 Uhr seine Zustimmung zur Gesamtkapitulation nach Reims übermitteln.

Keine zwei Stunden später, am 7. Mai 1945 um 2.41 Uhr, wurde die Kapitulation der deutschen Wehrmacht durch die Unterschrift von GenOberst Jodl in Reims vollzogen. Um 10.55 Uhr war Dönitz im Besitz des genauen Wortlautes der Kapitulationsbedingungen, die sofort über Draht- und Funkverbindungen an alle Teilstreitkräfte der Wehrmacht übermittelt wurden.

Um 12.45 Uhr verkündete Minister Graf von Schwerin-Krosigk über den Sender Flensburg des Reichsrundfunks den Waffenstillstand. Damit wollte die Reichsregierung den Feindmeldungen darüber zuvorkommen, was auch gelang.

Die Bekanntmachungen der bedingungslosen Kapitulation an das deutsche Volk endeten mit dem Satz: „Möge Gott uns im Unglück nicht verlassen und unser schweres Werk segnen!"

In der Kapitulationsurkunde, die Eisenhower diktiert hatte, war auch eine nochmalige „offizielle und feierliche Unterzeichnung der Gesamtkapitulation in Karlshorst" vorgesehen. Diese wurde auf direktes Drängen des Sowjets inszeniert. Sie fand am 8. Mai 1945 in Karlshorst statt. Diese militärische Kapitulationsurkunde, die in englischer, russischer und deutscher Sprache abgefaßt war, unterzeichneten für das Oberkommando der Wehrmacht von Friedeburg, Keitel und Stumpff, für den Obersten Befehlshaber der alliierten Expeditionsstreitkräfte Air Marshal Tedder, für das Oberkommando der Roten Armee Sowjetmarschall Schukow. Als Zeugen waren zugegen: der Oberbefehlshaber der Ersten französischen

Armee, General de Lattre-de Tassigny, und der Kommandierende General der Strategischen Luftstreitkräfte der USA, General Spaatz.

In den beiden Tagen, die nach der Unterzeichnung in Reims noch verblieben, setzte GA Dönitz alles, was schwamm, zur Rettung deutscher Menschen aus dem Osten ein, wie dies vorab dargestellt worden ist.

Dr. Goebbels, der von Hitler als neuer Reichskanzler vorgesehen war, hatte sich in der Nacht zum 2. Mai 1945 erschossen. Dies hatte Dönitz davon befreit, auch Goebbels verhaften zu lassen, denn mit Goebbels in einer provisorischen Reichsregierung hätte er nicht die geringste Arbeitschance bei den Alliierten erhalten.

Heinrich Himmler war von der Bildfläche verschwunden. Er wurde in der Uniform eines Feldwebels des Heeres in einem Lüneburger Kriegsgefangenenlager gestellt. Als er am 23. Mai erkannt wurde, gab er sich durch Gift den Tod.

Als Gauleiter Koch in Flensburg von Dönitz ein U-Boot für seine geplante Flucht nach Südamerika verlangte, lehnte Dönitz dieses Ansinnen entschieden ab. Gauleiter Lohse wollte sich ebenfalls mit einem U-Boot aus dem Staube machen. Auch er erntete nur die Verachtung des letzten deutschen Staatsoberhauptes und Oberbefehlshaber der Wehrmacht.

„Ich hatte nicht die Absicht", erklärte Karl Dönitz dem Autor bei dessen vorletztem Besuch in Aumühle, „auch nur einen einzigen U-Boot-Mann für solche Selbstrettungsaktionen in Gefahr zu bringen."

Die provisorische Reichsregierung setzte sich zu den ersten Beratungen zusammen. Auf einer Besprechung erklärte Dr. Dorpmüller, das Verkehrs- und Transportwesen in Deutschland, das darniederlag, binnen sechs Wochen wieder zu normalisieren, wenn man ihm Spezialtruppen und Pioniere der Straßenbau-Bataillone aus den Kriegsgefangenenlagern überlasse und die OT mit Material zur Verfügung stelle. Dies wurde von der Alliierten Kontrollkommission abgelehnt.

Minister Backe und sein Staatssekretär Riecke, die auf dem Ernährungssektor wichtige Voraussetzungen zur Vermeidung einer Hungerkatastrophe und Maßnahmen gegen den Hungertod Zehntausender Deutscher ausgearbeitet hatten, kamen ebenfalls nicht zum Zuge. Solche Maßnahmen lagen nicht in der Absicht der Sieger. Es bestand überhaupt nicht das Bestreben der Alliierten, in Deutschland wieder normale Zustände einkehren zu lassen.

Dr. Backe und Dr. Dorpmüller wurden nach Reims befohlen und kehrten von dort nicht wieder zurück. Beide Herren wurden auf dem Rollfeld in Reims festgenommen und verschwanden hinter Stacheldraht. Dr. Dorpmüller, ein alter Mann, starb, nachdem man ihn nach Malente-Gremsmühle entlassen hatte, am 5. Juli 1945. Dr. Backe wurde als Kriegsverbrecher unter Anklage gestellt und nahm sich im Gefängnis das Leben.

Kein Rücktritt der Reichsregierung!

Für Großadmiral Karl Dönitz, der seine Aufgabe nunmehr als beendet ansah, stellte sich jetzt die Frage nach der Auflösung des Kabinetts. Ganz Deutschland – mit Ausnahme der Enklave Flensburg-Mürwik – wurde vom Gegner beherrscht. Für die Regierung Dönitz gab es an und für sich kein selbständiges Handeln mehr.

Dennoch riet Graf Schwerin-Krosigk als erfahrener Experte von einem Rücktritt ab, weil nach seiner Überzeugung, die sich auf internationales Recht gründete, der Reichspräsident und seine befehlsmäßige Regierung die Reichseinheit darstellten.

In der bedingungslosen Kapitulation hatte ausdrücklich *nur* die deutsche *Wehrmacht* kapituliert. *Der deutsche Staat hatte also nicht aufgehört zu bestehen.* Wenn Dönitz auch als Reichspräsident und Staatsoberhaupt daran gehindert wurde,

Regierungshandlungen zu vollziehen, so änderte dies – nicht nur nach der Meinung von Graf Schwerin-Krosigk – *nichts* daran, daß er dennoch deutsches Staatsoberhaupt war.

Dies erkannten die drei Feindmächte, als sie ausdrücklich von ihm – *Dönitz* – eine Vollmacht für die drei Chefs der deutschen Wehrmachtsteile, die die Kapitulation unterzeichneten, anerkannten.

Großadmiral Dönitz ließ sich überzeugen, daß er jetzt keinesfalls mit der Reichsregierung zurücktreten dürfe. Geschah dies, dann hatte der Gegner freie Hand und konnte erklären, daß er nach dem Weglaufen der Reichsregierung einzelne Regierungen für seine Besatzungsgebiete einrichten müsse.

Wenn die Reichsregierung zurücktrat, dann hätte sie nach der Meinung der Fachleute damals in politischer Beziehung zumindest formell die Handhabe zur Spaltung Deutschlands gegeben. Sie tat dies *nicht.*

„Es mußte also im Mai 1945 mein Bestreben sein", schrieb Großadmiral Dönitz in seinen Erinnerungen, „das mir einmal zugefallene Amt bis zur Durchführung von Wahlen oder bis zu einer gewaltsamen Entfernung der Reichsregierung durch die Alliierten zu behalten."

Die nach der Gesamtkapitulation in Flensburg-Mürwik erschienene Alliierte Kontroll-Kommission unter Führung des US-Generals Rooks und des englischen Brigadiers Foord, der sich später noch der russische Vertreter anschloß, war zunächst zurückhaltend. Dennoch bahnte sich zwischen ihr und der Reichsregierung ein reger Geschäftsverkehr an.

Am 13. Mai wurde GA Dönitz für 12 Uhr auf das Wohnschiff „Patria", den nunmehrigen Sitz dieser Kommission, gebeten. General Rooks unterrichtete ihn über die bevorstehende Verhaftung von GFM Keitel. Bei dieser Gelegenheit wies Dönitz nachdrücklich darauf hin, daß in Deutschland so rasch wie möglich wieder geordnete Verhältnisse einkehren müßten und daß die Reichsregierung dies nicht nur tun könne, sondern sogar tun *müsse.*

Generalfeldmarschall Keitel wurde 30 Minuten nach dieser Ankündigung verhaftet. Aber er hatte noch Gelegenheit, sich von GA Dönitz zu verabschieden.

Ein zweitesmal wurde GA Dönitz auf die „Patria" gebeten, als General Rooks und Mr. Murphy, der Berater Eisenhowers, ihm Fragen über die Legitimation als Staatsoberhaupt stellten. GA Dönitz wies auf die Funksprüche und Telegramme hin und wurde gebeten, diese abschriftlich Murphy zugehen zu lassen.

Im Dienstzimmer von Dönitz fand kurz vor dem Eintreffen des sowjetischen Stabes der Kommission noch eine dritte Besprechung statt. Diesmal sprach Dönitz ausschließlich zur innerpolitischen deutschen Frage und zu den ihm notwendig erscheinenden Maßnahmen für die Ingangsetzung des öffentlichen Lebens. Er wies eindringlich auf die sich damals bereits abzeichnenden Gefahren der Ost-West-Konflikte hin, die auf die Spaltung Deutschlands zurückzuführen sein würden.

Nachdem am Abend des 17. Mai der sowjetische Stab der Kontroll-Kommission unter Führung von GenMaj. Truskow in Flensburg eingetroffen war, gab es keine persönlichen Zusammenkünfte mehr mit den Vertretern der Kontroll-Kommission. Es war von Interesse, die ausgesuchte Höflichkeit der sowjetischen Vertreter der Kommission zu erleben und gleichzeitig damit die Haßtiraden zu lesen und zu hören, die in der Sowjetpresse und Sowjetfunk gegen die Regierung Dönitz geschleudert wurden. Für den aufmerksamen Beobachter bestand kein Zweifel mehr daran, daß die Sowjets eine für alle Zonen gemeinsame Regierung unter *keinen* Umständen dulden würden. Und eine Regierung Dönitz schon gar nicht.

Die Propagandamaschine der Sowjets heizte sich mehr und mehr auf und forderte immer lauter die Liquidierung der deutschen Reichsregierung. Danach rechneten die Mitglieder der Regierung Dönitz seit dem 19. Mai 1945 täglich, ja stündlich mit ihrer Verhaftung.

Am 22. Mai 1945 erhielt der Adjutant von GA Dönitz,

KKpt. Lüdde-Neurath, einen Anruf aus dem Stab von General Rooks. GA Dönitz wurde aufgefordert, am nächsten Morgen um 9.45 Uhr mit GenOberst Jodl und Generaladmiral von Friedeburg auf der „Patria“ zu erscheinen.

Als die drei Deutschen am anderen Morgen das Fallreep der „Patria“ erreichten, warteten dort bereits die Pressefotografen. Der sonst stets zum Empfang nach Protokoll bereitstehende Oberleutnant und der präsentierende Posten waren verschwunden. Die drei Repräsentanten Deutschlands wurden in die Bar der „Patria“ geführt, die als Verhandlungsraum hergerichtet war.

Nachdem sie hier fünf Minuten gewartet hatten, betraten General Rooks, Brigadier Foord, GenMaj. Truskow und die Dolmetscher den Raum. Beide Gruppen ließen sich jeweils an einer Längsseite des Tisches nieder.

General Rooks ergriff das Wort. Er sagte, er habe aus dem Alliierten HQ von General Eisenhower Befehl erhalten, ihn, Großadmiral Dönitz, die deutsche Reichsregierung und das OKW zu verhaften. In seiner kurzen Rede erklärte General Rooks, daß diese Verhaftung in Übereinstimmung Eisenhowers mit dem sowjetischen Oberkommando erfolge. Als er abschließend den Reichspräsidenten fragte, ob dieser noch etwas zu sagen habe, erwiderte Dönitz: „In dieser Lage erübrigt sich jedes Wort!“

Mit einem Begleitoffizier fuhren die Verhafteten zur Marineschule Flensburg-Mürwik zurück. Sie hatten bis zum Mittag Zeit zum Packen erhalten. Vor dem Gebäude gingen Dönitz und Friedeburg noch einige Minuten auf und ab; von Friedeburg erklärte, daß er diese Entehrung nicht mitmachen werde. Großadmiral Dönitz widersprach, denn zu dieser Zeit glaubte er noch daran, daß sich der Gegner an die Genfer Konvention halten werde.

Gegen 11 Uhr, lange Zeit vor der vereinbarten Frist, die den Gefangenen gesetzt worden war, erschien ein englischer Captain mit einigen Soldaten auf der Bildfläche, die GA Dönitz zur Eile antrieben und dabei das Trauerhaus Lüth derart durchstöberten, daß Frau Lüth, die ihren Mann wenige Tage vorher verloren hatte, weinend die Flucht ergriff. (Kpt. z. S. Wolfgang Lüth wurde in der Nacht zum 14. Mai 1945 im Park der Marineschule Flensburg-Mürwik von einem deutschen Posten versehentlich erschossen, als er angerufen wurde und die Parole nicht nannte.)

Unter starker Bewachung wurden die Männer schließlich zum Polizeipräsidium Flensburg gefahren, wo eine Leibesvisitation stattfand, bei der „nichts undurchforscht blieb." (Siehe: Lüdde-Neurath: Die Regierung Dönitz.) Gleichzeitig wurde in Abwesenheit der Inhaber deren Gepäck durchsucht, wobei Füllhalter, Geld und andere Wertgegenstände spurlos verschwanden. Großadmiral Dönitz wurde der Marschallstab und der Interimsstab gestohlen.

Die Truppe, die sich dieser Diebstähle schuldig machte, ist bekannt. Sie hat für immer Unehre auf sich geladen, wie einer ihrer Kommandeure, der leider nicht dabei war, später aussagte.

Nach einstündiger Wartezeit in der Halle des Polizeipräsidiums wurden dann unter schwerer Bewachung Reichsminister Graf Schwerin-Krosigk mit den Mitgliedern der geschäftsführenden Reichsregierung und GenOberst Jodl mit den Offizieren des OKW eingeliefert.

Die geschäftsführende Reichsregierung war bereits um 10 Uhr von Soldaten der 11. Brit. PD verhaftet worden. Diese hatten das Regierungsgebäude mit Panzern umstellt, als gelte es, eine feindliche Panzer-Division unschädlich zu machen. Unter Leitung von Brigadier Churcher, dem britischen Stadtkommandanten vom Flensburg, waren sie mit schußbereiten Waffen in den Sitzungssaal eingedrungen und hatten mit den Rufen „Hands up!" nach Wildwestart und „Hosen runter!" nach übelster Ganovenart die Mitglieder der Reichsregierung überfallen. Danach wurden sie alle auf dem Hof zusammengetrieben, wo sie mit erhobenen Händen im Kreuzfeuer der Fotografen standen, bis ihre Zimmer durchwühlt und auch ihnen alle Wertsachen gestohlen waren.

GenOberst Jodl prägte für diese Fehlleistung einer im Felde bewährten britischen Panzer-Division die zutreffende Bezeichnung ,,organisierte Plünderung".

Generaladmiral von Friedeburg, der letzte Oberbefehlshaber der Kriegsmarine, nahm in seiner Wohnung Gift. Selbst seine Leiche wurde noch von britischen Soldaten gefleddert. In einem Brief vom 26. Mai 1945 äußerte sich Großadmiral Dönitz zu diesen Vorkommnissen, die er dem britischen Oberbefehlshaber Sir Reginald Montgomery schrieb, ohne auch nur ein Blatt vor den Mund zu nehmen, eindeutig:

,,Herr Generalfeldmarschall!

Ich sehe mich gezwungen, Ihnen folgendes mitzuteilen:

Nach meiner Verhaftung durch Ihrem Oberbefehl unterstehende Truppen am 23. Mai 1945 in Flensburg mußte ich mich einer jeder Rücksicht auf meinen Dienstgrad entbehrenden Leibesvisitation unterziehen. Gleichzeitig wurde mein Privatgepäck durchsucht. Es wurde diesem außer einer Reihe von Wertgegenständen auch mein Marschallstab entnommen, den ich in der Überzeugung, daß dieses Ehrenzeichen eines Soldaten meiner Stellung auch vom siegreichen Gegner geachtet werden würde, in meinem Privatgepäck gelassen hatte. Ich habe weder für die entnommenen Wertsachen noch für den Marschallstab und den mir ebenfalls bei der Leibesvisitation abgenommenen Interimsstab irgendeine Quittung erhalten.

Da ich sicher bin, daß von Ihnen, Herr Generalfeldmarschall, irgendwelche Verstöße gegen ehrenvolles Verhalten und die Unantastbarkeit privaten Eigentums nicht geduldet werden, bringe ich Ihnen diese diffamierenden Vorkommnisse zur Kenntnis und bin überzeugt, daß auf diesem Wege die Rückgabe des Marschallstabes und des Interimsstabes und der entnommenen Privatsachen an mich erfolgen wird.

Ich bin mit vorzüglicher Hochachtung! gez. Dönitz."

Großadmiral Dönitz sollte sich getäuscht haben. Es gab

weder eine Antwort, noch sollten seine Privatsachen zurückgegeben werden. Einzig für die einfach nicht zu ignorierende Leichenfledderung, begangen an dem in den Tod getriebenen Generaladmiral von Friedeburg, ist später eine offizielle Entschuldigung erfolgt.

Die Diebe der Wertsachen und des Marschallstabes waren der britischen Führung bekannt. Der Makel, den sie mit diesen begünstigten und – da nichts dagegen unternommen wurde – auch von ihr gebilligten Diebstählen auf sich lud, ist unauslöschbar.

Die deutsche Reichsregierung war nicht mehr. Sie war nicht zurückgetreten, wie man dies gern gesehen hätte, sondern mit Gewalt aus ihrem Amt entfernt worden und damit widerrechtlich an der Ausübung des Amtes gehindert worden.

Wie es Großadmiral Karl Dönitz, dem deutschen letzten Reichspräsidenten, in Nürnberg erging, sei im folgenden abschließenden Kapitel dargelegt.

Der Zweite Weltkrieg war auf jeden Fall offiziell zu Ende, aber einen Frieden gab es nicht, und bis heute steht noch immer jede Friedensverhandlung und jeder Friedensvertrag mit Deutschland aus.

Das Nürnberger Militärtribunal

Das „Gericht“ wird eingesetzt

Auf der Konferenz in San Francisco, die Ende April 1945 begann, berieten die Vertreter Frankreichs, Großbritanniens und der USA Pläne, die sich mit der Errichtung eines Internationalen Militärgerichtshofes befaßten. Dieser Gerichtshof sollte die Aburteilung der deutschen Hauptkriegsverbrecher durchführten.

Die Teilnehmer an diesem Treffen wählten Robert H. Jackson, Richter am Obersten Bundesgericht der USA, zum Chef der Anklagebehörde. Er erhielt von der Versammlung die Weisung, mit den anderen Nationen über die Errichtung eines internationalen Militärtribunals zu verhandeln.

Richter Jackson überreichte Präsident Truman am 6. Juni 1945 einen vorläufigen Bericht, in dem er nach verschiedenen Konsultationen in Frankreich und England die grundsätzlichen Rechtsnormen oder das, was seine Helfer dazu gemacht hatten, und den Plan für den bevorstehenden Prozeß vorlegte. Das Gericht, so war es beschlossen worden, sollte sich lediglich mit den Hauptkriegsverbrechern befassen. Alle übrigen kleinen Chargen, die Mordfunktionen ausgeübt hätten, sollten über die bestehenden Militärgerichte abgeurteilt werden. Richter Jackson schlug seinem Präsidenten vor, daß man eine große Anzahl von Einzelpersonen ebenso wie Personen aus Militärkreisen, der Wirtschaft und dem Finanzwesen, vor allem aber den deutschen Generalstab, anklagen solle.

„Unser Fall gegen die Hauptangeschuldigten“, erklärte er, „betrifft die richtungweisenden Pläne der Nazis und nicht einzelne Rohheiten und barbarische Handlungen, die unabhängig von diesem zentralen Plan begangen wurden.“ (Siehe: Jackson-Report, United States Representative on the International Conference on Military Trials.)

20 Tage nachdem Jackson seinem Präsidenten die Ausführungen darüber überreichte, wie er sich die Sache vorstellte, veröffentlichten 51 Staaten der Welt ihren Beschluß über die Satzung der Vereinten Nationen.

Auf der am 17. Juli 1945 in Potsdam beginnenden Konferenz der Sieger blieben fast alle Fragen, die verhandelt wurden, strittig. Lediglich in einem war man sich einig, wie man Rache üben konnte und die Kriegsverbrecher bestrafen mußte. Im Punkt VII des Potsdamer Protokolls ist dies nachzulesen:

„Alliierte Armeen führen die Besetzung Deutschlands durch, und das deutsche Volk fängt an, die furchtbaren Verbrechen zu büßen, die unter der Leitung derer, welche es zur Zeit ihrer Erfolge offen gebilligt und denen es bald gehorcht hat, begangen wurden. –

Der deutsche Militarismus und Nazismus werden ausgerottet. Die Alliierten treffen nach gegenseitigen Vereinbarungen in der Gegenwart und in der Zukunft auch andere Maßnahmen, die notwendig sind, damit Deutschland niemals mehr seine Nachbarn oder die Erhaltung des Friedens in der ganzen Welt bedrohen kann."

Am 8. Aug. 1945 wurde in London auf der dortigen Konferenz das Statut für den Internationalen Militärgerichtshof zur Aburteilung der deutschen „Kriegsverbrecher" formuliert.

Am 20. Dez. 1945 wurde das Gesetz Nr. 10 erlassen, in welchem die als Verbrechen bezeichneten Tatbestände aufgezählt waren. Damit war eine entscheidende Grundlage für die Rechtsprechung dieses Gerichtshofes gegeben, wenn auch das Londoner Statut die wichtigste Prozeßgrundlage war.

Da alle jene Richter und Staatsanwälte, die in Nürnberg später gegen die genannten „Hauptkriegsverbrecher" zu Gericht saßen, an diesem Strafgesetz mitgewirkt hatten, war es nach den seinerzeitigen *und* den heutigen Rechtsnormen ein Mißbrauch der Macht des Siegers. Als unumstößlicher Grundsatz galt und gilt auch noch heute, daß Gesetzgeber nicht zugleich auch jene Richter oder Staatsanwälte sein können, die ihre eigenen Gesetze anwenden. Für Nürnberg wurden diese Rechtsfundamente verlassen. Robert H. Jackson, der französische Richter Robert Falco, der sowjetische Richter I. T. Nikitschenko, Sir David Maxwell-Fyve, der britische Hauptankläger, und der als Richter fungierende Amerikaner Francis Biddle hatten dieses Gesetz, nach dem sie richteten, erarbeitet.

Daß das Statut für das Militärtribunal drei Monate *nach* der Kapitulation und der Festnahme dieser „Hauptkriegsverbrecher" formuliert wurde, zeigt ebenso wie sein Inhalt die Racheform auf, die dieses internationale Tribunal praktizieren sollte. Diesen Vorwurf machte man dem Tribunal nicht nur in Deutschland, sondern in vielen anderen Ländern der Welt.

Dönitz als „Hauptkriegsverbrecher"

Unter die Anklage, „Hauptkriegsverbrecher" zu sein, wurde auch Großadmiral Dönitz gestellt. Er mußte sich wie alle anderen Hauptkriegsverbrecher als Einzelperson *und* als Mitglied der angeklagten Gruppen und Organisationen, denen er angehört hatte, verantworten.

Im Oktober 1945 wurde Großadmiral Dönitz die Anklageschrift ausgehändigt. In einer Einzelzelle des Anklageflügels des Nürnberger Untersuchungsgefängnisses eingesperrt, las Dönitz diese Anhäufungen von Unwahrheiten und Halbwahrheiten, die man über ihn und die von ihm zu vertretende Führung des U-Boot-Krieges angehäuft hatte. Er bestellte den Flottenrichter Kranzbühler zu seinem Verteidiger. Als sich dieser bei ihm meldete, sagte Dönitz:

„Ich habe Sie nicht zu *meiner* Verteidigung angefordert, denn ich habe nichts zu entschuldigen oder zu verteidigen. Sie müssen die Verteidigung der Kriegsmarine und insbesondere der U-Boot-Waffe übernehmen."

Dönitz erklärte dem Flottenrichter, daß er eigentlich an diesem Theater nicht mitmachen wollte, doch er habe sich zu der Erkenntnis durchgerungen, daß es schon in Hinblick auf die U-Boot-Waffe besser sei, auszusagen und ihr den Makel zu nehmen, mit dem sie belegt werde.

,,Was hier angeklagt wird", erklärte er, "sind ja nicht Großadmiral Raeder und ich, sondern die Kriegsmarine als Ganzes und insbesondere die U-Boot-Waffe. Wenn Sie die Anklageschrift lesen, werden Sie sehen, daß wir als Piraten bezeichnet werden, die in ihrem Einsatz eine schändliche Brutalität an die andere gereiht hätten. Das dürfen wir nicht schweigend hinnehmen. Wir sind es unseren gefallenen Kameraden schuldig, daß wir nicht zulassen, daß ihr opfervoller Einsatz mit Schmutz beworfen wird.

Nicht zuletzt aber muß auch das deutsche Volk erfahren, was wir zu diesen Vorwürfen zu sagen haben. Es muß wissen, daß seine Soldaten nicht ein Haufen gemeiner Verbrecher gewesen sind, wie man es ihnen jetzt täglich und stündlich einhämmert." (Siehe: Dönitz, Karl: a. a. O.)

Damit waren dem Verteidiger die Richtlinien gegeben. Es gelang ihm, den Kapitän Meckel, der A4 der U-Boot-Führung gewesen war, nach London zu entsenden und dort in den Archiven – unterstützt durch britische Seeoffiziere, die dies insgeheim taten, weil sie von der Unschuld des Großadmirals Dönitz überzeugt waren – die diesbezüglichen Akten über die U-Boot-Führung durch Deutschland und die Würdigung durch die Britische Admiralität zu erlangen.

Fregattenkapitän Hessler, Dönitz' Schwiegersohn, der über 4500 Operationsbesprechungen im Stabe des BdU geleitet hatte, wurde freies Geleit nach Nürnberg und zurück versprochen, wenn er sich als Zeuge zur Verfügung stellte. Diese Zusage wurde gebrochen. Hessler wurde durch mehrere Internierungslager gezerrt, obgleich er ordnungsgemäß von den britischen Behörden entlassen worden war.

Kapitän Salman, der letzte Adjutant von Generaladmiral

von Friedeburg, wäre in einer unterirdischen Strafzelle beinahe ums Leben gebracht worden, wenn nicht ein amerikanischer U-Boot-Kommandant ihn dort herausgeholt hätte.

KAdm. Godt war in die USA geschafft worden. Dort wurde er unter Druck gesetzt, um ihn zu Aussagen gegen Dönitz zu bewegen und seinen Kopf zu retten. Aber Godt, der einer der aufrechtesten U-Boot-Offiziere war, wollte seinen Kopf nicht unter entehrenden Umständen retten. Er wurde als untauglich nach Nürnberg abgeschoben und im Zeugenflügel festgesetzt.

Aus der Kriegsgefangenschaft in England und den USA schrieben U-Boot-Männer vom einfachen Soldaten bis zum Kommandanten an das Gericht und stellten sich als Zeugen zur Verfügung. Sie erklärten an Eides Statt, daß Großadmiral Dönitz ihnen niemals Befehl gegeben hatte, Schiffsbesatzungen torpedierter Schiffe zu töten, was man dem Ob. d. M. ebenfalls anlastete.

Die Kieler Woche

Am 8. Mai 1946 begann in Nürnberg die „Kieler Woche", wie man jenen Prozeßteil nannte, der gegen Großadmiral Dönitz und die Kriegsmarine gerichtet war. Der Vorwurf des „Verbrechens gegen den Frieden" konnte mühelos entkräftet werden. Der Vorwurf, Dönitz habe Schiffbrüchige töten lassen, konnte vom Tribunal nicht aufrechterhalten werden, das genaue Gegenteil war der Fall, wie die Aufrollung des „Laconia"-Falles zeigte. Hier erwies es sich, daß der *Gegner* Schiffbrüchige getötet hatte und weiter töten wollte, die von U-Boot-Leuten gerettet worden waren.

Flottenrichter Kranzbühler legte dem Gericht 550 Urkunden zum Seekriegsrecht der Siegermächte, vor allem Großbritanniens, vor, aus denen einwandfrei hervorging, daß die Sachlage immer für Dönitz sprach. Aus dem Gerichtsprotokoll der Befragung von Großadmiral Dönitz ging einwandfrei hervor, daß die U-Boot-Waffe seit Kriegsbeginn U-Boot-Krieg nach Prisenordnung geführt hatte. Es trat klar zutage, daß die von Churchill, dem britischen Kriegspremier, direkt nach Kriegsbeginn befohlene Bewaffnung der Handelsschiffe und sein Befehl, sofort auf deutsche U-Boote das Feuer zu eröffnen, einziger Anlaß zur Verschärfung des U-Boot-Krieges war. Die gegnerische Handelsschiffahrt hatte ihren friedlichen Charakter aufgegeben.

Kranzbühler hatte auch den Oberbefehlshaber der USNavy im Pazifik, Admiral Chester Nimitz, dazu gebracht, daß er einen Fragebogen mit 20 Fragen ausfüllte und an das Internationale Militärtribunal sandte, in dem er bestätigte, daß alle U-Boote der US-Navy im Pazifik sowohl auf Warnungen als auch auf Rettungsaktionen zugunsten Schiffbrüchiger vom ersten Tag des Krieges an verzichtet hatten.

Im Urteil gegen Dönitz wurde denn auch in Sachen U-Boot-Krieg verkündet: ,,Auf Grund dieses Tatbestandes kann der Gerichtshof Dönitz für seine U-Boot-Kriegführung gegen bewaffnete britische Handelsschiffe nicht für schuldig erklären."

Zum Vorwurf der Beteiligung oder Anzettelung eines Angriffskrieges erklärte Dönitz, daß er mit der Übernahme der Geschäfte des Führers der U-Boote einen militärischen Auftrag erhalten habe. ,,Ob der Staat damit einen Angriffskrieg vorbereitete oder ob es sich um eine vorbeugende Maßnahme gegen einen Aggressor handelte, das stand nicht in meiner Entscheidung, das ging mich nichts an." (Siehe: Dönitz, Karl: a..a. O. und: Internationales Militärtribunal Bd. XIII.)

Im Urteil gegen Großadmiral Dönitz hieß es zu diesem Vorwurf lakonisch: ,,Obwohl Dönitz die deutsche U-Boot-Waffe aufgebaut und ausgebildet hat, ergibt die Beweisaufnahme nicht, daß er in die Verschwörung zur Führung von Angriffskriegen eingeweiht war oder solche vorbereitete und begann. Er war Berufsoffizier, der rein militärische Aufgaben erfüllte. Er war bei den wichtigsten Besprechungen, in denen

Pläne für Angriffskriege verkündet wurden, nicht zugegen, und es liegt *kein* Beweis dafür vor, daß er über die dort getroffenen Entscheidungen unterrichtet wurde." (Siehe: Internationales Militärtribunal, Bd. XIII.)

Das Urteil

Am 31. Aug. 1946 erhielt Großadmiral Dönitz die Gelegenheit, sein Schlußwort zu sprechen. Er formulierte dieses so: „Ich möchte drei Dinge sagen:

Erstens: Mögen Sie über die Rechtmäßigkeit des deutschen U-Boot-Krieges urteilen, wie es Ihnen Ihr Gewissen gebietet! Ich halte diese Kriegsführung für berechtigt und habe nach meinem Gewissen gehandelt. Ich würde das genauso wieder tun.

Meine Untergebenen aber, die meine Befehle befolgt haben, haben im Vertrauen auf mich gehandelt ohne einen Schatten des Zweifels an der Notwendigkeit und der Rechtmäßigkeit dieses Befehls. In meinen Augen kann ihnen kein nachträgliches Urteil den guten Glauben an die Ehrenhaftigkeit eines Kampfes absprechen, in dem sie freiwillig bis zur letzten Stunde Opfer über Opfer gebracht haben.

Zweitens: Man hat hier viel von einer Verschwörung geredet, die unter den Angeklagten bestanden haben soll. Ich halte diese Behauptung für ein politisches Dogma. Als solches kann man es nicht beweisen, sondern nur glauben oder ablehnen. Große Teile des deutschen Volkes aber werden niemals daran glauben, daß eine solche Verschwörung die Ursache ihres Unglücks ist. Mögen Politiker und Juristen darüber streiten! Sie werden es dem deutschen Volke nur erschweren, aus diesem Verfahren eine Lehre zu ziehen, die entscheidend wichtig ist für seine Stellung zur Vergangenheit und für seine Gestaltung der Zukunft: die Erkenntnis, daß das Führerprinzip als politisches Prinzip falsch ist.

Das Führerprinzip hat sich in der militärischen Führung aller Armeen der Welt auf das beste bewährt. Auf Grund dieser Erfahrungen hielt ich es auch in der politischen Führung für richtig. –

Wenn aber trotz allem Idealismus, aller Anständigkeit und aller Hingabe der großen Masse des deutschen Volkes letztlich durch das Führerprinzip kein anderes Ergebnis erzielt worden ist als das Unglück dieses Volkes, dann muß das Prinzip als solches falsch sein. Falsch, weil die menschliche Natur offenbar nicht in der Lage ist, die Kraft dieses Prinzips zum Guten zu nutzen, ohne der Versuchung der Macht zu erliegen.

Drittens: Mein Leben galt meinem Beruf und damit dem Dienst am deutschen Volke. Als letzter Oberbefehlshaber der deutschen Wehrmacht und der deutschen Kriegsmarine und als letztes Staatsoberhaupt fühle ich mich dem deutschen Volke gegenüber verantwortlich für alles, was ich tat und ließ."

Am 30. September 1946 wurden die Urteile über die 21 „Hauptkriegsverbrecher" gesprochen. Die Richter mußten einander ablösen, die Urteilsverkündigungen zogen sich Stunden über Stunden hin. Alle wußten, daß die Anklage für sämtliche 21 Männer die Todesstrafe beantragt hatte. Man hatte Dönitz zu Punkt 2 und 3 der Anklage für schuldig befunden: „Schuldig der Teilnahme an einem Angriffskrieg und schuldig des Verstoßes gegen die Regeln und Gebräuche des Krieges."

Siebenmal verkündeten die Richter ihr: „Death by hanging", bevor Karl Dönitz an die Reihe kam. Lordrichter Lawrence verkündete das Urteil:

„Angeklagter Karl Dönitz: Gemäß den Punkten der Anklageschrift, unter welchen Sie schuldig befunden wurden, verurteilt Sie der Internationale Gerichtshof zu zehn Jahren Gefängnis." Nach einer kurzen Pause setzte der Lordrichter dann hinzu: „Diese Strafe steht nicht im Zusammenhang und wurde auch nicht verhängt wegen Regelwidrigkeiten in der Führung des Seekrieges und des U-Boot-Krieges."

Mit Handschellen wurden am Abend dieses Tages die Todeskandidaten, ebenso wie alle anderen zu langjährigen Freiheitsstrafen verurteilten Gefangenen, ihren Familien oder anderen Besuchern vorgeführt. Flottenrichter Kranzbühler, der Dönitz besuchte, bemerkte:

,,Die zehn Jahre, die Ihnen zudiktiert sind, Herr Großadmiral, sind vor diesem Gericht die Mindeststrafe für erwiesene Unschuld."

In Spandau

Das Spandauer ,,Kriegsverbrecher"-gefängnis, heute noch einzige Gemeinsamkeit der vier Siegermächte, nahm die zu langjährigen Freiheitsstrafen verurteilten ,,Hauptkriegsverbrecher" auf. Hier sollte auch Karl Dönitz die volle Zeit seiner Strafe, ohne Anrechnung der in Nürnberg verbrachten Haft, in strenger Isolation absitzen.

Mit Speer und Funk unterhielt sich Dönitz in der ersten Zeit mehrfach über das Urteil. Klar und bestimmt blieb Dönitz dabei, daß dieses Urteil nicht rechtens sei, was natürlich seinen Aufenthalt nicht angenehmer machte, denn dadurch wurde die Verbitterung verhärtet. Mit seinem Amtsvorgänger, Großadmiral Raeder, hatte Dönitz einige Streitgespräche über die Marinerüstung der dreißiger Jahre, in denen Dönitz die Meinung vertrat, daß die ,,Sucht, Großkampfschiffe zu bauen, statt U-Boote auf allen Werften auf Stapel zu legen, den Sieg noch im Jahre 1941 verschenkt" habe.

Als im Dezember 1951 die Gerüchte umgingen, daß Deutschland wieder aufrüsten werde, bestand nach der Meinung von Großadmiral Dönitz ein Hoffnungsschimmer auf Entlassung. Doch der sowjetische Direktor, der um diese Zeit die Führung des Gefängnisses nach der turnusmäßigen Ordnung übernommen hatte, bemerkte dazu:

,,Hier kommt niemand heraus, bevor er nicht seinen letzten Tag abgesessen hat oder gestorben ist." Die Behandlung des greisen, todkranken Rudolf Heß scheint ihm dahingehend rechtzugeben, daß die vier Mächte noch immer nichts davon gehört hatten, daß es neben dem Recht auch noch die Gnade gibt.

Im Dezember 1952 hatte Dönitz beim Studium eines Teiles der illegal eingeschmuggelten britischen Seekriegsgeschichte die Genugtuung zu erfahren, daß auch sein Hauptgegner im Kriege, England, seine Meinung teilte, daß Deutschland durch seine falsche Marinerüstung den Krieg verloren habe.

Flottenrichter Kranzbühler, der sich in aller Welt um eine Freilassung von Karl Dönitz bemühte, konnte bei seinen Besuchen keine Hoffnung machen, die auf eine vorzeitige Entlassung hinwiesen.

Dönitz erhielt den Besuch seiner Frau, die sich ebenfalls überall um ihren Mann bemühte und sogar vom Papst in Rom empfangen worden war, was allerdings nichts daran änderte, daß ihr Mann weiter im Gefängnis bleiben mußte.

Am 20. Januar 1953 erfuhr Dönitz davon, daß draußen etwas im Gange war. Der ehemalige Reichswirtschaftsminister Funk hatte dies als erster gehört und leitete es an Dönitz weiter: Der englische Geheimdienst habe eine Verschwörung aufgedeckt, nach welcher er, Dönitz, als neuer Regierungschef die Führung in Westdeutschland übernehmen sollte. Skorzeny sollte die Spandauer Gefangenen befreien, und gleichzeitig sollte der Umsturz beginnen. Dr. Werner Naumann, der Staatssekretär von Dr. Goebbels, sowie der Ex-Gauleiter Scheel und weitere Personen sollten bereits verhaftet worden sein.

Dazu Dönitz: „Man sollte mich hier herauslassen, damit ich erklären kann, daß dies alles schierer Unsinn ist. Ich verurteile das System Hitlers, und mit der SS habe ich nie etwas zu tun gehabt. Das eine stimmt allerdings: ich *bin* das legale Staatsoberhaupt Deutschlands und bleibe dies auch, bis ich sterbe."

Günther Hessler, Dönitz' Schwiegersohn, blieb nicht untätig, und seine Frau, Dönitz' Tochter, unterstützte ihn dabei mit allem Mut.

Als schließlich auf der Pariser Konferenz im Oktober 1954 beschlossen wurde, die Bundeswehr in die NATO aufzunehmen, glaubte Dönitz, daß nunmehr die Tage der Häftlinge in Spandau gezählt seien. Er bemerkte dazu:

„Ich habe noch nie geweissagt, doch jetzt prophezeie ich: wir alle werden spätestens im nächsten Frühjahr nach Hause kommen. Die Westmächte können uns jetzt einfach nicht länger gefangenhalten." (Siehe: Albert Speer: Erinnerungen.) Doch auch diesmal sollte Karl Dönitz sich getäuscht sehen.

Zwar wurde am 6. Nov. 1954 Konstantin von Neurath, ehemaliger Reichsprotektor von Böhmen und Mähren, entlassen. Doch dabei blieb es auch.

Das Ende der Haft

Am 10. Jahrestag der Verhaftung der Reichsregierung Dönitz, dem 23. Mai 1955, versammelten sich die Reporter fast aller Zeitungen und auch die Freunde von Großadmiral Dönitz vor den Toren des Spandauer Gefängnisses, in der Hoffnung, den Großadmiral als freien Menschen begrüßen zu können. Seine zehn Jahre waren abgelaufen. Doch Colonel Cuthill erklärte dem Großadmiral, daß das englische Recht die Anrechnung einer Untersuchungshaft nicht kenne.

Am 1. August 1956 waren die Tage der Gefangenschaft für Dönitz gezählt. Flottenrichter Kranzbühler besuchte den Großadmiral an diesem Tage und teilte ihm mit, daß bereits mit den drei Westmächten wegen seiner unauffälligen Entlassung aus der Spandauer Haft verhandelt werde.

Am 30. September 1956 machte sich Karl Dönitz fertig zum Aufbruch. Die letzte Nacht in der Zelle verging in quälender Schlaflosigkeit. Als Colonel Cuthill am anderen Morgen um 11.40 Uhr die Zelle öffnen ließ, in der Dönitz die letzte Nacht verbracht hatte, war Dönitz bereits fertig angekleidet. Genau um 12.00 Uhr öffnete sich dann die Tür zum Ausgang. Dönitz hatte als „Nummer 2" die Rückgabe seiner Habe an ihn quittiert, und der sowjetische Direktor entließ ihn mit den Worten: „Damit ist alles beendet, Admiral Dönitz!"

Karl Dönitz war ein freier Mann, soweit die Westdeutschen eben frei waren und sind. Von der Nummer wurde er wieder zum Großadmiral. Geben wir zum Finale dieses Reports über das Soldatenleben in zwei Kriegen von Karl Dönitz einem seiner ehemaligen Gegner das Wort:

„Großadmiral Karl Dönitz,

sehr verehrter Admiral!

Ich war auf Reisen, als ich von Ihrer Freilassung aus dem Gefängnis durch mein Land und andere Nationen las. Es drängte mich sofort, irgend etwas dazu zu sagen, und ich freue mich, feststellen zu können, daß es auch anderen so ergeht. –

Eine meiner ersten Dienstobliegenheiten bei unserem Eintritt in den letzten Krieg bestand darin, meinen Unterseebooten den Befehl unserer Marineleitung mitzuteilen, gegen Japan einen unbeschränkten Krieg zu führen. –

Ich führte einen Befehl aus. Sie, verehrter Herr Admiral, haben über zehn Jahre im Gefängnis gelitten, weil auch Sie einen Befehl Ihrer Regierung ausgeführt haben.

„Herr Admiral, Sie haben viel durchgemacht. Sie können aber absolut sicher sein, daß zumindest Ihr Platz in der Geschichte einer der besten sein wird. Sie haben den Krieg geführt, der Ihnen befohlen worden war, und zwar kämpften Sie lange Jahre unter größten Schwierigkeiten mit außerordentlicher Wirksamkeit – technisch *und* als inspirierter Truppenführer.

Als Sie am Ende die volle Last der Staatsgeschäfte Ihres Landes übernehmen mußten, haben Sie auch diese Aufgabe glänzend gelöst. –

Ihr sehr ergebener
gez. Thos. C. Hart."

Der englische Historiker J. C. F. Fuller schrieb dem Großadmiral am 1. September 1957:

„Ich und viele Soldaten und Seeleute in England waren empört über die schändlichen Nürnberger Gerichtsverfahren, die eine Travestie der Justiz und eine Schmach für alle zivilisierten Völker sind. Ihr sehr ergebener gez. J. C. F. Fuller." – Jedes weitere Wort dazu erübrigt sich nach diesen Stimmen.

Geben wir an dieser Stelle Großadmiral Karl Dönitz das Schlußwort zu dem Report über seinen Lebensweg und Einsatz in Krieg und Frieden, als U-Boot-Kommandant, Führer der U-Boote, Oberbefehlshaber der Kriegsmarine und der Wehrmacht und bisher letztes Staatsoberhaupt des Deutschen Reiches:

„Von amerikanischer und englischer Seite wird heute meine Verurteilung vielfach als „flagrant travesty of justice, resulting from hypocrisy" gebrandmarkt. Wir wissen heute auch, daß der amerikanische Richter in Nürnberg, Mr. Biddle, für meinen Freispruch gestimmt hat.

Ich erkenne also meine Verurteilung in Nürnberg in keinem Punkte als zu Recht erfolgt an. General Eisenhower hatte als Mitglied des Kontrollrates, der in Deutschland herrschte, Ende September 1946 daran mitzuwirken, ob mein Urteil zu vollziehen sei oder nicht. Der amerikanische Rechtsberater Eisenhowers hatte ihm damals die Aufhebung meines Urteils vorgeschlagen. Eisenhower aber hat das Urteil unterschrieben und damit bestätigt.

Es war offensichtlich, daß ich aus politischen Gründen hinter Gitter zu kommen hatte. –

Mein Leben war erfüllt von meinem Soldatenberuf. In allem, was ich als Befehlshaber der U-Boote oder Oberbefehlshaber der Kriegsmarine ebenso wie als Staatsoberhaupt und Oberster Befehlshaber der Wehrmacht getan habe, fühle ich mich dem deutschen Volke gegenüber verantwortlich."

Anlage 1:

Funkspruch von Großadmiral Dönitz nach dem Schießverbot an alle U-Boote in See:

„Meine U-Boot-Männer!

Sechs Jahre U-Boot-Krieg liegen hinter uns. Ihr habt gekämpft wie die Löwen. Eine erdrückende Materialübermacht hat uns auf engstem Raum zusammengedrängt. Von der verbleibenden Basis aus ist eine Fortsetzung des Kampfes nicht mehr möglich.

U-Boot-Männer!

Ungebrochen und makellos legt ihr nach einem Heldenkampf ohnegleichen die Waffen nieder. Wir gedenken in Ehrfurcht unserer gefallenen Kameraden, die ihre Treue zu Führer und Vaterland mit dem Tode besiegelten.

Kameraden! Bewahrt Euren U-Boot-Geist, mit dem ihr lange Jahre tapfer und unbeirrt gekämpft habt, auch in Zukunft, zum Besten unseres Vaterlandes.

Es lebe Deutschland! – Euer Großadmiral."

Wenige Tage später folgte ein zweiter Funkspruch nach, der nach den Kapitulationsweisungen abgesetzt wurde:

„9. Mai 1945, 0140-2026/8/k2 0, An alle Boote!

U-Boot-Männer, nach einem heroischen Kampf ohnegleichen habt ihr die Waffen niedergelegt. Das höchste Opfer müßt ihr jetzt eurem Vaterland bringen, indem ihr bedingungslos folgende Weisungen durchführt. Zahlreiche Opfer werden dadurch in der Heimat vermieden. Der mit FT 341/314/316/319 auf Küste erteilte Befehl zum Rückmarsch nach Norwegen ist aufgehoben.

Euer Großadmiral."

Anlage 2:

Der letzte vollständige Wehrmachtsbericht des Zweiten Weltkrieges

Aus dem Hauptquartier des Großadmirals den 9. Mai 1945:

Das Oberkommando der Wehrmacht gibt bekannt!

In Ostpreußen haben deutsche Divisionen noch gestern die Weichselmündung und den Westteil der Frischen Nehrung tapfer verteidigt, wobei sich die 7. ID besonders auszeichnete.

Dem Oberbefehlshaber, General der Panzertruppe von Saucken, wurden in Anerkennung der vorbildlichen Haltung seiner Soldaten, die Brillanten zum Ritterkreuz mit Eichenlaub und Schwertern zum Ritterkreuz des Eisernen Kreuzes verliehen.

Als vorgeschobenes Bollwerk fesselten unsere Armeen in Kurland unter dem bewährten Oberbefehl des Generalobersten Hilpert monatelang überlegene sowjetische Schützen- und Panzerverbände und erwarben sich in besonders großen Schlachten unvergänglichen Ruhm. Sie haben jede vorzeitige Übergabe abgelehnt.

In voller Ordnung wurden mit den nach Westen noch ausfliegenden Flugzeugen nur Versehrte und später zahlreiche Kinder abtransportiert. Die Stäbe und Offiziere verblieben bei ihren Truppen. Um Mitternacht wurde von deutscher Seite entsprechend den unterzeichneten Bedingungen der Kampf und jede Bewegung eingestellt.

Die Verteidiger von Breslau, die über zwei Monate lang den Angriffen der Sowjets standhielten, erlagen in letzter Stunde nach heldenhaftem Kampf der feindlichen Übermacht.

Auch an der Südost- und Ostfront von Brünn bis zur Elbe bei Dresden haben alle höheren Kommandobehörden den Befehl zum Einstellen des Kampfes erhalten. Eine tschechische Aufstandsbewegung – sie umfaßt ganz Böhmen und Mähren – kann die Durchführung der Kapitulationsbedingungen in diesem Raum gefährden. Meldungen über die Lage bei den Heeresgruppen Löhr, Rendulic und Schörner liegen beim Oberkommando zur Stunde noch nicht vor.

Tapfer haben die Verteidiger der Atlantikstützpunkte, unsere Truppen in Nord-Norwegen und die Besatzungen der ägäischen Inseln in Gehorsam und Disziplin die Waffenehre des Deutschen bewahrt.

Seit Mitternacht schweigen nun an allen Fronten die Waffen. Auf Befehl des Großadmirals hat die Wehrmacht den aussichtslos gewordenen Kampf eingestellt. Damit ist das fast sechsjährige ehrenhafte Ringen zu Ende. Es hat uns große Siege, aber auch schwere Niederlagen gebracht.

Die deutsche Wehrmacht ist am Ende einer gewaltigen Übermacht ehrenvoll erlegen. Der deutsche Soldat hat getreu seinem Eid im besten Einsatz für sein Volk für immer Unvergeßliches geleistet. Die Heimat hat ihn bis zuletzt mit allen Kräften unter schwersten Opfern unterstützt.

Die einmalige Leistung der Front und der Heimat wird in einem späteren Urteil der Geschichte ihre endgültige Würdigung finden. Den Leistungen und Opfern der deutschen Soldaten zu Wasser, zu Lande und in der Luft wird auch der Gegner die Achtung nicht versagen.

Jeder Soldat kann deshalb die Waffen aufrecht und stolz aus der Hand legen und in der schwersten Stunde unserer Geschichte tapfer und zuversichtlich an die Arbeit gehen für das ewige Leben unseres Volkes.

Die Wehrmacht gedenkt in dieser schweren Stunde ihrer vor dem Feind gebliebenen Kameraden. Die Toten verpflichten zu bedingungsloser Treue, Gehorsam und Disziplin gegenüber dem aus zahllosen Wunden blutenden Vaterlande."

(Dieser Wehrmachtsbericht wurde am 13. Sept. 1975 durch Großadmiral a. D. Karl Dönitz als authentisch abgezeichnet.)

Anlage 3:

Das Fazit des U-Boot-Krieges

Im September 1939 standen der deutschen U-Boot-Waffe 57 Boote zur Verfügung. 1099 Neubauten traten zur Front, vier Neubauten ausländischer Werften und 10 Beute-Boote kamen hinzu und erhöhten die Zahl der in Dienst gestellten Boote auf 1170. Von ihnen gelangten 863 Boote zum Einsatz.

Von diesen blieben 630 Boote in See, davon 603 durch Feindeinwirkung, 20 aus bisher ungeklärter Ursache und 7 durch Unfälle.

In den Stützpunkten und im Heimatgebiet gingen 81 Boote durch Bombenangriffe und Minen verloren. 42 Boote sanken durch Unfälle.

Während des Krieges wurden 38 Boote außer Dienst gestellt und 11 an fremde Marinen übergeben oder in fremden Häfen interniert.

Bei Kriegsende sprengten oder versenkten die Besatzungen nach dem Stichwort „Regenbogen“ 215 U-Boote in den Stützpunkten. Während der Operation „Deadlight“ wurden 153 U-Boote in britische und alliierte Häfen überführt.

Von den 863 deutschen U-Booten, die zum Einsatz gelangten, wurden 148 Kriegsschiffe vernichtet und weitere 48 torpediert. Sie versenkten insgesamt 2779 Handelsschiffe mit 14 119 413 BRT. Die Zahl der torpedierten Schiffe war nicht mehr zu eruieren.

Von den insgesamt 39 000 U-Boot-Fahrern sind nach offiziellen Darstellungen 27 082 gefallen.

Quellenverzeichnis – Literaturangabe

Alman, Karl: Ritter der sieben Meere, Rastatt 1963
ders.: Angriff, ran, versenken!, Rastatt 1965
ders.: Graue Wölfe in blauer See, München 1980
ders.: Günther Prien – Der Wolf und sein Admiral, Leoni 1981
ders.: Großlandung in der Seinebucht, Rastatt 1962
Bekker: Cajus: Kampf und Untergang der Kriegsmarine, Hannover 1953
ders.: ... und liebten doch das Leben, Hannover 1960
ders.: Verdammte See! Oldenburg 1973
Below, Nicolaus v.: Als Hitlers Adjudant 1937–1945, Mainz 1980
Brennecke, Jochen: Jäger-Gejagte, Biberach (Riß) 1956
Busch, Dr. Harald: So war der U-Boot-Krieg, Bielefeld 1957
Busch, Fritz-Otto: Großadmiral Dönitz, Rastatt 1963
Churchill, Sir Winston: Memoiren, Der Zweite Weltkrieg, Bern 1954
Creswell, John: Sea warfare 1939–1945, London 1950
Dönitz, Karl: Zehn Jahre und zwanzig Tage, Bonn 1958
ders.: Die U-Boot-Waffe, Berlin 1939
ders.: Bedeutung der Seestrategie im Zweiten Weltkrieg, i. Ms.
ders.: Pfingstansprache am U-Boot-Ehrenmal in Laboe, Pfingsten 1962, i. Ms.
ders.: Die Schlacht im Atlantik in der deutschen Strategie des Zweiten Weltkrieges, ZS 1964
ders.: Kräftebinden des U-Boot-Krieges ab Mai 1943, i. Ms.
ders.: Mein wechselvolles Leben, Göttingen 1968,
ders.: Der Krieg in 40 Fragen, Table Ronde, Paris 1970
ders.: Befehle, KTB-Auszüge, Abschriften des Marine-Nachrichtendienstes u. a. m., alle i. Ms., 1962–1978
ders.: Wie ich Günther Prien sah, i. Ms.
ders.: Skl Ib 1321/41 gKados Chefs. (Abschrift)

ders.: 1. Skl Teil D PG 31798 und PG 31801a 1&m (beides in Abschrift übergeben)
ders.: KTB 2. Hj. 1941 (aus 10 Jahre und 20 Tage).
Frank, Dr. Wolfgang: Die Wölfe und der Admiral, Oldenburg 1953
Fraschka, Günter: Mit Schwertern und Brillanten, Rastatt 1961
Gayer, A.: Die deutschen U-Boote in der Kriegführung 1914–1918, Berlin o. J.
Gleason und Langer: Die Weltkrisis und die amerikanische Außenpolitik, Stuttgart 1952
Görlitz, Walter: Der Zweite Weltkrieg 1939–1945, Stuttgart 1951, Bd. I und II
Godt, Erhard: Der U-Boot-Krieg in: Bilanz des Zweiten Weltkrieges, Oldenburg 1953
Hardegen, Reinhard: Auf Gefechtsstationen, Leipzig 1943
Haupt, Werner: Hitlers letzte Schlacht, Rastatt 1964
Hillgruber-Hümmelchen: Chronik des Zweiten Weltkriegs, Frankfurt a. M. 1966
Internationales Militärtribunal: Prozeß gegen die Hauptkriegsverbrecher vor dem Internationalen Militärgerichtshof, Nürnberg 1947
Jackson, Robert: United States Representative on the International Conference on Military Trials (Jackson Report), London 1945
Jacobsen, Hans-Adolf, und Rohwer, Jürgen: Entscheidungsschlachten des Zweiten Weltkrieges, Frankfurt a. M. 1960
Kempka, Erich: Die letzten Tage mit Adolf Hitler, Preußisch Oldendorf 1975
King, Ernest and Whitehall, Walter Muir: Fleet Admiral King (hier the undeclared War), London 1953
Kühn, Volkmar: Torpedoboote und Zerstörer im Einsatz 1939–1945, Stuttgart 1975
ders.: Schnellboote im Einsatz 1939–1945, Stuttgart 1973
Langsdorff, Werner v.: U-Boote am Feind, Gütersloh, 1937
Lüdde-Neurath, Walter: Regierung Dönitz, Leoni 1978

Macintyre, Donald: U-Boat-Killer, London 1956
Mantey, Dr. Eberhard v., und Assmann, Kurt: Der Krieg zur See 1914–1918, Berlin 1925
Mielke, Otto: Die deutschen U-Boote 1939–1945, München 1959
Moll, Dr. O. E.: Die deutschen Generalfeldmarschälle, Rastatt 1961
Montgomery, Bernard: Von der Normandie zur Ostsee, Hamburg 1949
Murawski, Dr. Erich: Der deutsche Wehrmachtsbericht 1939–1945, Boppard 1967
Prien, Günther: Mein Weg nach Scapa Flow, Berlin 1940
Raeder, Erich: Mein Leben, Bd. II, Tübingen 1957
Rohwer, Dr. Jürgen: Die U-Boot-Erfolge der Achsenmächte 1939–1945, München 1968
Roskill, S. W.: The war at sea, Vol. I bis III-IV, London 1954–1956
ders.: Royal Navy, Oldenburg 1961
Ruge, Friedrich: Der Seekrieg 1939–1945, Stuttgart 1954
Saunders, Hrowe, H: Duell im Pazifik, Leoni 1982
Schramm, Percy E. Hrsg.: Kriegstagebuch des Oberkommandos der Wehrmacht 1940–1945, Herrsching 1982
Speer, Albert: Erinnerungen, Berlin 1969
US Departement: Die offiziellen Jalta-Dokumente, Wien-München-Stuttgart-Zürich 1945
dass.: ABC-Staff Agreement from 27. 3. 1941
Wagner, Gerhard: Lagevorträge des Oberbefehlshabers der Kriegsmarine vor Hitler, 1939–1945, München 1972
Warlimont, Walter: Im Hauptquartier der deutschen Wehrmacht 1939–1945, Frankfurt a. M. 1962
Westphal, Siegfried: Erinnerungen, Mainz 1975.

Ferner: Dokumente verschiedenster Art, Zeitungs- und Zeitschriftenausschnitte, Aussagen ehemaliger U-Boot-Kommandanten und viele Gespräche mit Großadmiral a. D. Karl Dönitz.

Abkürzungsverzeichnis

a. a. O.:	am angegebenen Ort
AK:	Armeekorps
AOK:	Armee-Oberkommando
B-Dienst:	Beobachtungsdienst
BdU:	Befehlshaber der U-Boote
BRT:	Bruttoregistertonnen
BT:	Konvoiroute Sydney–USA
C-in-C:	Commander in Chief
FAT:	Torpedo
FdU:	Führer der U-Boote
FFR:	Funkspruch mit höchster Dringlichkeit
FHQ:	Führerhauptquartier
FJD:	Fallschirmjäger-Division
FKpt.:	Fregattenkapitän
FT-Spruch:	Funkspruch
GA:	Großadmiral
GenAdm.:	Generaladmiral
GenSt:	Generalstab
GFM:	Generalfeldmarschall
gKados-Sache:	geheime Kommandosache
HGr.:	Heeresgruppe
HQ:	Hauptquartier
HX:	Konvoiroute Halifax–England
ID:	Infanterie-Division
JW:	Konvoiroute Loch Ewe–Kola Fjord
KAdm.:	Konteradmiral
KdF:	Kraft durch Freude
KG:	Kampfgruppe
KGr:	dito
KKpt.:	Korvettenkapitän
kn/h:	Kilometer in der Stunde
KommGen:	Kommandierender General

Kpt. z. S.:	Kapitän zur See
Kptlt.:	Kapitänleutnant
KR:	dringender FT-Spruch
KTB:	Kriegstagebuch
Lt. z. S.:	Leutnant zur See
MFP:	Marine-Fähr-Prahm
MGB:	Motor Gun Boat
MOK:	Marineoberkommando
OB:	Oberbefehlshaber
Ob. d. M.:	Oberbefehlshaber der Kriegsmarine
Oblt. z. S.:	Oberleutnant zur See
OKH:	Oberkommando des Heeres
OKM:	Oberkommando der Kriegsmarine
OKW:	Oberkommando der Wehrmacht
ON:	Konvoiroute England–Nordamerika
ONS:	Konvoiroute England–Nordamerika
OT:	Organisation Todt
PQ:	Konvoiroute Island–Nordrußland
PzK.:	Panzerkorps
QP:	Konvoiroute Nordrußland-Island
RAF:	Royal Air Force
SC:	Konvoiroute Sydney–England
Skl:	Seekriegsleitung
TS:	Konvoiroute Trinidad–Süden
VAdm.:	Vizeadmiral
WO:	Wachoffizier
XK:	Konvoiroute Gibraltar-England
z. b. V.:	zur besonderen Verwendung
Z-Plan:	Marine-Rüstungsplan